신역 대승기신론

대승 기신론

신역

마명존자 저
실차난타 한역
황정원 번역

운주사

머리말

불교의 심오한 이치는 삼장三藏에 있다. 그중에서 이치를 논리적으로 설명한 글을 논장論藏이라고 부른다. 불교를 배우는 과정에서 이러한 논장은 필독서인데, 티베트불교는 예부터 이 논장을 교과서로 하여 불교 공부를 시키고 있다.

  우리나라 불가佛家에서는 본래 경장經藏을 가지고 공부를 시켰다. 즉 사교四敎를 공부할 적에는 『능엄경』, 『원각경』, 『금강경』, 『법화경』을 차례로 배웠다. 그러다가 『법화경』을 빼고 대신에 이 『대승기신론』이라는 논장을 교과서에 넣었다. 그리고 배우는 순서도 『능엄경』을 처음 가르치고, 그 다음에 『대승기신론』을 가르친다. 이 두 권의 경經과 논論은 우주의 실상實相과 인생의 진면목을 자세하게 밝히고, 나아가 불교의 수행법을 총망라하고 있기 때문이다.

  그래서 그 내용을 이해하기가 쉽지 않다고 알려져 있으며, 강원에서는 '차돌 능엄' 혹은 '깐깐 기신'이라는 별명까지 붙어 있다고 한다. 그런데도 강원講院에서 지금도 차돌 『능엄경』을 처음 가르치고, 그 다음에 깐깐한 『대승기신론』을 가르치는 것은, 그 다음으로 배울 『원각경』, 『금강경』과 장차 대교大敎에서 배울 『화엄경』을 비롯한 대승 경전들을 제대로 이해할 수 있는 기본적인 이치를 터득하기 위해서 필요하기 때문이다.

이 『대승기신론』은 부피가 작고 문체文體가 간략하지만, 불법佛法의 광대한 내용을 요약한 조감도鳥瞰圖와 같다. 그래서 먼저 기본 교과서인 『능엄경』을 숙독한 후에 이 글을 읽어야만 비로소 그 내용들을 제대로 이해할 수가 있다. 그래서 우리나라 승가에서는 예부터 『능엄경』을 먼저 배우고, 그 다음에 『대승기신론』을 익히도록 하는 전통을 고수하고 있다. 이 두 권의 경론은 비록 어렵고 복잡하지만 불교의 핵심을 빠짐없이 설명하고 있기 때문에, 불교 공부를 제대로 하려고 하는 사람이라면 반드시 숙지해야만 한다고 알고 있다.

『대승기신론大乘起信論』의 저자는 인도의 마명존자馬鳴尊者로 알려져 있는데, 그는 불멸 후 600년경에 중인도의 '마갈타'국에서 살았다고 전해오고 있다. 그는 중국 선종禪宗에서는 서천西天 제12대 조사祖師로 존숭尊崇 받고 있는데, 유명한 용수龍樹보살이 서천西天 제14대 조사이니, 대강 그 생존 시기를 짐작할 수가 있다.

그런데 우리가 공부할 『대승기신론』의 한역漢譯에는 두 가지가 있다. 하나는 진제(眞諦, 499~569) 스님이 중국 양梁나라 무제武帝 때 번역한 것이고, 둘은 실차난타(實叉難陀, 652~710) 스님이 중국 당唐나라 때 번역한 것이다. 흔히 진제 스님의 번역을 양본梁本 또는 구역舊譯이라 하고, 실차난타 스님의 번역을 당본唐本 또는 신역新譯이라고 부른다. 두 가지 한역의 내용은 그야말로 대동소이大同小異하지만, 실차난타 스님의 신역이 단어가 평이하고 문맥이 순리적이며 논리가 정연하여서, 초학자가 처음 읽고 공부하기에 보다 편리하다.

그러나 구역이 신역보다 150년 정도 먼저 유포되었기 때문에 일찍부터 세상에 널리 알려졌고, 대부분의 해설서가 모두 구역을 저본底本으로 하고 있다. 용수보살이 해석한 『석마하연론釋摩訶衍論』을 위시하여 우리가 잘 아는 신라 원효元曉대사의 『해동소海東疏』도 이 구역을 교재로 한 것이다. 따라서 실차난타 스님의 신역을 소개하는 책자는 매우 희귀하여, 중국에도 명말明末의 지욱(智旭, 1596~1655)대사가 남긴 『대승기신론열망소大乘起信論裂網疏』가 하나 있을 뿐이다.

이번에 보림선원寶林禪院의 교재로 『대승기신론』을 강의하게 되어서, 실차난타 스님의 신역을 선택하여 해석과 풀이를 붙여 보았다. 번역문 뒤에다 간단한 풀이를 붙이면서 주로 지욱대사의 『열망소』를 발췌拔萃하여 번역하였다. 그리고 학인學人들의 편의를 위하여 한문인 구역과 신역의 번역문을 대비對比하여서 부록으로 실었다.

이 교재를 준비하는 데 여러 가지로 도움을 준 몇 분에게 감사한 마음을 전하면서, 불도佛道를 찾는 도반과 학인들에게 이 책자가 유익한 안내서가 되기를 바란다.

2016년 5월
부산 보림선원寶林禪院에서
야청也靑 황정원 합장

머리말　　　　　　　　　　　　　　　　　　　　　　5

제1편 귀경술의歸敬述意　　　　　　　　　　　15

　제1분 귀경삼보歸敬三寶　　　　　　　　　　　15

　제2분 저술한 목적　　　　　　　　　　　　　18

　제3분 과목科目　　　　　　　　　　　　　　20

제2편 해설오분解說五分　　　　　　　　　　　23

　제1분 작인분作因分　　　　　　　　　　　　23

　　제1절 팔인八因　　　　　　　　　　　　　23

　　제2절 석의釋疑　　　　　　　　　　　　　27

　제2분 입의분立義分　　　　　　　　　　　　31

　　제1절 마하연摩訶衍의 뜻　　　　　　　　 31

　　제2절 유법有法　　　　　　　　　　　　　32

　　제3절 법法　　　　　　　　　　　　　　　35

　　제4절 '마하연摩訶衍'의 특색　　　　　　　39

　제3분 해석분解釋分　　　　　　　　　　　　41

　　제1장 현시실의顯示實義　　　　　　　　　41

　　제1절 심진여문心眞如門　　　　　　　　　45

　　　1. 심진여의 정의　　　　　　　　　　　45

2. 심진여心眞如의 내용　　53
　　　1) 진실공眞實空　　54
　　　2) 진실불공眞實不空　　56
제2절 심생멸문心生滅門　　59
　1. 아라야식　　59
　2. 각覺　　61
　　　1) 각覺의 정의　　61
　　　2) 각覺의 종류　　63
　　　3) 본각本覺의 내용　　72
　　　4) 각상覺相의 종류　　76
　3. 불각不覺　　83
　　　1) 불각의 정의　　83
　　　2) 불각의 내용　　87
　4. 각覺과 불각不覺의 관계　　96
　5. 생멸인연生滅因緣　　100
　　　1) 생멸은 인연이다.　　100
　　　2) 심心　　101
　　　3) 의意　　102
　　　4) 의식意識　　113
　6. 염심染心　　114
　　　1) 무시무명無始無明　　114
　　　2) 염심染心의 종류　　119
　　　3) 용어 해설　　124
　　　4) 심체불멸心體不滅　　130
　7. 훈습熏習　　133
　　　1) 훈습의 종류　　133
　　　2) 염훈染熏　　136

      3) 정훈淨熏 142

      4) 훈습熏習의 종료 155

  제3절 대승의 체상용體相用 157

    1. 체대體大 157

    2. 상대相大 158

    3. 용대用大 165

      1) 부처님의 용심用心 165

      2) 심색불이心色不二 173

  제4절 성상불이性相不二 175

제2장 대치사집對治邪執 181

  제1절 인아견人我見을 대치함 182

  제2절 법아견法我見을 대치함 193

  제3절 구경究竟의 진여眞如 194

제3장 수행정도상修行正道相 196

  제1절 신성취발심信成就發心 198

    1. 부정취不定聚의 발심 198

    2. 발심의 내용 203

    3. 방편과 수행 204

    4. 발심의 이익 210

  제2절 해행발심解行發心 213

  제3절 증발심證發心 217

    1. 증발심의 내용 217

    2. 하화중생 219

    3. 증발심證發心의 심상心相 224

제4분 수신분修信分 232
　제1장 신심信心 232
　제2장 수습修習 234
　　제1절 시문施門 235
　　제2절 계문戒門 236
　　제3절 인문忍門 238
　　제4절 정진문精進門 238
　　제5절 지관문止觀門 241
　　　1. 수지문修止門 243
　　　　1) 여건과 환경 243
　　　　2) 정수正修 244
　　　　3) 성과成果 248
　　　　4) 변석마사辨析魔事 249
　　　　5) 수지修止의 이익 257
　　　2. 수관문修觀門 259
　　　3. 지관쌍수止觀雙修 264
　　　4. 염불왕생念佛往生 267

　제5분 이익분利益分 273

제3편 결시회향結施迴向 279

부록 구역舊譯·신역新譯 대비문對比文 281

대승기신론 [신역]

일러두기

1. 실차난타가 번역한 신역新譯의 한문漢文 문장을 먼저 싣고, 그 아래에 우리말 번역문을 붙였다. 신역의 한문 문장은 신수대장경新修大藏經 판본을 저본으로 하였다. 권말의 부록에 진제의 구역과 실차난타의 신역을 대비하여 실었다.
2. 우리말 번역은 직역直譯을 원칙으로 하지만, 직역하면 오해誤解할 소지가 있는 문장은 부득이 의역意譯하였다.
3. 초보자를 위하여 간단하게 〈풀이〉를 붙였다. 대부분의 풀이는 지욱智旭대사의 『열망소裂網疏』에 의지하였으나, 간혹 용수龍樹보살의 『석마하연론』과 감산憨山대사의 『대승기신론직해』를 인용하였다. 신라新羅 원효元曉대사의 해설은 이미 널리 알려져 있으므로 필수적인 것만 인용하였다.
4. 풀이에서 참조한 경전經典은 『능엄경』을 위주로 하였으니, 그 이유는 『능엄경』과 『대승기신론』이 내용상으로 상호 보완하는 관계에 있기 때문이다.

제1편 귀경술의歸敬述意

제1분 귀경삼보歸敬三寶

歸命盡十方귀명진시방 普作大饒益보작대요익
智無限自在지무한자재 救護世間尊구호세간존
及彼體相海급피체상해 無我句義法무아구의법
無邊德藏僧무변덕장승 勤求正覺者근구정각자

시방세계에서 널리 크게
요익饒益하는 교화를 펴시고,
지혜가 무한하고 자재하시며,

세간을 널리 구호하시는
세존께 귀의합니다.
세존의 바탕과 상호相好의 바다에
귀의합니다.
무아無我를 설명하는 법보法寶에
귀의합니다.
무변無邊 공덕장功德藏인 스님과
정각正覺을 힘써 구하는 자에게
귀의합니다.

이 구절에는 일반적으로 귀경게歸敬偈라는 제목이 붙어 있는데, 지욱智旭대사의 『열망소열網疏』에는 '귀경술의歸敬述意'라는 특이한 제목을 붙였다. 이 제목은 일찍이 원효元曉대사가 『해동소海東疏』에서 처음 사용한 것인데, 삼보三寶에 귀경歸敬하는 구절에다, 『대승기신론』을 저술한 목적을 설명하는 구절을 합한 것이라는 뜻이다. 귀경삼보歸敬三寶는 불자들이 공부나 법회를 하려고 모이면 항상 맨 먼저 외우는 삼귀의三歸依를 말한다. 왜 삼보인 불佛과 불법佛法과 선지식善知識에게 귀의歸依하는가? 삼귀의 의식은 '깨달은 부처님이 가르치는 말씀만이 진리'임을 믿고 있는 학인學人의 신심信心을 재확인하고, 나아가서 발보리심發菩提心하여 성불成佛하고자 하는 염원念願을 스스로 다짐하는 것이 그 목적이라고 하겠다.

이 글은 마명존자馬鳴尊者 자신이 고승高僧임에도 불구하고 스스로 불과 불법과 선지식이라는 삼보에게 귀명한다는 신념을 이렇게 게송偈頌으로 표현하고 있다. 마명존자 같은 도인道人도 이렇게 삼귀의례三歸依禮를 올리고 있으니, 처음 불법을 배우는 우리 학인들은 더 말할 나위도 없다. 그래서 흔히 '불교 공부는 삼귀의와 사홍서원四弘誓願에 다 들어 있다'는 말을 자주 듣는다.

제2분 저술한 목적

爲欲令衆生위욕령중생 除疑去邪執제의거사집
起信紹佛種기신소불종 故我造此論고아조차론

중생들이 가진 모든 의심과
잘못된 고집을 제거하고,
믿음을 일으켜서 불종佛種을 잇고자
내가 지금 이 논을 짓는다.

『대승기신론』을 집필하는 목적目的을 노래한 구절이다. 마명존자가 제경諸經의 핵심을 종합하여 간략하게 정리하여 후배들의 의심과 사견邪見을 없애고자 집필한 뜻이 들어 있다. 예로부터 동아시아 불가佛家에서는 마명존자를 제8지地에 이른 지상地上보살이라 높이고 있고, 제2의 석가라고 존경받는 용수龍樹보살은 이 마명의『기신론』을 해설하는『석마하연론釋摩訶衍論』을 저술했다. 즉 지상보살인 마명존자 당신은 이미 불법을 통달通達했다는 뜻이 은근히 담겨 있는 구절이다.

論曰논왈 爲欲發起위욕발기 大乘淨信대승정신 斷諸衆生疑暗
邪執단제중생의암사집 令佛種性相續不斷영불종성상속부단 故造

此論고조차론

논論에서 말한다. 대승에 대한 정신淨信을 일으켜서, 모든 중생들의 의심과 어둠과 잘못된 집착을 끊어서 불종성佛種性이 상속相續되고 끊어지지 않게 하고자 이 논을 짓는다.

마명존자가 앞의 게송에서 밝힌 바와 같이, 개인적인 명예나 이익을 위하여 『대승기신론』을 저술하는 것이 아니고, '오직 부처 종자의 성품인 불종성佛種性이 세세생생世世生生 상속相續되도록 하려고 이 논을 저술한다'고 재삼 밝히고 있다. 위로 불조佛祖로부터 입은 법은法恩을 보답하고자 불법의 흐름을 이어가고자 하는 정성이 담긴 구절이다.

   요즘 대승적으로 보살정신을 본받는다고 하면서, 스스로 불법을 확실하게 이해하지도 못하면서 남부터 먼저 제도하겠다고 덤비는 학인들을 자주 볼 수 있다. 자기가 아는 천견淺見이 사견邪見인 줄 스스로 점검해 보지도 아니하고, 명리名利만 탐내어서 대중을 모아놓고 설법을 하는 무리도 있다. 제 행동이 자오오타自誤誤他로 자기와 남을 크게 해롭게 하는 짓거리가 아닌지 한번쯤 반성할 필요가 있다.

제3분 과목科目

有法能生大乘信根유법능생대승신근 是故應說시고응설

유법有法이 능히 대승의 신근信根을 생기게 한다. 그러므로 마땅히 설명한다.

지욱智旭대사의 설명에 따르면 "유법有法"은 장차 설명이 나오는 일체 중생심衆生心을 가리킨다. 이 중생의 마음을 진여상眞如相과 생멸상生滅相으로 분석하여 설명하면서 대승의 내용을 밝힌다. "대승의 신근信根"이란, 문사수聞思修인 삼혜三慧를 일으켜 공부를 하면 누구든지 반드시 성불한다는 부처님의 가르침에 대한 믿음이다. 즉 "능히 대승의 신근을 생기게 한다"는 것은 일체 중생의 마음이 본래부터 부처임을 전제로 하고 전개되는 불교에 대한 믿음을 가리킨다. 삼보三寶의 가르침에 따라서 공부하면 틀림없이 견성見性하고 성불한다는 진실에 대한 확고한 믿음을 마명존자는 "대승의 신근"이라고 부르고 있다.

説有五分설유오분 一일 作因작인 二이 立義입의 三삼 解釋해석 四사 修信수신 五오 利益이익

해설은 다섯 부분으로 나눈다. 하나는 작인作因이요, 둘은 입의立義요, 셋은 해석解釋이요, 넷은 수신修信이요, 다섯은 이익利益이다.

『대승기신론』을 내용상으로 나누어보면 대략 다섯 부분이 있다. 하나는 작인作因이니 이 논을 저작하는 원인을 설명하고, 둘은 입의立義니 대승의 정법正法을 세우고, 셋은 해석解釋이니 내용을 알아듣도록 갖가지로 자세하게 설명하여 실의實義를 밝히고, 넷은 수신修信이니 초학자가 이해한 것을 분발奮發시켜서 수행하게 하고, 다섯은 이익利益이니 『대승기신론』의 공능功能을 밝혀서 사람들이 흥미를 가지고 믿고 공부하도록 설명한다.

 경문經文을 삼분三分하는 관례에 따르면 여기서 작인作因은 서분序分이 되고, 입의立義·해석解釋·수신修信은 정종분正宗分이고, 그리고 이익利益은 유통분流通分이 된다.

 진제眞諦의 구역舊譯에는 작인을 인연因緣으로, 수신을 수행신심修行信心으로, 이익을 권수이익勸修利益으로 각각 번역하였다.

 또 지욱대사의 설명에 따르면 둘째인 입의는 상근上根을 위한 것이니 들으면 바로 알아차릴 내용이다. 셋째인 해석은 중근中根을 위한 것으로서 자세하게 분석 해석하여 중근기中根機들의 의문을 없애어서 증득하게 하는 내용이다. 넷째의 수신은 하근下根을 위한 것으로 수습修習을 권장하면서 이해한 것과 증득한 것이 같지 않음을 알게 한 것이다. 다섯째의 이익은 불법에 선근善根이 없는 사람들이 법문을 비방하지 않고 공부할 마음이 나도록 이끌어 주려고 『대승기신론』을 공부한 성과와 효력을 칭탄稱歎하는 내용이다.

제2편 해설오분解說五分

제1분 작인분作因分

제1절 팔인八因

此中作因차중작인 有八유팔

이 논을 저작하는 원인이 여덟 개가 있다.

첫째 작인作因은 마명존자가 이 논을 지은 이유를 설명한 부분인데, 저술한 원인에는 여덟 가지 이유가 있다고 한다.

一일 總相총상 爲令衆生위령중생 離苦得樂이고득락 不爲貪求利養等故불위탐구이양등고

하나는 총상總相이니, 중생들로 하여금 괴로움을 여의고 즐거움을 얻게 함이요, 결코 명리와 재물 등을 탐내거나 구하려고 이 논을 지은 것이 아니다.

요즘은 명리와 재물을 얻고자 자기를 선전할 목적으로 저술하는 무리가 많다. 지금 자오오타自誤誤他하여 곧바로 발설지옥拔舌地獄에 빠질 과보가 두렵지도 않은 모양이다.

二이 爲顯如來根本實義위현여래근본실의 令諸衆生영제중생 生來正解故생래정해고

둘은 여래의 근본根本 진실眞實한 뜻을 드러내어 모든 중생들로 하여금 정해正解를 내도록 함이다.

불경의 내용은 설법할 당시 청중들의 근기根機에 따라서 방편方便법문을 하신 것이 대부분이므로, 일반인들이 몇 권의 불경만 보고서 불교의 정해正解를 얻기가 어렵다. 그러므로 많은 경전의 내용을 종합 정리하

여서 정견正見을 가르치겠다는 이야기다.

三삼 爲令善根成熟衆生위령선근성숙중생 不退信心불퇴신심 於
大乘法有堪任故어대승법유감임고

셋은 선근善根이 성숙한 중생들로 하여금 신심信心이 퇴보하지 않고 대승법을 감당하도록 하기 위함이다.

불법 중에서 대승법大乘法은 소승과 달리 돈교頓教이므로 보통사람으로는 감당하기 어렵다는 이야기다. 해석분解釋分 중에 나오는 수행정도상修行正道相에 그 구체적인 내용이 나온다.

四사 爲令善根微少衆生위령선근미소중생 發起信心발기신심 至
不退故지불퇴고

넷은 선근善根이 적은 중생들로 하여금 신심信心을 일으키고 물러나지 않게 함이다.

지욱대사의 설명에 따르면 넷째 수신분修信分에 그 구체적인 내용들이 나온다.

26 제2편 해설오분

五오 爲令衆生위령중생 消除業障소제업장 調伏自心조복자심 離三毒故이삼독고

다섯은 중생들로 하여금 업장業障을 소제消除하고 자심自心을 조복하여 삼독三毒을 여의게 함이다.

지욱대사의 설명에 따르면 넷째 수신분修信分 중 정진문精進門에서 구체적인 내용이 나온다.

六육 爲令衆生위령중생 修正止觀수정지관 對治凡小過失心故대치범소과실심고

여섯은 중생들로 하여금 바른 지관止觀을 닦아 범부凡夫와 소승小乘의 허물 있는 마음을 대치對治하게 함이다.

지욱대사의 설명에 따르면 이것은 구체적으로 넷째 수신분修信分 중에 나오는 지관문止觀門의 법문을 가리킨다.

七칠 爲令衆生위령중생 於大乘法어대승법 如理思惟여리사유 得

生佛前득생불전 究竟不退大乘信故구경불퇴대승신고

일곱은 중생들로 하여금 대승법을 올바르게 생각하고, 불전佛前에 태어나서 대승법에 대한 신심信心이 끝내 물러나지 않게 함이다.

지욱대사의 설명에 따르면 "불전佛前에 태어나서"는 넷째 수신분修信分에 나오는 정토법문淨土法門을 가리킨다고 한다.

八팔 爲顯信樂大乘利益위현신락대승이익 勸諸含識令歸向故
권제함식령귀향고

여덟은 대승을 믿고 즐기는 이익을 드러내어 모든 중생들이 귀향歸向하게 함이다.

이것은 다섯째 이익분利益分에 나오는 법문을 가리킨다.

제2절 석의釋疑

此諸句義차제구의 大乘經中雖已具有대승경중수이구유 然由所化연유소화 根欲不同근욕부동 待悟緣別대오연별 是故造論시고조론

이러한 모든 법문에 대한 뜻은 대승경 중에 비록 이미 갖추어져 있으나, 교화할 중생들의 근기와 욕구가 각각 다르고, 깨닫게 하는 시절인연이 다르기 때문에 이 논을 짓는다.

석의釋疑는 '불경이 이미 많이 있는데 따로 논서를 저술하는 이유가 무엇인가?' 하는 의문을 해소하기 위하여 덧붙인 설명이다. 이렇게 논장論藏의 필요성을 구태여 설명하는 이 구절을 참고하면, 『대승기신론』은 극히 초기의 논서에 해당한다고 하겠다.

此復云何차부운하 謂如來在世위여래재세 所化利根소화이근 佛色心勝불색심승 一音開演無邊義味일음개연무변의미 故不須論고불수론

어떤 이유인가 하면, 여래께서 살아 계실 때는 교화되는 중생들의 근기가 영리하고 부처님의 몸매와 마음이 수승하여 일음一音으로 무변無邊한 의미를 개연開演하셨으므로 이런 논서가 필요 없었다.

佛涅槃後불열반후 或有能以自力혹유능이자력 少見於經而解多義소견어경이해다의

그러나 부처님이 열반하신 뒤에는, 어떤 학인은 능히 자력으로 불경을

몇 권만 보고도 다의多義를 능히 이해하고,

復有能以自力부유능이자력 廣見諸經광견제경 乃生正解내생정해

또 어떤 학인은 능히 자력으로 많은 불경을 널리 보고서야 정해正解가 생기기도 하고,

或有自無智力혹유자무지력 因他廣論而得解義인타광론이득해의

또 어떤 학인은 스스로 지력智力이 없어서 타인의 광대한 논서를 보고서야 뜻을 이해하고,

亦有自無智力역유자무지력 怖於廣說포어광설 樂聞略論요문략론 攝廣大義섭광대의 而正修行이정수행

또 어떤 학인은 스스로 지력智力이 없으면서, 광대한 설명은 두려워하고 간략한 논설을 즐겨 듣고서 광대한 뜻을 포섭하고 바르게 수행하기도 한다.

我今爲彼最後人故아금위피최후인고 略攝如來最勝甚深無邊之義약섭여래최승심심무변지의 而造此論이조차론

나는 저 최후의 사람을 위하여 여래의 가장 수승하고 심히 깊고 끝없는 뜻을 약론略論으로 종합 정리하여 지금 이 논을 짓는 바이다.

마명존자는 '광대廣大한 설명을 두려워하고 간략한 논설論說을 즐겨 듣고서 광대한 뜻을 종합 정리하려는' 학인學人들을 위하여 이렇게 간략하게 『대승기신론』을 저술했다고 설명한다. 즉 이 『대승기신론』은 상하上下 두 권으로서 적은 분량에 대승경전의 핵심을 종합 정리한 책이다. 뜻글자인 한자를 사용하는 중국인들은 긴 문장과 방대한 분량을 싫어하는 탓인지 몰라도, 이 『대승기신론』은 중국에서 가장 많이 애독하는 논장으로 알려져 왔다. 따라서 이 『기신론』은 한 글자라도 소홀히 넘어가면 전체의 뜻을 정해正解하기가 어렵다는 점을 항상 염두에 두고 읽어야 한다.

  참고로 인도 구자국龜慈國 출신인 구마라습鳩摩羅什법사는 당시의 중국인들이 대체로 간략한 논설을 좋아하는 경향이 있다고 생각하여, 범어梵語로 된 긴 불경을 한역漢譯하면서 가능한 간략하게 의역意譯한 것으로 유명하다. 예를 들면, 용수보살이 쓴 『대지도론』은 원래 분량이 천 권이나 되는 방대한 논장論藏인데, 구마라습은 그것을 한역하면서 백 권으로 요약하여 번역했다고 한다.

  마명존자의 『대승기신론』이 중국에서 특별히 사랑받은 이유는, 이 글이 논서 중에서 가장 간략하고도 명료한 글이기 때문이라는 얘기다.

제2분 입의분立義分

제1절 마하연摩訶衍의 뜻

云何立義分운하입의분 謂摩訶衍위마하연 略有二種약유이종 有法及法유법급법

어떤 것이 입의분立義分인가? '마하연摩訶衍'은 대략 두 가지가 있으니, 유법有法과 법法이다.

입의분立義分은 이 논의 대강大綱을 서두에서 간단하게 설명한 것이다. '마하연摩訶衍'은 범어를 그대로 음역한 것으로,[1] 의역하면 대승大乘, 즉 큰 수레라는 뜻이다. 지욱대사의 설명에 따르면 '마하연'에는 일곱 가지 뜻이 있다. 즉 첫째로 법法이 크니 대승경전을 말하고, 둘째는 심心이 크니 사홍서원四弘誓願이고, 셋째는 해解가 크니 원상圓常 신해信解이고, 넷째는 정淨이 크니 정심지淨心地라 하고, 다섯째는 장엄莊嚴이 크니 복덕福德 지혜智慧를 말하고, 여섯째는 시時가 크니 삼아승지를 말하고, 일곱째는 구족具足이 크니 무상보리無上菩提를 설명한다고 말한다.

---

[1] 범어梵語를 한역漢譯하면서 음역音譯한 것으로, 원래 '마하연나'인데 '나'를 생략했다.

제2절 유법有法

言有法者언유법자 謂一切衆生心위일체중생심 是心시심 則攝一切世間出世間法즉섭일체세간출세간법 依此顯示의차현시 摩訶衍義마하연의

유법有法이란 것은 일체의 중생심衆生心을 말하는데, 이 마음이 일체의 세간법世間法과 출세간법出世間法을 포섭한다. 이에 의하여 '마하연'의 뜻을 드러내 보인다.

유법有法은 인도 인명론因明論에서 사용하는 용어이다. 인명론에서는 언어에 의한 주장을 주사主辭와 빈사賓辭로 표현하는데, 주사를 전진前陳 또는 유법有法이라 부르고, 빈사를 후진後陳 또는 법法이라고 한다. 여기의 유법은 '있는 법法'이라는 뜻으로 보이는 경계를 가리키는데, 『대승기신론』에서는 지금 유법을 중생심衆生心, 즉 중생의 마음이라고 설정한다. 진제의 구역에는 '유법有法'을 '법法'으로, '법法'을 '의義'로 각각 번역하였다.

지욱대사의 설명에 따르면 "유법有法이란 것은 일체의 중생심衆生心을 말한다"는 구절에서 '마음'은 바로 '나' 자신의 '일상적인 마음'을 가리킨다고 한다. 즉 근본적인 질문인, '나'라는 물건이 존재하느냐, 아니냐? 또는 '내 마음'은 구체적으로 어떤 것이냐? 하는 문제는 지금 여기서는 논하지 않는다고 한다. "이 마음이 일체의 세간법世間法과

출세간법出世間法을 포섭한다"는 말은 결국 "만법萬法이 모두 내 마음이다"라는 뜻이다. 즉 부처의 마음이나 보살의 마음이 아니고, 분별심을 사용하는 중생들의 마음이다. 즉 '중생의 마음이 만법을 포섭한다'고 말하고 있다. 즉 『능엄경』에 나오는 유심소현唯心所現이나,[2] 『화엄경』에 나오는 일체유심조一切唯心造[3]와 같은 맥락의 마음이다.

以此心眞如相이차심진여상 **即示大乘體故**즉시대승체고 **此心生滅因緣相**차심생멸인연상 **能顯示大乘體相用故**능현시대승체상용고

이 마음의 진여상眞如相이 곧 대승의 체體를 보이고, 이 마음의 생멸인연상生滅因緣相이 능히 대승의 체體·상相·용用을 나타낸다.

유법有法 구절에서 진여상眞如相과 생멸인연상生滅因緣相이란 단어가 처음 등장한다. 중생들의 마음에는 불변不變하는 심진여상心眞如相과 수연隨緣하는 심생멸인연상心生滅因緣相이 있다고 『대승기신론』은 설명하고 있다. 하나인 마음을 분석하여 진여상眞如相과 생멸상生滅相이라는 두 가지 모습으로 설명하는데, 이 구절을 흔히 '일심一心에 이문二門을 세웠다'고 말한다. 그래서 입의분立義分에서 중생심을 유법有法으

---

2 『능엄경』 제1권. "여래상설如來常說제법소생諸法所生 유심소현唯心所現 일체인과一切因果 세계미진世界微塵 인심성체因心成體."

3 『화엄경』(80권본) 제19권, '야마천궁게찬품'에 나온다. "약인욕료지若人欲了知 삼세일체불三世一切佛 응관법계성應觀法界性 일체유심조一切唯心造."

로 서술하면서, 심진여상은 대승大乘의 체體라고 하고, 심생멸인연상은 대승의 체體와 상相과 용用을 나타낸다고 간단하게 이야기하고 있다. 따라서 심진여상은 바탕인 체體만 설명하고 상相과 용用에 대한 언급이 없다는 점을 주의해야 한다.

중생의 마음에는 절대불변絶對不變하는 측면인 진여眞如와 수연변화隨緣變化하는 측면인 생멸生滅이 병존한다는 것이 『대승기신론』의 설명 방식이다. 원래 진여眞如라는 용어는 진실여상眞實如常의 약자로 모든 존재의 '진실眞實한 본성本性이 항상 여여如如하다'는 뜻을 가진 단어이다. 대승의 불경에서 이 진여라는 단어와 법신法身이라는 단어는 진리를 가리키는 용어로 자주 등장한다. 예를 들면 『능엄경』에서는 "진여眞如·불성佛性·보리菩提·열반涅槃·암마라식菴摩羅識·공여래장空如來藏·대원경지大圓鏡智"를 이른바 칠상주과七常住果라고 부르고, 『대반야경』에는 진리라는 뜻을 가진 용어로 "진여眞如·법계法界·법성法性·불허망성不虛妄性·불변이성不變異性·평등성平等性·이생성離生性·법정法定·법주法住·실제實際·허공계虛空界·부사의계不思議界"라는 열두 개의 명칭이 등장한다. 요컨대 진여상眞如相은 기멸起滅하는 모습인 상相을 제거하고 그 이치理致인 성性을 강조하는 용어로, 대승에서 불변하는 성리性理인 바탕인 체體를 보인다고 말하고 있다.

반대로 심생멸인연心生滅因緣이란 용어는 마음이 주위의 인연因緣에 따라서 생멸하는 모습인 상相을 가리키므로, 당연히 생멸하는 작용을 포함한다. 또 생멸하는 상相은 이치인 성性을 당연히 품고 있으니, 심생멸인연상은 결국은 대승의 체와 상과 용을 모두 나타낸다고 말한다.

그런데 원효대사는 그의 『대승기신론별기大乘起信論別記』에서 섭의

攝義와 시의示義를 구별하면서, 진여문眞如門에도 사상事相을 마땅히 보여야 한다고 주장하고 있다.[4]

『대승기신론』의 직접적인 근거가 되는 대승경전이라고 통설이 자주 인용하는 『입능가경入楞伽經』에는, "적멸寂滅을 일심一心이라고 부르고, 일심一心을 여래장如來藏이라고 부른다"라고 하는 구절이 있다.[5] 그 앞 구절은 이른바 진여문을 말하는 것이고, 뒤 구절은 여래장如來藏의 생멸인연문과 관련이 있다고 풀이를 한다.

제3절 법法

所言法者소언법자 略有三種약유삼종 一일 體大체대 謂一切法眞如위일체법진여 在染在淨재염재정 性恒平等성항평등 無增無減무증무감 無別異故무별이고

법法이란 것은 대략 세 가지가 있다. 하나는 체대體大이니, 일체법의 진여眞如는 물들거나 청정하거나에 상관없이 항상 그 자성自性이 평등하고, 증감이 없고, 차별이 없음을 말한다.

---

4 "통이론지通而論之 이의역제二義亦齊 시고진여문중是故眞如門中 역응시어사상亦應示於 事相 약고불설이略故不說耳." 『한국불교전서』 제1책, 동국대학교출판부, 1979, 679면.

5 "적멸자명위일심寂滅者名爲一心 일심자명위여래장一心者名爲如來藏." 이 구절은 '보리유지'가 번역한 10권본인 『입능가경』 제1권 '청불품請佛品'의 말미에 나오는 구절이다.

원래 '법法'은 다의적多義的인 불교용어인데, 여기에서는 인도 인명론因明論에서 사용하는 후진後陳을 가리킨다. 진제의 구역에서 이 법法을 '의義'라고 번역한 것도 뜻으로 의역한 것이다. 이 『대승기신론』은 유법有法인 중생심衆生心을 체體·상相·용用이라는 세 가지 법으로 분석 설명하고 있다.

  만법의 이제理諦와 현상을 종합적으로 설명하는 방식은 학파나 시대에 따라 다양한데, 여기서는 체상용體相用 세 가지의 기준으로 설명하겠다는 말이다. 지욱대사의 설명에 따르면 이 체상용 삼대三大를 간단하게 설명하는 방법으로 물의 비유가 적당하다고 한다. 물의 바탕은 습체濕體인데, 다른 물건과 잘 어울리는 성능性能인 융상融相이 있고 무슨 물건이든지 축축하게 만드는 윤용潤用이 있다. 이런 물이 얼면 얼음이 되는데, 얼음이 되면 딱딱해져서 물이 가지고 있는 특징인 습체·융상·윤용은 모두 사라진다. 만약 얼음을 녹여서 다시 물로 만들면 그 체상용인 습체·융상·윤용이 다시 나타난다. 이런 결빙과 해빙을 통하여 물의 체와 상과 용을 분명하게 알 수 있다고 비유한다. 이 체상용에 대한 자세한 설명은 뒤에 대승의 체상용 부분에서 다시 등장하는데, 여기 입의분에는 간단한 정의定義만 나온다.

  우선 체대體大는 바탕을 가리키는 말이다. 물을 비유하면 그 습성濕性이 체대이다. 『대승기신론』은 지금 일체법의 바탕은 바로 진여眞如라고 선언한다. 즉 항상 여여如如하여 변함이 없는 바탕인 진여를 일체법의 체대라고 지칭한다. 일체법에는 마음도 포함되므로, 마음의 바탕은 앞에서 이미 심진여心眞如라고 불렀다. "체대體大인 진여는 불변이니, 그것은 오염과 청정에 상관없이 항상 그 자성이 평등하고, 증감이 없고, 차별이 없다"고 한다. 즉 물의 진여인 습성은 염정染淨이 첨가되어도 부증不增이고, 또 염정이 제거되어도 불감不減이라서 항상 평등한 습성이 그대로 여여하다. 『대승기신론』에는 이렇게 진여를 '여여하여 변함이 없는 바탕'이라는 뜻으로 사용하면서, 진여를 만법의 체대體大를 가리키는 용어로 애용한다.

二者이자 相大상대 謂如來藏위여래장 本來具足본래구족 無量無邊무량무변 性功德故성공덕고

둘은 상대相大이니, 여래장如來藏은 본래 무량무변한 성공덕性功德을 구족하고 있음을 말한다.

상대相大는 모습을 가리키는 단어인데, 물의 비유에서 어울리는 융상融相이 그것이다. 그런데 『대승기신론』의 상대는 모습인 형체 이외에도 성능性能·공능功能·능력能力을 포함하는 다의적인 개념으로, 지금 "여래장如來藏은 본래 무량무변한 성공덕性功德을 구족한다"고 한다. 마음의 상대를 설명하면서 등장한 여래장은 범어 Tathāgata garbha의 번역으로, 어원으로 보면 '번뇌로 덮여 있는 청정한 여래법신如來法身'을 가리킨다. 여래장은 대승경론의 여러 곳에서 등장하는데 그 뜻이 경우에 따라서 매우 다양하다.

지금 "여래장은 본래 무량무변한 성공덕을 구족하고 있다"는 구절의 뜻은, 『능엄경』 제2권 말미에서 "만법萬法의 생멸生滅 거래去來가 본래

여래장如來藏 묘진여성妙眞如性이다"라고 표현한 것과 같은 맥락이다. 『대승기신론』에는 해석분解釋分에서 다시 "여래장에서 나온 '아라야'식이 전전展轉하여 만법을 전변轉變한다"고 설명하고 있으니, 여래장을 '만법의 출신처出身處'라는 의미로 지금 사용하고 있는 것이다. 그렇다면 『기신론』의 근거가 되는 경전은 여래장이 등장하는 『능엄경』·『능가경』·『승만경』·『부증불감경』 등이라는 추론이 가능하다.

여기에 나온 '성공덕性功德'이란 단어는 『능엄경』에 나오는 여래장 묘진여성妙眞如性의 성性과 같은 뜻이다. 즉 무량무변한 공덕이 여래장이라는 창고에 자상自相의 형태가 아니고 자성自性의 상태로 보존된다고 설명하고 있다. 여래장에 저장된 각종의 정법淨法이 '성공덕性功德'이라는 상태로 함장含藏되어 있으며, 시절의 인연에 따라서 만법의 상相으로 기멸起滅한다는 설명이다. 이 설명은 이해하기 힘든 내용인데, 『능엄경』에서는 이것을 "마치 물이 얼음이 되었다가 얼음이 다시 물이 되는 것과 같다"고 비유를 들어 설명한다. 지욱대사의 설명에 따르면 여기서 '공덕'은 선업善業을 포함한 세상 만법을 가리키므로, 선악과 유정무정有情無情을 총망라한다고 말한다.

三者삼자 用大용대 能生一切世出世間능생일체세출세간 善因果故선인과고

셋은 용대用大이니, 능히 일체의 세간과 출세간의 선인善因 선과善果

를 만든다.

용대用大는 마음의 작용인 용심用心을 가리키는데, 물의 비유에서 사물을 축축하게 만드는 작용인 윤용潤用이 그것이다. 여기서는 중생심의 작용으로 형성된 모든 선업善業·악업惡業·유루업有漏業·무루업無漏業 등이 모두 이 용대에 포함한다. 우리 마음의 작용을 범성凡聖을 기준으로 개관하면, 마음이 이른바 정연淨緣과 염연染緣이라는 인연에 따라서 온갖 정업淨業과 염업染業을 짓는다. 이런 모든 염정染淨의 업이 용심用心인 용대의 내용이다.

지욱대사의 설명에 따르면 『대승기신론』은 자리自利와 이타利他를 강조하고 있기 때문에 여기서 선업善業인 선인善因과 선과善果만 거론하고 있으나, 사실은 선업뿐 아니라 악업·유루업·무루업이 모두 용대에 포함된다고 한다. 중국의 유가儒家에서 사용하는 체용體用 개념은 이것과는 성질이 다르다.[6]

제4절 '마하연摩訶衍'의 특색

一切諸佛일체제불 本所乘故본소승고 一切菩薩일체보살 皆乘於此개승어차 入佛地故입불지고

---

[6] 중국의 유가에서 사용하는 체용體用 개념으로는 장재(張載, 1020~1077)가 '심통성정心統性情'(『性理大全』 권33)에서 맹자孟子의 '측은지심인지단야惻隱之心仁之端也'를 인용하면서 "인仁은 성性이고 체體요, 측은惻隱은 정情이고 용用이다"라고 설명하는 부분이 대표적이다.

일체 제불이 본래 이 대승을 타셨고, 일체 보살도 모두 이것을 타고서 불지佛地에 들어간다.

지금 대승의 진리를 이렇게 중생심衆生心에서 시작하여 설명하면서, 먼저 유법有法에서는 중생심에서 일심이문一心二門인 진여상眞如相과 생멸인연상生滅因緣相 두 가지로 분류하고, 다시 법法에서는 체體와 상相과 용用 세 가지로 분석하여 설명하고 있다. 이렇게 마하연摩訶衍에서 중생심을 분석하고 세분하는 목적은, 중생들의 심안心眼을 열어서 불법의 요체를 드러내어 보이고자 먼저 조감도를 그린 것이다. 이렇게 만법을 유법有法과 법法으로 분류하여 약설한 것이 『대승기신론』의 골격이다.

중국불교에서는 일반적으로 체體와 용用, 성性과 상相, 또는 이理와 사事라는 두 가지 개념으로 만법을 분석하여 설명하는 것이 보통이다. 『대승기신론』의 논리에는 체용體用에다 상相을 덧붙여서 체상용體相用 삼대三大로 설명하는 것이 특징이다. 그러다 보니 중국인들은 『대승기신론』에 등장한 모습과 성능性能의 뜻을 가진 이 상대相大를 처리하기가 곤란하여, 때로는 체대體大에다 포함하여 자체상自體相이라고 표현하기도 하고, 때로는 용대用大에다 붙여서 상용相用이라고 설명하기도 하여 분명하지 못한 경향이 있다. 같은 마음에 대하여 풍토風土에 따라 설명하는 방식이 서로 다르다는 점을 보여주는 적절한 사례이기도 하다.

제3분 해석분解釋分

云何解釋分운하해석분 **此有三種**차유삼종 **所謂顯示實義故**소위현시실의고 **對治邪執故**대치사집고 **分別修行正道相故**분별수행정도상고

무엇이 해석분解釋分인가? 이것에는 세 가지가 있다. 이른바 실의實義를 드러내어 보이는 현시실의顯示實義와 그릇된 집착인 사집邪執을 대치하는 대치사집對治邪執과 정도正道를 수행하는 모습을 분별하는 분별수행정도상分別修行正道相이 있다.

해석분은 본론에 해당한다. 먼저 중생심을 일심이문一心二門과 삼대三大로 분석하고, 다음 사견邪見을 적시摘示하고, 끝으로 수행단계를 삼종三種의 발심發心으로 자세하게 설명한다.

제1장 현시실의顯示實義

此中顯示實義者차중현시실의자 **依於一心**의어일심 **有二種門**유이종문 **所謂心眞如門**소위심진여문 **心生滅門**심생멸문

여기 실의實義를 드러내어 보이는 현시실의顯示實義에는 일심一心에 의지하여 두 가지 문이 있으니, 이른바 심진여문心眞如門과 심생멸문心生滅門이다.

현시실의顯示實義는 실다운 이치를 드러내 보임이니, 마명존자는 일심一心을 성性과 상相이라는 두 개의 얼굴로 분석하여 진여眞如와 생멸生滅의 이문二門을 세워서 설명한다. 여기서부터 중생심을 일심이라고 부르고 있으므로 전통적으로 일심이문一心二門이라고 한다. 심진여문은 마음의 불변하는 본질적 측면을 가리키고, 심생멸문은 마음이 인연 따라 변화하는 현상적 측면을 가리킨다는 설명은 앞에서 이미 나왔다.

  지욱대사의 설명에 따르면 일심一心은 중생의 현재의 마음(現前介爾心)이고, 이문二門은 서로 융통하는 것이니 수연隨緣하되 불변不變하는 생멸심生滅心을 진여문眞如門이라고 부르고, 불변不變이되 수연隨緣하는 진여심眞如心을 생멸문生滅門이라고 부른다고 설명한다. 그러나 이 집에는 실로 일문一門뿐이니, 이른바 시방 제불의 일로열반문一路涅槃門이 이것이다. 다만 미迷하면 생사가 시작하여 진여가 그대로 생멸이 되고, 오悟하면 윤회가 그치고 생멸이 그대로 진여가 되니, 일문一門을 미오迷悟에 따라서 이문二門이라고 설명한 것이다. 이를테면 미迷에게 오悟를 설명한 것이 생멸문이 되고, 미와 오가 평등하다고 설명한 것이 진여문이 된다.

  용수보살은 『석마하연론釋摩訶衍論』에서 진여문의 열 가지 이명異名을 열거한다. 하나는 여래장문如來藏門이니 잡란雜亂이 없기 때문이고, 둘은 불이평등문不二平等門이니 차별이 없기 때문이고, 셋은 일도청정문一道淸淨門이니 이기異岐가 없기 때문이고, 넷은 불기부동문不起不動門이니 작업作業을 여의기 때문이고, 다섯은 무단무박문無斷無縛門이니 치장治障이 없기 때문이고, 여섯은 무거무래문無去無來門이니 상하上下가 없기 때문이고, 일곱은 출세간문出世間門이니 사상四相이 없기 때문이고, 여덟은 적멸적정문寂滅寂靜門이니 왕향往向이 없기 때문이고, 아홉은 대총상문大總相門이니 별상別相이 없기 때문이고, 열은 진여문眞如門이니 허위虛僞가 없기 때문이다. 이 열 가지 명칭은 모두 평등한 의리義理를 나타내는 명자名字로 되어 있다.

다시 『석마하연론』의 생멸문의 열 가지 이명을 들어보면, 하나는 장식문藏識門이니 일체 염정법染淨法을 섭지攝持하기 때문이고, 둘은 여래장문如來藏門이니 여래의 법신法身을 복장覆藏하기 때문이고, 셋은 기동문起動門이니 상속하면서 업업을 짓기 때문이고, 넷은 유단유박문有斷有縛門이니 치장治障이 있기 때문이고, 다섯은 유거유래문有去有來門이니 상하가 있기 때문이고, 여섯은 다상분이문多相分異門이니 염법染法과 정법淨法이 항하사보다 많기 때문이고, 일곱은 세간문世間門이니 사상四相이 모두 전전展轉하기 때문이고, 여덟은 유전환멸문流轉還滅門이니 생사와 열반을 구족하기 때문이고, 아홉은 상대구성문相待俱成門이니 독자적으로 성립하는 법이 없기 때문이고, 열은 생멸문生滅門이니 무상無常한 모습을 나타내기 때문이다. 이 열 가지 명칭은 제불의 일체 법장法藏의 종종種種의 차별법문差別法門의 명자를 모두 포섭한다.

此二種門차이종문 各攝一切法각섭일체법 以此展轉이차전전 不相離故불상리고

이 두 가지 문은 각각 일체법을 총섭總攝하는데, 이렇게 전전展轉하여 서로가 서로를 여의지 않는다.

이문二門이 각각 일체법을 총섭하되, 서로를 여의지 않는다는 말은 무엇을 말하는가? 용수보살에 따르면 '진여문이 일체법을 총섭한다'는 말은 하나하나의 법이 진여 아님이 없다는 말이고, '생멸문이 일체법을 총섭한다'는 말은 하나하나의 법이 생멸 아님이 없다는 말이다. 따라서 진여문은 생멸문의 일체법을 포섭하지 못하고, 생멸문은 진여문의 일체법을 포섭하지 못한다고 한다. 왜냐하면 이 이문二門은 모두 평등하지만 각각 다르기 때문이라고 설명한다.

지욱대사의 설명에 따르면 진여문에서는 백계천여百界千如와 오위백법五位百法을 포섭하고 일일一一이 진여 아님이 없으니, 성성이 항상 평등하여 무증무감無增無減하니 별이別異가 없다. 또 생멸문에서도 역시 백계천여와 오위백법을 포섭하되 일일이 생멸 아님이 없으니, 육범六凡의 제법諸法은 미염迷染한 인연으로 성립하고 사성四聖의 제법은 오정悟淨인 인연으로 각각 성립한다. 즉 진여문은 이른바 성성이나 이리에 해당한다면, 생멸문은 이른바 상상이나 사사에 해당한다.

제1절 심진여문心眞如門

1. 심진여의 정의

心眞如者심진여자 卽是一法界大總相法門體즉시일법계대총상법문체

심진여心眞如란 곧 하나인 법계의 대총상법문의 바탕이다.

본래 '심진여'라는 것은 마음의 본성이 불생불멸하는 성리性理임을 표현하는 단어이다. '진眞'은 그 성품이 허가虛假가 아니고 진실眞實한 것임을 가리키고, '여如'는 성품이 불변하여 시간과 공간에 관계없이 생멸과 증감이 전혀 없는 것을 가리킨다. '일법계대총상一法界大總相'은 바로 우주 전체의 본체本體와 형상形相을 통틀어서 일컫는 단어이다. 즉 심진여란 불변하는 상주진심常住眞心인데, 이 상주진심이 법계法界의 '총상법문체總相法門體'라는 말이다.

 용수보살은 이 구절의 건립명자建立名字는 공능功能인 업業에 따라서 이름을 세웠다고 설명한다. 즉 '하나인 법계의 대총상법문의 바탕'이라는 '일법계대총상법문체一法界大總相法門體'에서 일一은 대업大業이고, 법法은 총업總業이고, 계界는 상업相業이다. 법문法門에서 문門이 곧 체體라고 해석한다.

 감산憨山대사는 "심진여心眞如란 곧 하나인 법계의 대총상법문의 바탕이다"라는 구절에서, '총상법문체總相法門體'를 일체 성인과 범부

의 의정依正 세계의 인과因果인 총상總相이라고 설명한다.

지욱대사의 설명에 따르면 '심진여心眞如'에서 심心은 바로 중생들의 현전現前하는 마음이고, '일법계대총상법문체'에서 법계는 만법의 본원本源을 말하고, 대총상은 전체가 일상一相이니 차별이 없다는 뜻이며, 법문은 진리를 말하고, 바탕(體)은 본체인 근원根源이니, 곧 진여眞如를 가리킨 말이다. 이 진여는 차별이 있을 수가 없으므로 통틀어서 오직 '하나'라고 부른다.

以心本性이심본성 **不生不滅相**불생불멸상

마음의 본성은 불생불멸하는 모습이다.

용수보살은, 이 구절은 직전진체直詮眞體로서 진여법이 생멸법生滅法처럼 생주이멸生住異滅함이 아니어서, 이른바 백비百非도 비非가 아니고, 천시千是도 시是가 아니며, 비非도 아니고 시是도 아니면서 또한 아님(非)에도 부주不住하는 것을 나타낸다고 설명한다.

마음의 본성은 생멸하지 않는다는 구절은 『반야심경』에 나오는 '제법공상諸法空相 불생불멸不生不滅'을 연상시키는데, 엄격하게 해석하면 다른 내용이다. 여기서는 마음을 설명하고, 『심경』에는 삼라만상의 공상空相을 이야기한다.

一切諸法일체제법 皆由妄念而有差別개유망념이유차별 若離妄念약리망념 則無境界差別之相즉무경계차별지상

일체 제법은 모두 망념으로 말미암아 차별이 있으니, 만일 망념을 떠나면 곧 경계에 차별의 모습이 없다.

이 구절은 삼라만상森羅萬象의 근원根源을 설명하고 있는 중요한 법문이다. 즉 "제법은 모두 망념으로 말미암아 생멸하므로 차별이 생긴다"고 설명한다. 허망한 생각인 망념이 삼라만상이 출몰하는 원인이니, "만일 망념을 떠나면 모든 경계는 차별의 모습이 없다"고 설명한다. 결국 망념이 만법의 차별을 일으키는 주인공이라는 말이니, 『능엄경』에서 말하는 "식정識精의 원명元明한 놈이 능히 제연諸緣을 만든다"라는 구절과 같은 뜻이다.[7] 『능엄경』을 공부하지 않은 사람은 이 구절의 의미를 제대로 이해할 수가 없다. 그래서 불교를 알고자 하는 학인은 반드시 『능엄경』부터 읽어보아야 한다고 말한다.

용수보살은, 이 구절은 유有를 빌려서 무無를 표현한 것으로, 즉 생멸문의 가유假有를 빌려서 진여문의 실무實無를 보인 것이라고 한다. 따라서 만약 희론戱論인 식識을 여의면 일체의 허망한 경계가 없다는 것이라고 설명한다.

---

[7] 『능엄경』 제1권. "식정원명識精元明 능생제연能生諸緣."

是故시고 諸法從本己來제법종본이래 性離語言성리언어 一切文字不能顯説일체문자불능현설 離心攀緣이심반연 無有諸相무유제상 究竟平等구경평등 永無變異영무변이 不可破壞불가파괴 唯是一心유시일심 説名眞如故설명진여고

그러므로 제법諸法은 본래부터 성性이 언어를 여의었고, 일체의 문자로써 설명하여 나타낼 수 없다. 마음의 반연攀緣을 여의고 아무런 모습도 없다. 끝내 평등하여 영원히 변이變異가 없고 파괴할 수도 없다. 오직 이 일심一心이니 진여眞如라고 부른다.

이 부분을 흔히 '이언진여'離言眞如라고 하며 '진여眞如는 언어문자로 설명할 수 없다'고 말한다. 즉 '제법은 끝내 평등하여 영원히 변이變異가 없고 파괴할 수도 없다'고 설명하는 구절이다. 여기서 제법諸法은 만법의 바탕인 본성本性 내지 자성自性을 말하는데, 본성은 생각이나 말이나 문자를 사용하여 그 의의意義를 설명할 수가 없다는 뜻이다. 만약 『능엄경』의 대의大義를 모르면 이 구절의 뜻도 당연히 모른다.

지욱대사의 설명에 따르면 제법은 본래 망념으로 일어나고, 그 망념은 마음에서 나왔으니, 결국 제법의 근본은 우리들의 마음이다. 즉 여여如如하여 변함이 없는 바탕인 심진여心眞如에 의지하여 망념이 생겼고, 이 망념에서 제법이 허망하게 생겼다. 따라서 제법의 자성自性은 변함이 없는 진여와 다르지 않다. 그래서 "제법은 본래부터 언어를

여의었고, 일체의 문자나 언어로 설명하여 나타낼 수 없는 것이다. 또 마음의 반연攀緣을 여의고 아무런 모습도 없다." 따라서 "끝내 평등하여 영원히 변이變異가 없고 파괴할 수도 없으니, 진여라고 부른다"라고 설명한다.

從本已來종본이래 不可言說불가언설 不可分別불가분별 一切言說일체언설 唯假非實유가비실 但隨妄念단수망념 無所有故무소유고 言眞如者언진여자 此亦無相차역무상 但是一切言說中極단시일체언설중극 以言遣言이언견언 非其體性비기체성 有少可遣유소가견 有少可立유소가립

본래 말할 수도 없고 분별할 수도 없다. 일체 언설은 가짜로서 실답지 않으니, 단지 망념에 따른 것이지 있는 것(所有)이 아니다. 진여라고 말하는 것도 이것 또한 무상無相인데, 다만 일체 언설 중에서 극極이니, 말로서 말을 털어버리는 것이다. 그러나 그 체성體性은 털어버릴 수도 없고 세울 수도 없다.

항상 여여하여 변함이 없는 바탕인 진여를 찾아보면 생긴 모양과 있는 장소를 알 수가 없다. 『능엄경』에는 '아난'이 빛깔도 소리도 없는 자기 마음을 몸의 안팎으로 일곱 처소에서 찾아보는 '칠처징심七處徵心법문'이 나온다. 그런 뒤에 부처님이 시각視覺 현상을 알아보는 견見을

설명하면서 그것을 통하여 '아난'이 제 마음을 알아차리도록 자세한 방편方便을 펼치는 '십번변견十番辯見 법문'이 나온다. 『능엄경』에는 이런 종류의 징심徵心 법문과 변견지심辯見指心 법문을 통하여 제 마음의 모습과 현주소를 밝히는 여러 가지 설명이 등장한다. 이러한 심지心地 법문을 듣고 이해해야만 지금 여기 『대승기신론』에 나오는 진여문의 이야기들을 제대로 소화할 수가 있다.

여기에서 『대승기신론』은 특별히 언어의 효능과 한계를 설명하고 있다. 인간세계에서는 모든 것을 언설로 표현하거나 생각하고 설명한다. 언설은 인간들이 공동생활에 편리하도록 만든 문화적인 도구이지만, 그것을 활용하여 문물文物이 발전하는 계기가 되었다. 그러나 언설에는 그 이름에 상응相應하는 실다운 내용이란 것이 본래부터 존재하지 않는다. '진여'라는 단어도 역시 그러하다. 불변하므로 진여라고 부를 뿐이지, 그 진의眞意는 결코 언어로서 표현하고 설명할 수가 없다는 점을 지금 "일체 언설 중에서 극極이니, 말로서 말을 털어버리는 것이다"라고 설명하고 있다. "언설 중에서 극이라"는 표현이 진여라는 글자라고 말한다.

불교에서는 옛날부터 법신法身이나 진여의 의미는 "언어도단言語道斷하고 심행처멸心行處滅이라"고 잘라서 말한다. 상식적인 언어나 생각으로 그 내용과 성격을 헤아리거나 설명할 수 없다는 뜻이다.

問曰문왈 若如是者약여시자 衆生云何隨順悟入중생운하수순오

입 答曰답왈 若知약지 雖說一切法수설일체법 而無能說所說이무능설소설 雖念一切法수념일체법 而無能念所念이무능념소념 爾時隨順이시수순 妄念都盡망념도진 名爲悟入명위오입

문: 만일 그러하다면 중생이 어떻게 수순隨順하여야 심진여心眞如에 깨달아 들어갈 수가 있겠습니까?
답: 비록 일체법을 설명하지만, 설명하는 주체도 없고 설명할 대상도 없다. 비록 일체법을 생각하지만, 생각하는 주체도 없고 생각할 대상도 없다. 만약 이런 줄 알면 이때가 바로 수순隨順이다. 망념이 모조리 없어지면 그것을 깨달아 들어간다(悟入)고 부른다.

심진여心眞如는 본래 텅 비어서 주체도 없고 대상도 없는데, "어떻게 깨달아서 들어가는 오입悟入이 가능한지?"를 묻고 있다.
지욱대사의 설명에 따르면 진여는 일체법의 실성實性이니, 일체법을 떠나서 따로 존재하는 것이 아니다. 즉 불변수연不變隨緣이므로 거체擧體하면 능설소설能說所說이 되지만, 반대로 수연불변隨緣不變하면 능설소설能說所說을 거擧하되 진여성眞如性이 항상 평등하여 차별이 없다. 다만 중생들이 평등성平等性 중에서 허망하게 능설소설을 계탁計度하여 실유實有라고 잘못 알고 있을 뿐이다. 이런 내용을 천태天台대사는 육즉六卽 이론으로 설명하고 있다. 이런 이치를 알면 이즉수순理卽隨順이고, 대승법大乘法을 듣고서 망념이 무성無性인 줄 알면 명자수순名字隨順이고, 이렇게 수순하여서 염념상속念念相續하여 사혜思慧를 이루

면 관행수순觀行隨順이고, 다시 저절로 순숙淳熟하여 수혜修慧를 이루면 상사수순相似隨順이다. 만약 묘관찰지妙觀察智를 발하여서 진여를 촉증觸證하고 망념이 모두 없어지면 분증수순分證隨順인데, 이것을 보고 '깨달아서 들어간다(悟入)'고 말한다. 그런데 여기에서 "망념이 모두 없어진다는 것은 구경즉究竟卽이 아닌가?" 하는 의문이 생기게 된다.

그래서 지욱대사의 『열망소裂網疏』에는 다시 두 개의 문답이 붙어 있다.

문: 망념이 모두 없으면 이것은 구경위究竟位인데, 어떻게 분증分證이라고 하는가?

답: 진짜로 견도見道하면 일체 분별이 현행現行하지 않는다. 증득한 진여가 본래 분제分劑가 없기 때문이다. 그래서 '모두 없어진다'고 한다. 이후로 증진增進하는 바는 무루지품無漏智品이며 진수眞修라고 말한다. 이것은 유루有漏 문사수혜聞思修慧인 연수緣修와는 다르다. 그래서 다시는 망념이라고 부르지 않는다.

문: 진수眞修가 증진하면 망념이라고 부르지 않지만, 출관出觀하면 미세한 무명無明 망념妄念이 현행하는데, 어떻게 '모두 없어졌다'고 할 수 있는가?

답: 육즉六卽에서 이즉理卽은 순수한 역逆이고, 구경즉究竟卽은 순수한 순順이다. 명자즉名字卽부터 등각等覺 이하까지는 모두 순역順逆이 서로 섞여 있다. 비유컨대 초하루 달이 14일이 되기까지는 명상明相이 점점 증가하지만 흑상黑相이 모두 없어진 것은 아니다. 분증즉分證卽에서 이미 무루無漏를 증득하면 영원히 퇴전退轉하지 않는 것은 마치

명월明月이 생기면 대지大地를 광명이 비추는 것과 같으므로 "망념이 모두 없다"고 말하는 것이다.

　중생의 입장에서 생각하면 원래 세상은 심진여心眞如에서 무시무명無始無明인 망념이 일어나서 주主와 객客이 허망하게 양립하면서 전변轉變하여 우주의 만상이 벌어졌다. 마치 눈에 결막염이 생기면 하늘에 허공꽃이 보이는 것과 같은 이치이다. 결막염 때문에 허공꽃이 보이듯이, 망념 때문에 주와 객과 세상이 벌어졌다. 그런 이치를 제대로 배우고 이해하여 주객이 본래 없는 것인 줄 알면 이것이 수순隨順의 첫걸음이고, 나아가서 망념이 모조리 없어지고 진심眞心이 자현自現하면 '심진여心眞如에 깨달아서 들어간다(悟入)'고 말한다.

2. 심진여心眞如의 내용

復次부차 眞如者진여자 依言說建立의언설건립 有二種別유이종별 一일 眞實空진실공 究竟遠離不實之相구경원리부실지상 顯實體故현실체고 二이 眞實不空진실불공 本性具足본성구족 無邊功德무변공덕 有自體故유자체고

다시 진여眞如를 언설로 그 내용을 설명하자면 두 가지 구별이 있다. 하나는 진실공眞實空이니, 부실不實한 모습을 멀리 여의어서 구경究竟에 실체實體를 드러내기 때문이다. 둘은 진실불공眞實不空이니, 본성本性에 끝없는 공덕이 구족하여서 그 바탕이 있기 때문이다.

심진여心眞如의 내용을 언어를 빌려서 억지로 설명하는 장면이 등장한다. 심진여의 내용을 설명하려고 하니 문자를 사용할 수밖에 없다. 공空과 불공不空을 진제眞諦의 구역은 소언공所言空, 소언불공所言不空이라고 번역했고, '실차난타'의 신역은 진실공眞實空과 진실불공眞實不空으로 표기하였다. 즉 '진실'이란 수식어를 붙여서 진여의 내용을 설명하려고 한다. 그 이유는 진여문은 상주불변常住不變하는 진여라는 모습이 기본적인 특징이기 때문이다.

공空과 불공不空은 모두 바탕을 나타내는데, 공은 모습을 여읜 바탕을 드러내는 뜻이고, 불공은 모습을 띤 바탕을 드러내고 있다.

1) 진실공眞實空

復次부차 眞實空者진실공자 從本已來종본이래 一切染法不相應故일체염법불상응고 離一切法差別相故이일체법차별상고 無有虛妄分別心故무유허망분별심고 應知眞如응지진여 非有相非無相비유상비무상 非有無相非非有無相비유무상비비유무상 非一相非異相비일상비이상 非一異相非非一異相비일이상비비일이상 略說약설 以一切衆生이일체중생 妄分別心所不能觸망분별심소불능촉 故立爲空고입위공

다시 진실공眞實空이란 본래부터 일체의 염법染法과 상응하지 않고, 일체 만법의 차별상을 여의었고, 허망한 분별심이 없다. 따라서 진여

는 유상有相도 아니고 무상無相도 아니며, 유무상有無相도 아니고 비유무상非有無相도 아니며, 일상一相도 아니고 이상異相도 아니며, 일이상一異相도 아니고 비일이상非一異相도 아닌 줄을 알아야 한다. 요약하면 일체 중생의 허망한 분별심으로는 촉증觸證할 수가 없으므로 공空이라고 한다.

공空이라는 단어는 불교 특유의 용어인데, 매우 다의적인 단어이다. 공은 원래 범어 śūnya의 번역인데, 보통은 만법萬法이 연기緣起하므로 무상無常하고 무아無我인 것을 간단히 한마디로 표현하여 '공하다'고 표현한다. 이런 기본적인 공 개념에서 시작하여, 대승의 경론에는 아공我空·법공法空을 비롯하여 많은 종류의 공이 등장하여서 이른바 18공空이란 개념까지 등장한다. 그러나 공의 본의本意는 '연기하는 것은 무상하고 무아이므로 빈 것이라서 불가득不可得이라'는 뜻이다. 따라서 불교에서 말하는 공은 허망한 모습을 불변不變하고 상주常住하는 것으로 착각해서는 안 된다는 뜻이지, 텅 빈 바탕인 공이라는 것이 존재한다는 말이 아니다. 『반야심경』에 나오는 색즉시공色卽是空도 같은 의미이다. 그러나 지금 이 구절에 나오는 공은 심진여가 공하다는 설명이니, 아공·법공·구공俱空이나 18공과는 다른 이야기가 된다. 지욱대사의 설명에 따르면 심진여의 진실공眞實空은 진여의 바탕에는 본래 염망染妄이 없다는 뜻이다. 공이라는 글자는 망유妄有를 차단하는 것이지, 진여의 바탕을 빔이라고 현시顯示하는 뜻이 아니다. 현전現前하는 우리 마음은 본체를 찾으려고 해도 찾지 못하는데, 어떻게 법상法

相이나 염법染法같은 차별진 모습이 있겠는가! 따라서 일체의 이론과 언설로는 설명하지 못하니, 이 심성心性은 분별로는 촉증觸證할 방법이 없다. 진제의 구역에서는 이 촉증觸證이라는 촉觸을 상응相應이라고 번역하였다.

據實道理거실도리 妄念非有망념비유 空性亦空공성역공 以所遮 是無이소차시무 能遮亦無故능차역무고

실다운 도리에 의지하면 망념은 존재하지 않고, 공성도 또한 공하여서 막히는 놈이 없으며 막는 놈 또한 없다.

이 부분은 『반야심경』에서 "시고是故 공중무색空中無色 무수상행식無受想行識"이라고 말한 부분과 같은 맥락이다. 그런데 이 구절의 구역과 신역이 전혀 다르다. 진제의 구역에는 "만약 망심妄心을 여의면 실로 공空할 것도 없기 때문이다"로 번역되어 있어서 탈루脫漏가 있었던 것 같다.

2) 진실불공眞實不空

言眞實不空者언진실불공자 由妄念空無故유망념공무고 卽顯眞心즉현진심 常恒不變상항불변 淨法圓滿정법원만 故名不空고명불공 亦無不空相역무불공상 以非妄念心所行故이비망념심소행고

唯離念智之所證故 유이념지지소증고

진실불공眞實不空이란 것은 망념이 공하고 없으므로 진심眞心은 항상하고 불변하지만, 정법淨法이 원만하므로 불공不空이라고 말하되 또한 불공의 모습도 없다. 이것은 망념심妄念心으로 알 바가 아니고, 오직 이념지離念智로써 깨달을 바이다.

진실불공眞實不空이란 마음의 본성本性에서 상용相用이 무궁하게 전개된다는 뜻인데, 본래 단멸斷滅이 아님을 다짐한 것이다.

  지욱대사의 설명에 따르면 심진여心眞如의 진실불공眞實不空이란 망념이 공하고 없는 줄 요달하면 진심眞心은 항상하고 불변인데도, 정법淨法이 원만하여 불공不空한 것이 저절로 드러난다는 뜻이다. 진여는 텅 비어서 불변으로 아무것도 없는 공무空無라는 설명만 가능한 것이 아니고, 한편으로 진여는 무한한 종자種子가 원만하므로 수연隨緣하면 생멸 현상이 일어난다는 이야기다. 즉 불공不空이란 단어는 진여眞如가 불변不變하면서도 동시에 수연隨緣한다는 뜻을 나타내고 있다.

  진실공眞實空과 진실불공眞實不空의 내용은 용어상으로 상반하는 것 같은데, 마명존자는 그 내용을 구체적으로 설명하지 않고 단지 "망념이 공하고 없으니", "정법淨法이 원만 구족하다"는 표현만 하고 있다. 그리고 진여의 공空과 불공不空의 관계에 대해서는 설명이 따로 없다.

  여기서 진실불공의 내용을 살펴보면, 앞에서 입의분立義分에서 법法

이라는 대승大乘의 체상용體相用을 간단히 설명하면서 "둘은 상대相大이니, 여래장如來藏에는 본래 무량무변無量無邊한 성공덕性功德을 구족하고 있다"는 구절이 있었다. 이것과 비교하여 해석하면, 지금 심진여의 진실불공에 나오는 "원만한 정법淨法"이 바로 상대相大에 나오는 '무량무변한 성공덕'에 해당한다. 따라서 대승의 상대와 진여의 진실불공의 내용이 같은 것으로 설명되고 있다. 그런데 만약 그렇게 해석된다면 문제가 생긴다. 왜냐하면 체體만 언급하는 진여문에서 상대를 함께 설명하는 꼴이 되어서, 입의분에서 천명한 원칙과 상반되기 때문이다. 즉 유법有法에서 "이 마음의 진여상眞如相이 대승의 체를 보인다"고 설명한 원칙에 어긋난다. 진여문에도 체상용이 있어야 한다는 원효대사의 견해가 생각나는 부분이다.

그래서 마명존자가 "망념심妄念心으로 알 바가 아니고, 오직 이념지離念智로써 깨달을 바이다"라는 경구를 붙인 모양이다. 지욱대사의 설명에 따르면 "망념심"은 망념을 쓰는 중생의 분별심을 가리키고, "이념지"는 망념을 여읜 불보살의 지혜를 말한다고 한다.

여기에 나온 진실공과 진실불공의 설명은 『능엄경』 제4권 '부루나장'에 나오는 여래장 법문에서 공空여래장과 불공不空여래장을 읽었다면 쉽게 이해할 수 있는 내용이다.

제2절 심생멸문心生滅門

1. 아라야식

心生滅門者심생멸문자 謂依如來藏위의여래장 有生滅心轉유생멸심전 不生滅與生滅和合불생멸여생멸화합 非一非異비일비이 名阿賴耶識명아뢰야식 此識有二種義차식유이종의 謂能攝一切法위능섭일체법 能生一切法능생일체법

심생멸문心生滅門은 여래장에 의지하여 생멸심이 전전展轉한다고 말한다. 불생멸과 생멸이 더불어 화합하여 같은 것도 아니고 다른 것도 아닌 것을 아라야식이라고 부르는데, 이 식에는 두 가지 뜻이 있다. 즉 일체법을 능히 총섭總攝하기도 하고, 또 일체법을 능히 만들기도 한다.

'아라야식'이라는 단어는 범어 ālaya vijñāna의 음역으로 아뢰야식阿賴耶識 또는 아리야식阿梨耶識이라고도 음역한다. 즉 아라야식은 '불생멸不生滅과 생멸生滅이 더불어 화합하여 같은 것도 아니고 다른 것도 아닌, 이른바 진망화합식眞妄和合識이다'라고 설명하고 있다. 즉 여래장에서 전전展轉한 생멸심이 불생멸과 화합한 것이니, 생멸심의 출처인 여래장이 아라야식의 출처이다. 이처럼 아라야식은 불생멸이 화합된 진망화합식이므로 생멸하는 망식妄識인 육종식六種識과는 구별되는

제3의 식으로 『대승기신론』에 등장한다. 유식학에서는 이 아라야식을 제8식이라고 명명命名하고, 흔히 근본식根本識이라고도 부른다.

『대승기신론』에서는 생멸하는 우주의 시종始終은 아라야식이라고 설명하면서, "여래장에 의지하여 생멸심이 전전展轉한다"고 설명하고 있다. 지금 '진여에서 생멸심이 전변轉變한다'고 설명하지 않고 이렇게 "여래장에 의지하여"라고 설명한 것은, 앞에서 진여를 마음의 체體로 보고 여래장을 마음의 상相으로 보는 입의분의 체상용體相用 설명에서 이미 그 의취意趣가 분명하게 나타났었다. 그래서 생멸문의 첫머리에서 "불생멸과 생멸이 더불어 화합한 진망화합식"이라는 아라야식이 처음으로 등장하고, 그리고 이것이 여래장에서 나온 것이라고 설명하고 있는 것이다. 여기서 아라야식은 "불생멸과 생멸이 더불어 화합하여 같은 것도 아니고 다른 것도 아닌 진망화합식"이라고 설명한 것은, 이른바 "진여는 불변不變과 수연隨緣의 양면을 가진다"는 설명과 같은 맥락으로 보인다. 이것은 아라야식이 "일체법을 능히 총섭하기도 하고, 일체법을 능히 만들기도 한다"고 하여, 여래장과 아라야식의 바탕이 진여라는 사실을 전제로 하는 것과 유사한 내용이다.

이렇게 『대승기신론』에서는 생멸문 설명의 주제로 진여 대신에 여래장을 내세우고 있는 것이 특징이므로, 이 책을 여래장 계통의 논장이라고 분류하고 있다. 『입능가경』에서 "적멸寂滅을 일심一心이라고 부르고, 일심을 여래장이라고 부른다"고 하는 구절이 대표적인 표현이다.

復有二種義부유이종의 **一者覺義**일자각의 **二者不覺義**이자불각의 다시 아라야식에 두 가지 뜻이 있으니 하나는 각覺의 뜻이고, 둘은 불각不覺의 뜻이다.

아라야식은 불생멸과 생멸이 더불어 화합한 것이니, 불생멸인 무루無漏의 각覺과 생멸인 유루有漏의 불각不覺이 혼재하는 것은 당연하다. 진여에 불변과 수연의 두 가지 의미가 포함된 것과 유사한 점이 있다.

2. 각覺

1) 각覺의 정의

言覺義者언각의자 謂心第一義性위심제일의성 離一切妄念相이일체망념상 離一切妄念相故이일체망념상고 等虛空界등허공계 無所不徧무소불변 法界一相법계일상 卽是一切如來平等法身즉시일체여래평등법신 依此法身의차법신 說一切如來爲本覺설일체여래위본각

각覺의 뜻을 설명하면, 마음의 제일의성第一義性으로 일체의 망념상妄念相을 떠났다고 말한다. 일체의 망념상을 떠났으므로 허공계와 같아서 두루하지 않음이 없으니, 법계일상法界一相으로서 곧 일체 여래의 평등법신平等法身이다. 이 법신에 의하여 일체 여래를 본각本覺이라고 말한다.

각覺이라는 글자는 "마음의 제일의성第一義性을 가리킨다"고 설명하고 있다. 본래 '성性'이라는 글자는 불교 중에서 무시부터 성취되어서 개변되지 않는 자성自性을 지칭하는 단어로서, 변천하는 모습을 가리키는 '상相'과 대비하여 사용하는 것이다. '실차난타'의 신역은 상相과 구별되는 성性자를 사용하여 그 '첫째가는 성性'을 강조하고 있는 것 같다. 지욱대사의 설명에 따르면 제일의성第一義性은 무루종자無漏種子가 무시부터 성취되어 있으면서 바뀜이 없는 그러한 성性이라고 한다. 제일의성은 이처럼 불변하는 본래의 성이란 말이다. 각覺은 보통 '깨달을 각'이라는 의미로 사용하는데, 마음의 첫째가는 성性은 바로 깨달아 아는 본성을 가리킨다 하겠다. 『능엄경』에서 "상주하는 진심의 성性이 청정하고 각명覺明한 바탕이다"라고 한 표현에 나온 각명과 내용이 같으니,[8] 즉 마음이 각료능지覺了能知하고 원명료지圓明了知하는 것을 간단하게 각覺이라고 한다. 이른바 성자신해性自神解하는 영지靈知가 바로 마음의 제일의성第一義性이다. 그리고 "일체의 망념상妄念相을 떠났다"는 것은 이 무루종자가 비록 본식本識에 의지하지만 본식이 능히 반연攀緣할 수 없다는 뜻이니, 선가禪家에서 말하는 무연지無緣知라는 뜻이다. "허공계와 같아서 두루하지 않음이 없다"는 것은 이 무루종자가 정해진 성질이나 모습이 없다는 것이다.

"법계일상法界一相"은 무루종자가 진여에 순응하여 진여법계眞如法界와 동일한 부사의상不思議相이라는 것이고, "곧 일체 여래의 평등법신

---

[8] 『능엄경』 제1권. "일체중생一切衆生 종무시래從無始來 생사상속生死相續 개유부지皆由不知 상주진심常住眞心 성정명체性淨明體 용제망상用諸妄想 차상부진此想不眞 고유윤전故有輪轉."

平等法身이다"는 구절은, 지智와 진여眞如가 평등하여 여여如如와 여여지如如智를 일체 여래가 동증同證하면 이것을 법신이라고 한다.

진제의 구역은 '제일의성第一義性'을 '심체이념心體離念'이라고 번역한다.

또 "법신法身에 의하여 일체 여래를 본각本覺이라고 말한다"는 말은 본각의 출처를 밝힌 것이다.

2) 각覺의 종류

以待始覺이대시각 立爲本覺입위본각 然始覺時연시각시 卽是本覺즉시본각 無別覺起무별각기 立始覺者입시각자 謂依本覺有不覺위의본각유불각 依不覺說有始覺의불각설유시각

시각始覺을 설명하기 위하여 본각本覺을 설명하지만, 그러나 시각했을 때가 곧 본각이므로, 다른 각이 생기는 것이 아니다. 시각을 설명하는 이유는 본각에 의해서 불각不覺이 있고, 불각에 의해서 시각이 있다는 것을 말한 것이다.

망념을 떠나서 성정명체性淨明體라는 심체心體가 본래부터 있기 때문에 본각本覺이고, 불과佛果에서 이루는 불지佛智의 무루종자無漏種子가 처음으로 나타나기 때문에 시각始覺이라고 한다. 진여는 전체적으로 증감이 없어서 평등하므로 "시각했을 때가 곧 본각本覺이다"라고 한다. 무시무명無始無明 때문에 불각不覺하여 중생이 되지만, 문득 시각하여

무루종자無漏種子가 나타나면 그 시각의 무루종자가 바로 본각의 무루종자 그것이지, 별다른 새로운 내용이 아니라는 설명이다. 마치 물이 얼어서 얼음이 되었으나 이 얼음이 녹아서 다시 물이 될 적에는, 이때에 얼음이 녹아서 나타난 물은 다른 물이 새롭게 생긴 것이 아니고 종전에 얼었던 그 물인 것과 같다.

又以覺心源우이각심원 故名究竟覺고명구경각 不覺心源불각심원 故非究竟覺고비구경각

또 심원心源을 깨달으면 구경각究竟覺이라 부르고, 심원을 깨닫지 못하면 구경각이 아니다.

마명존자는 학인이 공부하면서 깨달아가는 과정을 크게 사각四覺으로 구별하고 있다. 즉 불각不覺과 상사각相似覺과 수분각隨分覺과 구경각究竟覺의 순서를 밟아서 불지佛地에 오른다고 설명하고 있다.

如凡夫人여범부인 前念不覺起於煩惱전념불각기어번뇌 後念制伏令不更生후념제복령불갱생 此雖名覺차수명각 即是不覺즉시불각 ii

예컨대 범부가 앞생각이 불각不覺이어서 번뇌를 일으켰으나, 뒷생각

에서 제복制伏하여 다시 생기지 않게 한다면 이것을 비록 각覺이라고 표현은 하지만, 이것은 곧 불각不覺이다.

여기서부터 사각四覺에 대한 구체적인 풀이가 나오는데, 신역과 구역의 내용이 매우 다르다. 즉 진제의 구역은 심상心相의 생生·주住·이離·멸滅을 기준으로 하여 각覺의 종류를 구별하는데, 신역의 설명방식은 전혀 다르다. 구역에 대한 해설은 널리 알려져 있으므로, 이제부터는 지욱대사의 『열망소』에 따라서 설명한다. '깨달았다(覺)'고 표현하는 것은 선혜善慧이기 때문이고, '불각不覺이라'고 말하는 것은 무루無漏가 아니기 때문이라고 한다.

如二乘人及初業菩薩여이승인급초업보살 覺有念無念각유념무념 體相別異체상별이 以捨麁分別故이사추분별고 名相似覺명상사각

또 이승二乘들과 초업보살初業菩薩처럼 유념有念과 무념無念의 바탕과 모습이 서로 다른 줄을 깨달아서 거친 분별(麁分別)을 버리면 상사각相似覺이라고 부른다.

'상사각相似覺'이라고 부르는 이유는 생공生空은 얻었지만 아직 법공法空을 얻지 못하였기 때문에 '진짜' 각覺이 아니고 '비슷한' 각이라는 뜻이다. 지욱대사의 설명에 따르면 '초업보살初業菩薩'은 초지初地 이전

의 삼현三賢보살들을 가리키고, '거친 분별'인 추분별麤分別은 견혹見惑과 사혹思惑을 가리킨다.⁹

如法身菩薩여법신보살 覺念無念각념무념 皆無有相개무유상 捨中品分別故사중품분별고 名隨分覺명수분각

또 법신보살法身菩薩처럼 유념有念과 무념無念이 모두 모습이 없음을 깨달아서 중품분별中品分別을 버리면 수분각隨分覺이라고 부른다.

진여법신을 증득한 지상地上보살을 '법신보살法身菩薩'이라고 한다. 지욱대사의 설명에 따르면 "유념有念과 무념無念이 모두 모습이 없다"는 말은, 이른바 진여는 불변수연不變隨緣이므로 진여가 거체擧體하여서 유념과 무념이 되지만, 또한 진여는 수연불변隨緣不變이기도 하므로 유념과 무념이 모두 진여 아님이 없으니, 결국 유념과 무념이 불이不二라는 말이다. "중품분별中品分別을 버린다"는 것은 진심眞心과 망념妄念이 불이不二인 줄 알아서 점차 구생법집俱生法執을 끊는 것을 말한다.¹⁰

---

9 천태종에서는 모든 번뇌를 견사혹見思惑·진사혹塵沙惑·무명혹無明惑이라는 삼혹三惑으로 분류한다. 그중에 견사혹인 삼계三界 내內의 추분별은 공관空觀에 의해 끊어지고, 삼계 외外의 진사혹과 무명혹은 가관假觀과 중관中觀에 의하여 보살경지에서 끊어진다고 천태대사는 설명한다.

10 구생俱生은 몸이 생기면서 동시에 생긴다는 뜻이니, 전생에 익힌 습기習氣로 생긴 법집法執이 금생에 그대로 계승된 것을 가리킨다.

'수분각隨分覺'이라고 부르는 것은 이미 법공法空의 무루無漏를 부분적으로 증득했다는 말이다.

若超過菩薩地약초과보살지 究竟道滿足구경도만족 一念相應일념상응 覺心初起각심초기 始名爲覺시명위각 遠離覺相원리각상 微細分別미세분별 究竟永盡구경영진 心根本性심근본성 常住現前상주현전 是爲如來시위여래 名究竟覺명구경각

또 보살지菩薩地를 초과超過하고서 구경도究竟道가 만족하여 각심覺心이 처음 생기할 적에 일념상응一念相應하면 비로소 각覺이라고 부른다. 또 각상覺相을 멀리 여의고, 미세분별微細分別이 마침내 영원히 없어지고, 마음의 근본 성품이 상주하여 앞에 나타난 이것이 여래이고, 구경각究竟覺이라 부른다.

지욱대사의 설명에 따르면 "보살지를 초과한다"는 것은 등각等覺 이후를 말하고, "구경도究竟道를 만족한다"는 것은 법공法空 무루無漏인 묘관찰지妙觀察智를 얻어 법신法身을 초증初證하고, 점점 증진하여 이숙식異熟識 중의 유루종자有漏種子를 모두 원리遠離하여 암마라식菴摩羅識을 전성轉成함을 말한다. 또 "각심覺心이 초기初起할 적에 일념상응一念相應한다"는 것은 일념이 대원경지大圓鏡智와 상응함을 말하니, 이理가 지智와 계합契合한다는 뜻이다. "비로소 각覺이라고 부른다"는

것은 시각始覺을 이룬다는 말이다. "각상覺相을 멀리 여의고"는 본각本覺이 다른 각覺을 일으키지 아니한다는 말이다. "미세분별微細分別이 마침내 영원히 없어진다"는 것은 무간도無間道 중에서 이숙식異熟識의 종자種子를 모두 원리遠離함이고,[11] "마음의 근본 성품이 상주하여 앞에 나타난다"는 것은 해탈도 중에 법신을 증득함이다. '여래'는 본각인 진여에 내합來合하여 시각始覺과 본각本覺이 합일함을 말하고, '구경각究竟覺'은 시본이각始本二覺을 양망兩忘함을 말한다.

是故經說시고경설 若有衆生약유중생 能觀一切妄念無相능관일체망념무상 則爲證得如來智慧즉위증득여래지혜

그러므로 불경에서 "만일 어떤 중생이 일체의 망념이 무상無相임을 관찰하여 알면 곧 여래지혜如來智慧를 증득한다"고 말했다.

앞에서 "이승二乘들과 초업보살初業菩薩처럼 유념有念과 무념無念의 바탕과 모습이 서로 다른 줄 알면"이라고 한 것은 그들이 아직 망념이 무상無相임을 모르고 있는 단계이다. "또 법신보살처럼 유념과 무념이 모두 모습이 없음을 깨달아서"라고 한 것은, 망념이 무상임을 이미

---

11 『구사론俱舍論』이나 『성유식론成唯識論』에서는 번뇌를 끊고 해탈하는 과정을 가행도加行道·무간도無間道·해탈도解脫道·승진도勝進道라는 네 가지의 단계로 구분하여 설명한다. 가행도加行道는 준비 단계이므로 방편도方便道라고 하며, 무간도無間道는 번뇌를 끊어가는 단계이므로 단도斷道라고 한다.

알았다는 말이다. 그래서 이승과 초업보살은 비록 거친(麤) 분별을 버리더라도 상사각相似覺이라 부르고, 법신보살은 여래지혜를 어느 정도 증득하므로 수분각隨分覺이라 하였다. 이러한 상사각과 수분각의 내용들은 권도權道와 점교漸教를 설명한 것이지만, 지금 시각始覺에서 "일체의 망념이 무상無相임을 관찰하여 안다"는 것은 실도實道와 돈교頓教를 가리키는 것이다.

又言心初起者우언심초기자 **但隨俗説**단수속설 **求其初相**구기초상 **終不可得**종불가득 **心尚無有**심상무유 **何況有初**하황유초

또 "마음이 처음 일어난다"는 말은 다만 속설에 따른 표현이다. '처음의 모습(初相)'을 구하여도 끝내 얻을 수가 없다. 마음도 오히려 있지 않거늘 어떻게 '처음'이 있겠는가.

"마음이 초기初起할 적에 일념상응一念相應하면 비로소 각覺이라고 부른다"는 구절에서 "마음이 초기한다"는 것은 어디까지나 세속적인 설명 방식이다. 이런 표현은 마음이 생주이멸生住異滅하는 모습이 있는 것으로 자칫 오해할 소지가 있다. 원래 '마음'이라는 단어는 언어문자에 불과하며, 단어에 상응하는 어떤 실체가 있는 것은 아니다. 이처럼 '마음'은 본래 무상無相이니 어떻게 처음과 나중이 있고, 또 일어나고 사라지는 모습이 있겠는가!

是故시고 一切衆生일체중생 不名爲覺불명위각 以無始來이무시
래 恒有無明妄念相續항유무명 망념상속 未曾離故미증리고

그러므로 일체 중생을 각覺이라고 부르지 않는 것은 무시로부터 항상 무명 망념이 상속하여 일찍이 여읜 적이 없기 때문이다.

중생을 불각不覺이라고 부르는 이유를 지금 설명하고 있다. 무명無明이 "무시無始로부터 상속相續하여(以無始來)"라는 구절은 아득한 옛날부터 있었으나 그 시점을 알 수 없다는 뜻이다. 즉 무명이 생긴 시기가 '시작이 없는 때'라고 말하여 무명이 본각本覺과 함께 무시로부터 있었다고 설명하고 있다. 진제의 구역은 이 부분을 간단하게 무시무명無始無明이라고 표현했다.

　중생과 부처는 모두 본각本覺에서는 차별이 없는데, 이 무명이 계속 상속되면 중생이라고 부르고, 무명이 사라지면 부처라고 부른다. 그렇다면 이 무명이라는 망념이 발생하는 원인이 무엇인지 궁금해진다. 그러나 『대승기신론』의 저자는 무명 망념의 진상眞相에 대한 구체적인 설명을 뒤로 미루고 있다. 좀 더 기다려 보자.

若妄念息약망념식 卽知心相生住異滅즉지심상생주이멸 皆悉無
相개실무상 以於一心이어일심 前後同時전후동시 皆不相應개불상

응 無自性故무자성고

만약 망념이 쉬면 곧 심상心相의 생주이멸이 모두 무상無相임을 알게 되니, 일심에서 전·후·동시가 모두 상응하지 않는 것은 자성自性이 없기 때문이다.

심상心相이 있다고 생각하는 사견邪見을 심상은 무상無相이라고 고쳐주고, 일심이 있다고 생각하는 사견을 일심은 무성無性이라고 고쳐주고 있다. 무시무명으로 미혹하여 망념이 생기고, 그런 망념 때문에 허망하게 심상의 생주이멸을 본다. 만약 망념이 모조리 사라지고 보면, 현전하는 일념의 심상(現前一念心相)을 찾아도 얻을 수가 없어서 불가득인 줄 알게 된다. 그러면 동시에 심상이 있다고 생각하던 사견도 저절로 없어진다. 이처럼 마음은 명자名字만 있지 자성自性은 없다 『법화경法華經』 '방편품方便品'에서 "제불諸佛인 양족존兩足尊은 제법諸法이 항상 무성無性인 줄 안다"고 이르셨다.¹²

如是知已여시지이 則知始覺不可得즉지시각불가득 以不異本覺故이불이본각고

이렇게 알고 보면 곧 시각始覺이란 것은 얻을 수 없는 줄 아는데,

---

12 "제불양족존諸佛兩足尊 지법상무성知法常無性."

본각本覺과 다르지 않기 때문이다.

"본각本覺과 다르지 않다"는 말은, 본각처럼 시각도 무성無性이고 무상無相이므로 결국 두 가지 각에서 그 심천深淺과 차별을 구별할 수 없다는 뜻이다.

3) 본각本覺의 내용

復次부차 本覺隨染分別본각수염분별 生二種差別相생이종차별상 一일 淨智相정지상 二이 不思議用相부사의용상

다시 본각本覺을 염染에 따라 분별하면 두 가지의 차별상이 생긴다. 하나는 정지상淨智相이고, 둘은 부사의용상不思議用相이다.

본각本覺은 평등한 법신法身으로 일체 망념의 모습을 떠났으니 본래 차별이 없지만, 만약 오염된 정도에 따라서 분별한다면 시각과 본각이 있고, 또 본각에는 상相과 용用이 구별된다. 그래서 본각의 내용을 정지상淨智相과 부사의용상不思議用相으로 나누어 설명하고 있다.

가. 정지상淨智相

淨智相者정지상자 謂依法熏習위의법훈습 如實修行여실수행 功行滿足공행만족 破和合識파화합식 滅轉識相멸전식상 顯現法身淸淨智故현현법신청정지고

제3분 해석분 73

정지상淨智相은 법의 훈습에 의한 여실수행如實修行으로 공덕과 수행이 만족하면 화합식和合識이 깨어지고 전식轉識의 모습이 사라져서[13] 법신청정지法身淸淨智가 현현하기 때문이다.

정지상淨智相은 본각本覺의 이구청정離垢淸淨을 설명하고 있다. 이 신역의 '정지상'을 진제의 구역에는 '지정상智淨相'으로 번역하고 있다. 성정명심性淨明心에서 청정淸淨을 나타내는 '정淨'자와 각명覺明을 나타내는 '지智'자의 위치가 앞뒤로 서로 바뀌었으나 같은 뜻이다.
"법法의 훈습熏習에 의한 실다운 수행으로 공덕과 수행이 만족하면"은 여실한 진여삼매眞如三昧로 수행이 완성된다는 뜻이다. 또 "화합식和合識이 깨어지고 전식轉識의 모습이 사라져서"라는 구절은 아라야식을 깨트리면서 전식성지轉識成智하여 8종식이 대원경지大圓鏡智·평등성지平等性智·묘관찰지妙觀察智·성소작지成所作智라는 사지심품四智心品으로 바뀐다는 뜻이다. 그리고 "법신청정지法身淸淨智가 현현한다"는 것은 비로소 이구청정離垢淸淨을 이룬다는 말이다.

一切心識相일체심식상 卽是無明相즉시무명상 與本覺非一非異여본각비일비이 非是可壞非不可壞비시가괴비불가괴 如海水與波여해수여파 非一非異비일비이 波因風動파인풍동 非水性動비수

---

13 유식학唯識學에서는 불과佛果를 증득하면 범부의 8식識이 성인의 사지四智로 바뀐다고 설명한다. 즉 제8식은 대원경지大圓鏡智로, 제7식은 평등성지平等性智로, 제6식은 묘관찰지妙觀察智로, 전5식은 성소작지成所作智로 변한다.

성동 若風止時약풍지시 波動卽滅파동즉멸 非水性滅비수성멸 衆生亦爾중생역이 自性淸淨心자성청정심 因無明風인무명풍 動起識波浪동기식파랑 如是三事여시삼사 皆無形相개무형상 非一非異비일비이 然性淨心연성정심 是動識本시동식본 無明滅時무명멸시 動識隨滅동식수멸 智性不壞지성불괴

일체의 심식心識의 모습이 곧 무명無明의 모습이니, 본각本覺과 더불어 같은 것도 아니고 다른 것도 아니며, 깨뜨릴 수 있는 것도 아니고 깨뜨릴 수 없는 것도 아니다. 마치 해수海水와 파랑波浪이 하나도 아니고 다른 것도 아닌 것과 같다. 파랑은 바람으로 인해서 요동하지만, 수성水性은 요동하지 않는다. 만일 바람이 그치면 파동波動은 즉시 사라지나, 그러나 수성은 사라지지 아니한다. 중생도 또한 그러하여 자성청정심自性淸淨心이 무명풍無明風으로 인하여 요동하면서 식識의 파랑을 일으킨 것이다. 이 세 가지 사례는 모두 형상이 없어서 같은 것도 아니고 다른 것도 아니다. 그러나 자성청정심은 동식動識의 근본이어서 무명이 멸할 때 동식은 따라서 멸하지만, 지성智性은 괴멸하지 않는다.

먼저 "심식心識의 상相이 곧 무명의 상相이니, 본각과 더불어 같은 것도 아니고 다른 것도 아니다(非一非異)"하는 구절은 심식과 본각을 서로 비교하여 설명한 중요한 구절이다. 지욱대사의 설명에 따르면

무명에서 벌어진 심식이 본각과 '같다'는 설명은 본각에 의지하여서 무명이 일어났기 때문이다. 또 심식과 본각이 서로 '다르다'는 것은 본각에는 본래 무명의 상相이 없기 때문이다. 또 '세 가지 사례'는 본각本覺과 심식心識, 해수海水와 파랑波浪, 지성智性과 동식動識의 관계를 말하는 것인데, 끝에 나온 "동식은 따라서 멸하지만, 지성은 괴멸하지 않는다"는 구절은 반연심攀緣心인 동식은 연생緣生하므로 기멸起滅이 있지만, 본각의 바탕인 지성智性이라는 무연지無緣知는 기멸이 없다는 말이다. 영지靈知인 무연지는 본래 자성청정自性淸淨하므로 염정染淨의 모습이 없어서 변동할 것이 없다. 그래서 『능엄경』에서 '상주진심常住眞心은 성정명체性淨明體'라고 한다.

나. 부사의용상不思議用相

不思議用相者부사의용상자 依於淨智의어정지 能起一切勝妙境界능기일체승묘경계 常無斷絕상무단절 謂如來身具足無量增上功德위여래신구족무량증상공덕 隨衆生根수중생근 示現시현 成就無量利益성취무량이익

부사의용상不思議用相이란 정지淨智에 의해서 일체 승묘한 경계를 일으켜서 항상 단절이 없는 것이다. 여래의 몸에 구족한 무량한 증상공덕增上功德이 중생의 근기에 따라서 무량한 이익을 성취함을 시현하는 것을 말한다.

부사의용상不思議用相은 본각의 상대相大와 용대用大를 설명한 것이다. 이 부사의한 용상用相은 본각의 정지상淨智相이 일으키는 일체의 승묘勝妙한 작용을 가리키는데, 그 내용은 자리이타自利利他하는 모든 공덕을 포함한다.

지욱대사의 설명에 따르면 부사의용상의 예로 유식학의 사지심품四智心品을 들고는, 이것들이 세속적으로 두루 일체법에 반연하므로 차별이 있어서 그 작용이 무량무변하다고 한다. 즉 부사의용상은 이른바 정지상淨智相인 각료능지覺了能知하는 마음이 반연심攀緣心이 아닌 무연지無緣知로서 하화중생을 시현하는 모든 자비행慈悲行을 가리킨다. 이 6바라밀행은 수행함이 없이 수행하는 진수眞修이니, 『금강경』에 나오는 '응무소주應無所住 이생기심而生其心'이나 '무주상보시無住相布施'는 바로 이 부사의용상의 대표적인 사례가 된다 하겠다.

4) 각상覺相의 종류

復次부차 覺相각상 有四種大義유종대 淸淨如虛空明鏡청정여허공명경

다시 각상覺相에는 네 가지 대의大義가 있는데, 모두 청정하기가 허공이나 명경明鏡과 같다.

『대승기신론』은 각覺을 다시 네 가지로 설명하는데, 우선 모든 각상覺相은 "청정하여 마치 허공과 같고 명경明鏡과 같다"는 공통점을 가진다고

말한다. 청정은 먼지나 때가 없다는 뜻이고, 허공은 모양이 없어서 사방에 주변周徧하다는 뜻이고, 명경은 분명하게 비춘다는 뜻이다. 여기서 청정과 허공과 명경은 각覺의 바탕(體)과 모습(相)과 작용(用)을 각각 표현하고 있다고 하겠다.

一일 眞實空大義진실공대의 如虛空明鏡여허공명경 謂一切위일체 心境界相及覺相심경계상급각상 皆不可得故개불가득고

하나는 진실공대의眞實空大義니, 마치 허공과 같고 명경과 같다. 일체의 심心과 경계상境界相과 각상覺相을 모두 얻을 수가 없음을 말한다.

지욱대사의 설명에 따르면 진실공대의眞實空大義의 뜻은 진여문眞如門 설명에서 나온 '언설로 건립하는 진실공'의 내용과 같다. 아라야식에 있는 무시무루종자無始無漏種子는 진여를 바탕으로 하지만, 진여는 '일체의 심心과 경계상境界相과 각상覺相'이 아니어서 텅 비었다. 빈 것이 마치 구름 한 점 없는 허공이요, 깨끗한 고경古鏡과 같다는 설명이다. 이 진실공대의를 진제의 구역에는 여실공경如實空鏡이라 번역했다.

二이 眞實不空大義진실불공대의 如虛空明鏡여허공명경 謂一切法위일체법 圓滿成就원만성취 無能壞性무능괴성 一切世間境界

之相일체세간경계지상 皆於中現개어중현 不出不入불출불입 不滅不壞불멸불괴 常住一心상주일심 一切染法所不能染일체염법소불능염 智體具足無邊無漏功德지체구족무변무루공덕 爲因熏習一切衆生心故위인훈습일체중생심고

들은 진실불공대의 眞實不空大義니, 마치 허공과 같고 명경과 같다. 일체법이 '파괴할 수 없는 자성自性'을 원만하게 성취하고 있다. 일체 세간의 경계의 모습이 모두 그 가운데서 나타나지만 출出하지도 아니하고 입入하지도 아니하며, 멸하지도 아니하고 파괴되지도 아니한다. 상주常住하는 일심一心은 일체의 염법染法이 물들이지 못한다. 지체智體에 끝없는 무루공덕無漏功德을 구족하여 인因으로 일체의 중생심을 훈습한다.

지욱대사의 설명에 따르면 진실불공대의眞實不空大義는 앞에 나온 진여문에서 설명한 '언설로 건립하는 진실불공'의 내용과 같다. 아라야식 중에는 무시무루종자無始無漏種子가 원만하게 성취되어서, 그것은 '파괴할 수 없는 성품(無能壞性)'인데 진여를 바탕으로 한다. 일체 세간의 모든 경계가 무루인 종자 중에서 나타나니, 진여가 바로 경계인지라 따라서 '파괴할 수 없는 성품(無能壞性)'이다. 이 구절의 내용은 『능엄경』제3권에서 "여래장 가운데 성성이 색色인 진공眞空과 성性이 공空인 진색眞色이 청정하고 본연本然하여 법계에 두루하되, 중생의 마음에 따르고 소지所知의 양量에 응應하여, 업業을 따라 나타난다"고 한 것과

같다.[14] 즉 불출불입不出不入하면서 동시에 그 불멸불괴不滅不壞하는 내용을 자세하게 설명한 것이다.

이 상주일심常住一心이 전변轉變하여 일체의 염법染法이 되는 것이, 마치 물이 얼어서 얼음이 되는 것 같다. 그러나 염법은 자성自性이 없다. 그러므로 무루종자를 오염시키지 못한다. 마치 얼음이 물의 습성을 개변改變시키지 못하는 것과 같다. 이 무루종자가 바로 '보리菩提'요 불성佛性이니, 지체智體에 본래부터 구족한 무변공덕이다. 이 종자가 인因이 되어서 일체 중생의 아라야식 중에서 훈습하는 힘을 발휘하여, 생사고生死苦를 싫어하고 열반락涅槃樂을 구하려는 마음을 능히 일으킨다. 이상의 두 가지 대의大義는 대승의 체대體大를 밝힌 것이다.

진실불공대의를 진제의 구역에는 인훈습경因熏習鏡이라고 번역하였다.

三삼 眞實不空離障大義진실불공이장대의 如虛空明鏡여허공명경 謂煩惱所知二障永斷위번뇌소지이장영단 和合識滅화합식멸 本性淸淨본성청정 常安住故상안주고

셋은 진실불공이장대의眞實不空離障大義니, 마치 허공과 같고 명경과

---

14 『능엄경』제3권. "여래장중如來藏中 성색진공性色眞空 성공진색性空眞色 청정본연淸淨本然 주변법계周徧法界 수중생심隨衆生心 응소지량應所知量 순업발현循業發現."

같다. 번뇌장煩惱障과 소지장所智障을 영원히 끊어 화합식和合識이 사라져서 본성의 청정이 항상 안주함을 말한다.

지욱대사의 설명에 따르면 진실불공이장대의眞實不空離障大義는 앞에서 설명한 정지상淨智相의 내용과 같다. 비록 시각始覺에서 나타나지만 본래의 본각本覺과 시각은 다르지 않으니, 곧 대승의 체상體相을 가리킨다. "번뇌장煩惱障과 소지장所智障을 영원히 끊으니" 바로 진여문 중의 진실공眞實空이고, "본성의 청정이 항상 안주하니" 진여문 중의 진실불공眞實不空이다. 여기서는 불공의 모습을 강조하여 불공을 이장離障의 앞에 붙였다. 번뇌장은 아집我執을 원점으로 벌어지는 번뇌로서 열반을 장애하는 것이고, 소지장은 법집法執에서 벌어지는 번뇌로서 보리菩提를 장애하는 것이다.

　진실불공이장대의를 진제의 구역은 법출리경法出離鏡이라고 번역했다.

四사 眞實不空示現大義진실불공시현대의 如虛空明鏡여허공명경 謂依離障法위의이장법 隨所應化수소응화 現如來等種種色聲현여래등종종색성 令彼修行諸善根故영피수행제선근고

넷은 진실불공시현대의眞實不空示現大義니, 마치 허공과 같고 명경과 같다. 장애되는 법을 여의어서 곳에 따라 응화應化하되, 여래의 평등

한 가지가지 빛깔과 음성을 나타내어 중생들로 하여금 온갖 선근을 수행하게 함을 말한다.

지욱대사의 설명에 따르면 진실불공시현대의眞實不空示現大義는 앞에서 나온 부사의용상不思議用相의 내용과 같다. 대상에 따라서 응하는 것은 의륜意輪으로 근기를 관찰함이고, 갖가지 모습을 나투는 것은 신륜身輪으로 시화示化함이며, 갖가지 소리를 내는 것은 구륜口輪으로 설법함이니, 이것은 허공이 만물을 함육含育함과 같고, 명경이 갖가지 모습을 돈사頓寫함과 같다고 한다.

　진제의 구역에는 이것을 연훈습경緣熏習鏡이라고 번역한다. 그런데 구역에 붙은 사경四鏡의 명칭은 각각 다르다. 신역의 명칭과 비교하면 정리가 제대로 되지 않은 것 같은 느낌을 준다. 아마도 번역에 사용한 원본인 범본이 서로 달랐던 것 같다.

　원효대사는 사종四種의 각상覺相을 성정본각性淨本覺이라 부르고, 전 이경二鏡은 인성因性에 대한 것이고, 후 이경二鏡은 과지果地에 대한 것이라 설명한다. 또 제1과 제3은 이구離垢의 뜻에 의하여 정경淨鏡에 비유하고, 제2와 제4는 현상現像의 뜻에 의하여 청정의 뜻이 있다고 설명한다.

　한편 현수賢首대사는 이와 달리 전 이경二鏡은 자성청정自性清淨이고, 후 이경二鏡은 이구청정離垢清淨으로 본다.

　지욱대사의 『열망소』에 다음과 같은 문답이 들어 있다.

　문: 각상覺相에 이러한 네 가지 모습이 있으니, 불각상不覺相에도 이러한 네 가지 모습을 각각 갖추고 있는가?

답: 갖추고 있다. 불각상은 불가득不可得이고, 일체법도 모두 불가득이다. 이것이 진실공대의眞實空大義다. 불각상이 불가득이므로 일체법이 '파괴할 수 없는 자성自性'을 원만하게 성취하고 있고, 일체 세간의 경계의 모습이 모두 불각 가운데 나타나지만 출出하지도 아니하고 입入하지도 아니하며, 멸하지도 아니하고 파괴되지도 아니한다. 상주하는 일심一心은 일체의 염법染法이 물들이지 못하고, 또 일체의 정법淨法이 정화하지도 못한다. 불각에 끝없는 무루공덕을 구족하여 일체의 중생심을 훈습하는 인因이 된다. 이것이 진실불공대의다. 다시 불각의 성성性이 진실불공체眞實不空體인 줄 요달하고, 번뇌장과 소지장을 영원히 끊어서 본성本性이 상주하는 것이 이장대의離障大義다. 다시 불각의 성성性이 장애되는 법을 여의어서 곳에 따라 응화하되, 여래의 평등한 갖가지 상호와 음성을 나타내어 중생들로 하여금 온갖 선근을 수행하도록 함이 시현대의示現大義다.

문: 진여眞如에서 미진微塵이 나왔으니, 이러한 미진에도 각각 네 가지 모습이 갖추어져 있는가?

답: 갖추고 있다. 만약 미진을 분석해 보면 끝내 실유實有가 없고, 만약 분석할 것이 없다면 형체가 없으므로 미진이 아니다. 즉 미진의 모습은 불가득이다. 이것이 진실공대의眞實空大義다. 미진의 모습이 불가득이니 '파괴할 수 없는 자성自性'을 원만하게 성취하고 있고, 일체 세간의 경계의 모습이 모두 미진 가운데 나타나지만, 출出하지도 아니하고 입入하지도 아니하며, 멸하지도 아니하고 파괴되지도 아니한다. 이리하여 미진에 끝없는 무루공덕을 구족하여 일체 중생심을 훈습하는 인因이 된다. 이것이 진실불공대의眞實不空大義다. 다시 미진이

진실불공체眞實不空體인 줄 요달하고 번뇌장과 소지장을 영원히 끊어서 본성이 상주함이 이장대의離障大義다. 다시 미진이 장애되는 법을 여의어서 곳에 따라 응화하되, 여래의 평등한 가지가지 상호와 음성을 나타내어 중생들로 하여금 온갖 선근을 수행하도록 함이 시현대의示現大義다. 『화엄경』에서 "하나의 미진 중에 대천권수大千卷數의 경經을 구족하고 있다. 하나의 미진과 같이 일체의 미진이 또한 다시 이와 같다"[15]라고 한 구절이 바로 이것을 가리킨 것이다.

3. 불각不覺

1) 불각의 정의

不覺義者불각의자 謂從無始來위종무시래 不如實知眞法一故불여실지진법일고 不覺心起而有妄念불각심기이유망념 然彼妄念自無實相연피망념자무실상 不離本覺불리본각 猶如迷人依方故미유여미인의방고 迷無自相不離於方미무자상불리어방 衆生亦爾중생역이 依於覺故의어각고 而有不覺妄念迷生이유불각망념미생 然彼不覺연피불각 自無實相자무실상 不離本覺불리본각 復待不覺以說眞覺부대불각이설진각 不覺旣無불각기무 眞覺亦遣진각역견

---

15 "일미진중一微塵中 구족대천경권具足大千經卷 여일미진如一微塵 일체미진역부여시一切微塵亦復如是."

불각不覺의 뜻은 무시로부터 '진법眞法이 하나임'을 여실하게 알지 못함을 말한다. 불각심不覺心이 일어나면 망념이 생기는데, 저 망념은 스스로 실상實相이 없고 본각本覺을 여의지 않는다. 마치 어리석은 사람이 방위 때문에 착각하는 것과 같다. 이 착각은 자상自相이 없고 방위를 여읜 것이 아니다. 중생도 역시 그러하여 각覺에 의지하기 때문에 불각하여 망념인 착각이 생긴다. 그러나 저 불각은 스스로 실상이 없으니 본각을 여의지 않는다. 또한 불각을 드러내고자 진각眞覺을 말하는 것이니, 불각이 이미 없다면 진각도 역시 없다.

그동안 궁금하던 무명無明에 대한 구체적인 설명이 여기에서 비로소 등장한다. 이 무명에 관한 정확한 이해는 불교 공부에서 필수적이고 핵심적인 숙제이다. 지욱대사의 설명에 따르면『대승기신론』은 불각 내지 무명이란 단어를 "여실如實하게 알지 못한다"는 법치法痴로 풀이하고 있다. "여실하게 알지 못한다"는 것은 본각本覺의 정지상淨智相과 부사의용상不思議用相의 내용을 제대로 모르고, 각상覺相의 네 가지 대의大義가 모두 청정하여 허공이나 명경明鏡과 같은 줄을 알지 못한다는 뜻이다. 즉 모든 함령含靈은 원래부터 본각인데, 이렇게 중생이 된 까닭은 각체覺體인 각명覺明을 알지 못하는 법치 때문이라고 설명한다.

'무시로부터'라는 종무시래從無始來 넉 자는 불각인 무명이 생긴 시기를 말한 것이다. 그 시점을 시작이 없는 '무시'라고 말하여 본각과 함께 '불각이 무시로부터 있었다'고 설명하고 있는데, 이 '무시'라는 글자는 본각과 불각을 시간적으로 선후관계에 있다고 착각하기 쉬운

초학자들의 견해를 단박에 고쳐주는 단어이다. 진제의 구역에는 종무시래從無始來 넉 자가 없다. 또 "불각심不覺心이 일어나면 망념이 생긴다"는 구절에서 망념을 그냥 염念이라고 번역하고, 또한 "저 불각망념不覺妄念은 스스로 실상實相이 없고 본각本覺을 여의지 않는다"는 구절에서 실상實相을 자상自相이라고 번역한다.

그러면 불각망념인 무명이 진각眞覺에서 생기는 이유는 도대체 무엇 때문인가? 지금 그 이유를 "진법眞法이 하나임을 여실하게 알지 못한" 때문이라고 말한다. '하나임을 모름(不知一法)'이 그 이유라면, '각명覺明인 본각本覺이 왜 하나임을 몰랐을까?'에 대한 구체적인 설명이 있어야만 제대로 된 설명이다. 그러나 구체적인 해명은 없고, 다만 '진법이 하나임을 여실하게 알지 못해서(不如實知眞法一故)'라고만 설명한다. 원래 『대승기신론』의 문장은 극히 간략해서 전체적으로 이해하기 힘든 글이지만, 특히 이 무명에 대한 설명은 너무 간단하여 이해하기 어렵다.

따라서 이 법치法痴인 무명의 출현에 대한 구체적인 설명은 다른 자료에서 찾아볼 수밖에 없다. "불각심不覺心이 본각本覺에 의지하여 일어나면 망념이다"라는 구절의 의미는, 『능엄경』에 나오는 "보명묘성寶明妙性이 오悟 중에서 미迷를 인식한다"고 한 내용을 음미하면 이해할 수가 있다 하겠다.[16] 그리고 『능엄경』 '부루나'장에는 이런 설명이 나온다. "성각性覺은 원래 밝은데, 허망하게 '각覺을 밝혀보자'고 하였다. 각은 원래 밝으니 새삼스레 밝힐 대상이 아니건만, '밝혀보자'는 것을 인因하여서 대상이 되었고, 대상이 허망하게 성립하니 너의 허망한

---

[16] 『능엄경』 제2권. "寶明妙性보명묘성 認悟中迷인오중미."

주체인 망능妄能이 생겼다."¹⁷ 즉 진심인 성각性覺은 본래 주객主客이 없는데, '스스로 제 마음인 각覺을 밝혀보려고(明) 하는 생각'을 일으켜서 '보려는 주체와 대상인 객체가 허망하게 생겼다'는 설명이다. 이 엉뚱한 불각인 망념으로 주객이 생기는데, 이것을 이른바 무명이라고 설명한다. 이 무명인 착각이 생긴 이유에 대해서는, "다시 '부루나'야! '밝히려는 허망'인 명망明妄이 생긴 것은 다른 이유가 아니고, 각명覺明이 바로 허물이다"¹⁸라는 구절이 있다. 즉 본각本覺이 원래부터 각명한 탓으로 제 마음을 밝히려는 명망이 생긴 것이라고 설명한다. 즉 무명이 생긴 근본 원인은 본각진심本覺眞心이 본래 각명하기 때문이라고 말한다. 앞에서 나왔던 "상주하는 진심의 성性이 청정하고 각명한 바탕이다"고 말한 『능엄경』 사구게에 등장한, 진심인 본각本覺의 성자신해性自神解한 특성이 바로 무명의 원인이라고 말한다. 그리고 제5권에 나오는 부처님의 게송에서, "자기 마음이 자기 마음을 취하려고 하니, 원래 환幻이 아닌 것이 환법幻法이 되었다"¹⁹고 하여, 제 마음이 제 마음을 취하려는 의도에서 바로 주객主客과 능소能所가 벌어지면서 환법을 이루었다고 선언한 것도 같은 맥락이다. 즉 『능엄경』에 나오는 무명에 대한 설명은 지금 『대승기신론』에 나온 "진법眞法이 하나임을 여실如實하게 알지 못해서"라는 간단한 설명과 비교하면 매우 구체적이고 친절하여서 학인들이 이해하기에 충분한 자료를 제공하고 있다.

---

17 『능엄경』 제4권 "性覺必明성각필명 妄爲明覺망위명각 覺非所明각비소명 因明立所인명입소 所旣妄立소기망립 生汝妄能생여망능."

18 『능엄경』 제4권 "明妄非他명망비타 覺明爲咎각명위구."

19 『능엄경』 제5권 "自心取自心자심취자심 非幻成幻法비환성환법."

『대승기신론』은 다시 "마치 어리석은 사람이 방위 때문에 남북을 착각하는 것과 같다"고 하여, 방향을 착각하는 것으로 무명을 설명하고 있다. "이 착각은 자상自相이 없고, 방위를 여읜 것이 아니다"고 말하여, 무명이 본각을 여읜 것이 아니라는 점을 비유를 들어 설명한다.

지금 중생들이 벗어나지 못하고 있는 무명을 설명하기 위하여 본각을 거론하였지만, 무명이란 것이 실은 각명이 저지른 착각이지 따로 실체가 없는 것인 줄 안다면 무명 때문에 크게 고민할 필요가 없게 된다. 왜냐하면 착각은 본래 실체가 없으니, 착각인 줄 알아차리면 즉시 착각에서 벗어날 수 있기 때문이다.

진각眞覺과 무명無明, 각명覺明과 착각錯覺의 상호관계를 설명한 이 『능엄경』의 법문은 곰곰이 새겨볼 필요가 있는 중요한 대목이다.

2) 불각의 내용
(1) 세 가지 모습(三種相)

復次부차 依放逸故而有不覺의방일고이유불각 生三種相생삼종상 不相捨離불상사리

다시 방일放逸에 의해서 불각不覺이 있고, 이 불각은 세 가지의 모습(三種相)을 내는데, 서로가 내버리거나 여의지를 않는다.

여기에서는 불각不覺의 원인은 방일放逸 때문이라고 설명한다. 방일하여, 즉 주의부족으로 착각을 한 것이라고 말한다. 정각正覺하지 못하고

방일하여 착각한 법치法癡가 바로 무명이 생긴 이유라고 설명한다. 진제의 구역에는 "방일에 의해서 불각이 있고(依放逸故而有不覺)"라는 구절이 없고, "저 불각과 상응하여"라는 애매한 구절이 더 붙어 있다.

一일 無明業相무명업상 以依不覺이의불각 心動爲業심동위업 覺則不動각즉부동 動則有苦동즉유고 果不離因故과불리인고

하나는 무명업상無明業相이니, 불각에 의지하여 마음이 동하여 업이 된다. 각하면 부동한다. 동하면 곧 고苦가 있으니, 과果는 인因을 여의지 않기 때문이다.

무명업상無明業相은 여래장이 불각으로 전변하는 첫 순간이다. 즉 '진법眞法이 하나임'을 여실如實하게 알지 못한 까닭으로 "불각에 의지하여 마음이 움직여서 업상業相이 된다"는 설명이다. 앞에서 살펴보았듯이 『능엄경』에 따르면 "성각性覺은 원래 밝은데, 허망하게 '각覺을 밝혀보자'고 하여, 진심眞心이 스스로 자신을 밝혀보려는 망념이 생긴 것"이 바로 무명업상이 생긴 원인이다. 그리고 불각망념不覺妄念인 '밝히려는 허망'인 명망明妄이 문득 생긴 것은 다른 이유가 아니고, 각명覺明이 바로 허물이다. 즉 진심眞心이 본래 각명하기 때문에, 스스로 그만 착각한 것이라고 설명한다.

二이 能見相능견상 以依心動이의심동 能見境界능견경계 不動則無見부동즉무견

둘은 능견상能見相이니, 심동心動에 의지하여 경계를 능히 보는 견見이 생긴다. 부동不動하면 곧 견見이 없다.

능견상能見相은 전상轉相이라고도 하는데, 볼 줄 아는 주체인 견분見分을 말한다. 보는 견見을 예로 들었지만, 이 견은 견문각지見聞覺知를 대표하는 용어이니 육근六根을 통칭한다. 『능엄경』에 따르면 진심眞心이 스스로 자신을 밝혀보려는 의도를 내면서 주객이라는 개념이 생겨난다고 하는데, 이때 주체인 견분見分을 능견상能見相이라 하고, 객체인 상분相分을 경계상境界相이라 한다. 이론상으로는 보는 주체가 먼저 생기는 것이 순서라고 보아서 능견상을 먼저 이야기하고, 경계상은 그 다음에 설명하고 있다.

三삼 境界相경계상 以依能見이의능견 妄境相現망경상현 離見則無境이견즉무경

셋은 경계상境界相이니, 능견能見에 의하여 허망한 경계의 모습이 나타난다. 능견을 여의면 곧 경계가 없다.

경계상境界相은 현상現相이라고도 하는데, 보이는 대상인 상분相分을 말하니 견문각지見聞覺知의 대상인 육진六塵을 모두 포함한다.
진제의 구역은 이 세 가지의 모습(三種相)을 삼세三細라고 부른다. 무명을 근거로 하여 미세하게 일어난다는 뜻이다. 이 삼세에는 시간적인 선후개념이 들어갈 틈이 없다. 이론적으로 견분見分인 능견상能見相과 상분相分인 경계상境界相은 서로가 상대하는 개념이므로, 이 둘은 동시에 같이 생기고 동시에 같이 사라진다고 이해하여야 합리적이다. 능견상이 먼저 생기고 경계상이 뒤에 생기는 것이 아니다. 그래서 앞에서 '서로 버리거나 여의지 않는다'고 하였다.

(2) 여섯 가지 모습(六種相)

以有虛妄境界緣故이유허망경계연고 **復生六種相**부생육종상

허망한 경계인 연緣이 있으니, 다시 여섯 가지의 모습(六種相)이 생긴다.

견분見分인 능견상能見相이 상분相分인 경계를 인연하여 다시 여섯 가지의 모습(六種相)이 생긴다고 한다. 삼세三細인 세 가지의 모습(三種相)을 합계하면 아홉 가지의 모습(九種相)이 무명에서 전변轉變하여 나타난다고 설명하고 있다.

진제의 구역은 여섯 가지의 모습(六種相)을 눈에 띄게 크다고 하여 육추六麤라고 불러서, 앞에 나온 삼세와 구별하여 부른다.

一일 智相지상 謂緣境界위연경계 生愛非愛心생애비애심

하나는 지상智相이니, 경계를 인연하여 애심愛心과 비애심非愛心이 생김을 말한다.

지상智相은 견분인 능견상이 상분인 경계를 인연하여 일으키는 분별심이다. "애심愛心과 비애심非愛心"은 대상을 보고 일으키는 분별의 내용을 가리킨다. 원효대사는 이 지상을 제7식이라고 설명한다. 그런데 중국의 현수대사는 지상을 제6식의 법집세혹法執細惑이라고 설명하고 제7식이라는 개념을 인정하지 않는다.

   지욱대사의 설명에 따르면 제7식이 제8식의 견분을 실아實我로 보고 그 상분을 경계로 보고서 분별심을 내는 것과, 제6의식이 생각거리들을 두루 인연하여 분별심을 내는 것과, 전오식이 현재의 경계를 보고 분별을 일으키는 것들이 모두 이 지상에 포함한다고 설명한다.

二이 相續相상속상 謂依於智위의어지 苦樂覺念고락각념 相應不斷상응부단

둘은 상속상相續相이니, 지智에 의하여 고락苦樂을 각지覺知하는 생각이 서로 응하여 끊이지 않음을 말한다.

상속상相續相은 의근意根이 고락苦樂을 각지覺知하는 생각을 계속 일으켜 생각이 서로 끊이지 않는 것이다. 원효대사는 이 상속상이 오온 중에서 식온識蘊에 해당한다고 설명한다. 감산대사는 지상智相과 상속상을 법집法執이라고 설명하고, 지욱대사의 설명에 따르면 마치 지상智相에 의하여 육식六識이 계속 일어나서 상속하는 것처럼 보인다고 하며, 마치 선화륜旋火輪에서 하나의 불이 상사상속相似相續하여 허망하게 화륜火輪이 된 것처럼 보이는 것과 같다고 설명한다.

三삼 執著相집착상 謂依苦樂覺念相續위의고락각념상속 而生執著이생집착

셋은 집착상執着相이니, 고락苦樂을 각지覺知하는 생각이 상속하면서, 이에 집착을 냄을 말한다.

집착상執着相은 대상에 집착하는 모습이다. 진제의 구역에는 집취상執取相이라고 부른다. 마음이 전후로 상사상속相似相續하면서 집착하는 버릇이 생긴다는 설명인데, 원효대사는 이 집착상을 오온 중에서 수온受蘊에 해당한다고 설명한다. 감산대사는 아我와 아소我所가 분별로 정착하는 단계라고 설명하고, 지욱대사의 설명에 따르면 이것은 이른바 제6의식에만 있는 것인데, 생하면 즉시 멸하는 찰나심刹那心인 제8식과 제7식과 전오식은 오직 현재의 일찰나경一刹那境만 인연하므

로 집착상이 없다고 설명한다.

**四사 執名等相집명등상 謂依執著위의집착 分別名等諸安立相
분별명등제안립상**

넷은 집명등상執名等相이니, 집착에 의해서 이름 등의 온갖 모습을 분별함을 말한다.

집명등상執名等相은 이름을 비롯하여 갖가지 모습을 분별하고 집착하는 모습이다. 진제의 구역에는 계명자상計名字相이라고 한다. 원효대사는 집명등상을 오온 중에서 상온想蘊에 배대한다. 감산대사는 집착상과 집명등상을 아집我執이라고 하고, 여기까지 나열된 네 가지 상相을 혹업고惑業苦 삼도三道 중에서 혹惑에 해당한다고 설명한다. 지욱대사의 설명에 따르면 "집착하여 분별하는" 주체는 견분見分이고, 그 대상인 "이름 등의 온갖 모습"은 '명名과 의義의 자성自性과 차별差別'인데 이것들은 제6의식에만 있다. 그러나 명과 의의 자성과 차별은 이름만 있을 뿐이지 걷어잡을 수가 없는 불가득이라고 한다.

**五오 起業相기업상 謂依執名等위의집명등 起於種種諸差別業
기어 종종제차별업**

다섯은 기업상起業相이니, 이름 등을 집착하여서 온갖 차별업差別業을 일으킴을 말한다.

기업상起業相은 업業을 짓는 모습이다. 기업起業은 제6의식意識의 작용인데, 전오식을 포섭한다. 원효대사는 이 기업상을 오온 중에서 행온行蘊에 해당한다고 설명한다. 감산대사는 이것을 혹업고惑業苦 삼도三道 중에서 업業에 배당한다. 지욱대사의 설명에 따르면 업을 일으키는 '능기업能起業'은 제6식이 상응하는 사思이고, 일어난 업인 '소기업所起業'은 전오식에 두루 통한다고 하고, '차별업差別業'은 악업惡業・선업善業・유루업有漏業・무루업無漏業을 가리키고, 신구의身口意를 통하여 각종 업을 짓는다. 그러나 이 신구의 삼업은 무실無實하고 가명假名이니, 이런 줄 알면 여래 지혜를 얻었다고 말한다.

六육 業繫苦相업계고상 謂依業受苦위의업수고 不得自在부득자재

여섯은 업계고상業繫苦相이니, 업에 의하여 고를 받아서 자재하지 못함을 말한다.

업에는 과보가 따른다. 선업에는 즐거움이 오고, 악업은 괴로움이 따르는데, 고해苦海라서 낙樂보다 고苦가 많다고 업계고상業繫苦相이라고 부른 것이다. 일단 오온五蘊인 신심身心을 받아 태어나는 것이

고의 시작이다.[20] 그리고 "자재自在하지 못하는 것"은 과보로 받은 신심身心이 항상 무상無常하고 무아無我이기 때문이다. 감산대사는 이것을 혹업고惑業苦 삼도 중에서 고품에 배당한다.

지욱대사의 설명에 따르면 삼계三界의 분단신分段身이 받는 총보總報와 별보別報, 그리고 고苦의 고고품苦와 낙樂의 괴고壞苦와 불고불락不苦不樂의 행고行苦 이외에도, 무루無漏와 이타업利他業이 느끼는 변역생사變易生死도 부자재不自在하므로 고보苦報라고 말한다.

是故當知시고당지 **一切染法**일체염법 **悉無有相**실무유상 **皆因無明而生起故**개인무명이생기고

그러므로 일체의 염법染法은 모두 모습이 없고, 모두 무명으로 인해서 생기는 줄을 마땅히 알아야 한다.

삼세三細와 육추六麤인 구종상九種相이 모두 무명으로 생겼다고 한다. 그런데 무명은 원래 각명覺明에 의지하여 생긴 착각으로 실다운 것이 아니고, 그런 무명에서 시작한 삼세와 육추도 당연히 착각이므로 실체가 없고 모습이 없다. 진제의 구역은 '모습이 없다'는 무유상無有相을

---

20 고苦에는 세 가지가 있으니, 고고苦苦·괴고壞苦·행고行苦이다. 고고苦苦는 심신心身을 괴롭히는 모든 것이고, 괴고壞苦는 좋은 것이 파괴되면서 생기는 고통이고, 행고行苦는 상황이 변화하면서 생기는 고통이다.

불각不覺의 모습인 불각상不覺相으로 번역한다.

『대승기신론』은 생멸문生滅門의 불각무명不覺無明에서 비롯한 이른바 삼세육추三細六麤가 바로 우리 인생과 우주의 진상眞相이라고 설명하고 있다. 즉『화엄경』의 '일체유심조一切唯心造'와 『능엄경』에 나오는 '식정원명능생제연識精元明能生諸緣' 구절의 내용을 마명존자가 삼세육추라는 구종상九種相으로 구체적이며 논리정연하게 설명하였다. 이런 설명은 전대미문의 법리法理로서, 여래장과 아라야식의 연기緣起를 삼세육추로 정형화한 독창적인 불법佛法이라 하겠다. 뒤에 나타난 미륵彌勒대사의 유식唯識 이론은 『해심밀경』을 근거로 하였다고 하고, 세친世親보살의 『유식삼십송唯識三十頌』은 육경六經과 십일론十一論을 정리한 것이라고 흔히들 말하지만, 실제로는 『대승기신론』에서 마명존자가 주장한 이 삼세육추의 법리를 기초로 삼고서 거기에 훈습熏習 이론을 가미하여 입론立論한 것으로 해석할 수 있다고 본다.

4. 각覺과 불각不覺의 관계

復次부차 覺與不覺각여불각 有二種相유이종상 一同相일동상 二異相이이상

또 다시 각覺과 불각不覺에는 두 가지 모습이 있으니, 하나는 동상同相이고, 둘은 이상異相이다.

각覺과 불각不覺은 아라야식이 가진 두 가지 뜻이니, '서로 같기도

하고, 다르기도 하다는' 설명이다. 지욱대사는 진여眞如에 불변不變과 수연隨緣의 두 가지 뜻이 있으니, 진여가 거체擧體하여서 아라야식도 되고 각과 불각도 된다고 설명한다. 즉 수연불변隨緣不變으로 잡으면 생멸이 곧 진여이니 동상同相이라 하고, 불변수연不變隨緣으로 잡으면 진여가 곧 생멸이니 이상異相이라고 풀이한다.

言同相者언동상자 如種種瓦器皆同土相여종종와기개동토상 如是無漏여시무루 無明種種幻用무명종종환용 皆同眞相개동진상

동상同相이라고 하는 말은 마치 온갖 질그릇은 모두 같은 토상土相임과 같다. 이와 같이 무루無漏와 무명無明의 온갖 환작용幻作用이 모두 같은 진상眞相이다.

각覺인 무루無漏와 불각不覺인 망념妄念이 같은 모습이라고 한다. 모두가 진여의 불변不變과 수연隨緣이므로 성질상 다를 바가 없으니, 각覺인 정지상淨智相·부사의용상不思議用相이나 불각不覺인 삼상三相·육상六相이 모두 같은 진상眞相이라는 설명이다.

是故佛說시고불설 一切衆生일체중생 無始已來무시이래 常入涅槃상입열반 菩提非可修相보리비가수상 非可生相비가생상 畢竟

無得필경무득 無有色相而可得見무유색상이가득견

그러므로 부처님께서도 "일체 중생이 무시이래로 항상 열반에 들어 있다"고 말씀하셨다. 보리菩提는 수행하는 모습이 아니고 생기는 모습이 아니어서, 끝내 얻을 수 없고 볼 수 있는 색상色相도 없다.

지금 마명존자가 『유마경』에 나오는 "일체 중생이 즉 열반상涅槃相이다"는 구절을 인용하여 동상同相을 증명하고 있다.

見色相者견색상자 當知皆是당지개시 隨染幻用수염환용 非是智色不空之相비시지색불공지상 以智相不可得故이지상불가득고 廣如彼說광여피설

'색상色相을 본다'는 것은 모두 염심染心에 따른 환용幻用일 뿐이지, '지색智色이 불공不空인 모습'은 아님을 마땅히 알아야 한다. 지상智相은 얻을 수 없으므로 이렇게 자세히 설명했다.

진제의 구역은 환용幻用을 업환業幻이라고, 또 지색불공지상智色不空之相을 지색불공지성智色不空之性으로 번역하였다.

지욱대사의 설명에 따르면 이 구절은 '만약 동상同相이라면 볼 색상色相이 없어야만 옳다. 그러나 우리들이 갖가지의 색상을 지금 보고

있고, 또 여래의 갖가지 색상도 보고 있지 않느냐?'라는 의문에 대한 대답인 것이다. 즉 "생멸문 중에는 염심染心에 따른 환용幻用이 있어서 견見에 차별상差別相이 있다. 진여문 중에 '지색智色이 불공不空인 모습'을 보는 것이 아니다"고 대답한다. "지상智相은 얻을 수 없다"는 구절은 '지상은 불공不空이지만, 진여의 성공덕性功德이므로 모습으로 볼 수는 없다'는 설명이다. 앞에 입의분에 나온 "둘은 상대相大이니, 여래장에는 본래 무량무변한 성공덕을 구족하고 있음을 말한다"는 구절을 상기하면 이해하기 쉽다.

言異相者언이상자 如種種瓦器여종종와기 各各不同각각부동 此亦如是차역여시 無漏無明무루무명 種種幻用종종환용 相差別故상차별고

이상異相이라고 하는 말은, 마치 온갖 질그릇이 각각 같지 않듯이 이것도 역시 그러하여 무루無漏와 무명無明의 갖가지 환용幻用들이 그 모습에 차별이 있다.

상식적으로 보기에는 부처와 중생이 확연히 구별되듯이, 무루無漏인 본각本覺과 유루有漏인 무명無明의 모습은 서로 다르다. 무루는 부동不動이지만, 무명은 변동變動하기 때문에 양자는 엄연히 구별된다. 감산 대사는 동일한 진여법성眞如法性은 본래 차별이 없는데, 무량한 정공덕

淨功德이 다만 염환染幻에 수연隨緣하여 갖가지 차별상이 생긴다고 설명한다. 지욱대사의 설명에 따르면 이 환용幻用들의 차별이 무성無性이므로, 다르면서도 같아서 이른바 이이동異而同이다. 즉 이 무성인 진여는 무차별이므로 일체 차별법을 두루 포섭하여 모두 일법一法에 들어간다. 즉 이 일법이 포섭하는 일체 차별법 중에서 일법을 집어들면 이 일법이 일체법을 또한 두루 포섭한다. 그리하여 중중무진重重無盡하고 무진중중重重無盡이다.

'무루와 무명의 갖가지 환용幻用들이 모습에 차별이 있다'는 "무루무명無漏無明 종종환용種種幻用 상차별고相差別故"를 진제의 구역에서는 '무루무명無漏無明 수염환차별隨染幻差別 성염환차별고性染幻差別故'라고 번역하여, 수염환차별隨染幻差別과 성염환차별性染幻差別을 구별하였다.

5. 생멸인연生滅因緣

1) 생멸은 인연이다.

復次부차 生滅因緣者생멸인연자 謂諸衆生위제중생 依心意意識 轉의심의의식전

다시 생멸인연生滅因緣이란 중생이 심心과 의意와 의식意識에 의지하여 전변轉變함을 말한다.

생멸인연生滅因緣이란 말은 생멸현상은 반드시 인연을 가지고 설명하

여야만 사인邪因과 무인無因을 면한다. 연기緣起 또는 연생緣生이라야 정견正見이라고 할 수 있다는 뜻이다. 근본불교에서 이야기하는 정신작용은 18계界에 포함되는 의근意根과 육종식六種識뿐이었다. 그런데 『대승기신론』은 이것에다 아라야식識과 의意를 추가하여 이것들이 서로 인과因果가 되어서 만법을 굴려간다고 설명한다. 즉 진여는 불변不變하면서도 동시에 수연隨緣하여 거체擧體하여 생멸生滅을 일으킨다고 한다. 유식학唯識學에는 처음부터 팔종식八種識이 등장하는데, 지욱대사는 여기에서 유식학을 원용하여, 심心을 제8식, 의意를 제7식, 의식意識을 제6식과 전오식前五識에 배대하고, 제8식은 근본식根本識, 제7식은 염정의染淨依, 제6식은 분별의分別依라고 설명한다. 그러나 『대승기신론』과 유식학에서 사용하는 용어들의 내용이 반드시 일치하는 것은 아니다. 특히 의意와 제7식(마나스)은 내용상에 차이가 있다.

2) 심心

此義云何차의운하 **以依阿賴耶識**이의아라야식 **有無明**유무명

이 뜻이 무엇인가? 아라야식에 의지하여 무명無明이 있다.

심생멸문心生滅門에서는 "여래장에 의지하여 생멸심生滅心이 전전展轉한다"고 말하였고, 또 "불생멸과 생멸이 더불어 화합하여, 같은 것도 아니고 다른 것도 아닌 것을 아라야식이라고 부른다"고 하였다. 즉 이 아라야식이 생멸인연의 원인으로 등장하면서, 무명이란 개념과

생멸현상이라는 개념이 순차적으로 전개하게 된다.

3) 의意

不覺起불각기 能見능견 能現능현 能取境界능취경계 分別相續분별상속 說名爲意설명위의

불각不覺이 능견能見과 능현能現과 경계를 능취能取함과 분별하여 상속함을 일으키니, 의意라고 부른다.

'불각무명不覺無明에서 이른바 의意가 전전展轉한다는 이야기다.『대승기신론』에 따르면 진망화합식眞妄和合識인 아라야식에 의지하여 무명이 생기는데, 이 무명인 불각不覺을 원인으로 하여 갖가지 작용이 일어난다고 설명한다. 그리고 여기에서 "능견能見하고 능현能現하여, 경계를 능취能取하고 분별하여 상속相續하는" 놈을 의意라고 부른다. 그런데 유식학에서는 아라야식이 견분見分과 상분相分으로 나뉘는데, 견분을 자신으로 여기는 그놈을 '마나스manas', 즉 제7식이라 부르고, 이것을 의意라고 한역하였다. 그런데 『대승기신론』에서는 의意라는 단어가 유식학에서 말하는 제8식과 제7식의 내용 양쪽을 포함하고 있다. 그래서 감산대사는 이 구절에서 "제7식과 제8식 두 개를 통틀어서 의意라고 표현하고서, 오종五種으로 해석하고 있다"고 설명한다.

此意차의 **復有五種異名**부유오종이명

이 의意에는 다시 다섯 가지 이명異名이 있다.

삼세육추三細六麤의 구종상九種相에서 업식業識부터 상속식相續識까지 다섯을 재분류하면서, 의意에 다섯 가지가 있다고 설명한다.

一名業識일명업식 **謂無明力**위무명력 **不覺心動**불각심동

하나는 업식業識이니, 무명의 힘으로 불각심不覺心이 움직임을 말한다.

업식業識은 의意를 설명하는 첫 단계이니, 삼세三細 중의 무명업상無明業相에 해당한다. 마음은 원래 무동無動인데, 불각不覺하여 마음이 움직이고, 움직이면 이미 업業이 현행現行하는데, 그 주체를 업식業識이라 부른다.
   지욱대사는 후렴으로, '학인이 업식業識에서 동심動心이 불생멸인 줄 관찰하면, 즉시 진여문에 들어갈 수 있다'고 강조한다.

二名轉識이명전식 **謂依動心**위의동심 **能見境相**능견경상

들은 전식轉識이니, 동심動心에 의해서 경계를 능히 봄을 말한다.

전식轉識은 삼세三細 중의 능견상能見相에 해당한다. 유식학에서는 업식業識이 자타自他를 구별하는 움직임을 일으켜서, 제8식 중의 견분見分을 '나'라는 주체로 여기는 놈을 제7식 또는 전식轉識이라고 한다. 『대승기신론』은 의意인 업식의 전전展轉을 전식이라고 부른다.

  지욱대사는 '전식轉識에서 만약 일체 경계에 견자見者가 없어서 견見에 견상見相이 없는 줄 관찰하면 즉시 진여문에 들어갈 수 있다'고 강조한다.

三名現識삼명현식 **謂現一切諸境界相**위현일체제경계상 **猶如明鏡現衆色像**유여명경현중색상 **現識亦爾**현식역이 **如其五境對至卽現**여기오경대지즉현 **無有前後**무유전후 **不由功力**불유공력

셋은 현식現識이니, 일체의 모든 경계상을 나타냄을 말한다. 마치 명경明鏡이 온갖 색상을 나타내듯이 현식도 그러하다. 오경五境이 마주 대하면 즉시 나타나는데, 전후가 없고 공력에 말미암지 않는다.

현식現識은 삼세三細 중의 경계상境界相에 해당하니, 능견상能見相이 주체가 되면서 경계상이 대상으로 나타난다는 설명이다. 이때에 견분見分인 전식轉識과 상분相分인 현식現識은 서로 상대하므로, 이 둘은

동시에 같이 생기고 동시에 같이 사라진다. 마치 거울이 있으면 대상인 영상이 즉시 동시에 나타나는 것과 같다.

지욱대사는 '현식現識에서 만약 일체 경계가 견자見者 아님이 없어서 경계에 경계상境界相이 없는 줄 관찰하면 즉시 진여문에 들어갈 수 있다'고 강조한다.

四名智識사명지식 謂分別染淨諸差別法위분별염정제차별법

넷은 지식智識이니, 염정染淨의 온갖 차별법을 분별함을 말한다.

지식智識은 여섯 가지의 모습(六種相)인 육추六麤 중에서 첫째인 지상智相에 해당하니, 온갖 차별법을 분별하므로 지식이라고 한다. 앞에서 견분인 전식轉識과 상분인 현식現識이 성립했으니, 물들거나 깨끗한 갖가지 경계를 대상으로 분별하는 작용을 지식이라고 부른다.
지욱대사는 '지식智識에서 만약 분별과 분별의 대상이 모두 자성自性이 없어서 지智에 지상智相이 없는 줄 관찰하면 즉시 진여문에 들어갈 수 있다'고 강조한다.

五名相續識오명상속식 謂恒作意相應不斷위항작의상응부단 任持過去善惡等業임지과거선악등업 令無失壞영무실괴 成熟現未

苦樂等報성숙현미고락등보 使無違越사무위월 已曾經事忽然憶念이증경사홀연억념 未曾經事妄生分別미증경사망생분별

다섯은 상속식相續識이니, 항상 뜻을 짓되 상응相應하고 끊어지지 않음을 말한다. 과거의 선·악 등의 업을 지니고 있어서 잃거나 파괴되지 않게 하고, 현재와 미래의 고·락 등의 과보를 성숙시켜서 어긋나지 않게 한다. 지난 일은 홀연히 기억하고, 아직 오지 않은 일은 허망하게 분별한다.

상속식相續識은 여섯 가지의 모습(六種相)인 육추六麤 중에서 두 번째인 상속상相續相에 해당한다. 상속식은 과거의 업을 보존하면서 점점 과보를 성숙시켜서 과거와 현재와 미래를 연결하고 상속시키는 놈이다. 이놈이 오온에서 정신작용의 주체인 식온識蘊에 해당하는 식이다.
　지욱대사는 '상속식에서 만약 심성心性이 찰나간刹那間에 생멸하여 주住하지 않으므로, 그 당체가 적멸하여 상속하되 선후로 연결되는 모습이 없는 줄 알면 즉시 진여문에 들어갈 수 있다'고 강조한다.

是故시고 三界一切삼계일체 皆以心爲自性개이심위자성 離心則無六塵境界이심즉무육진경계 何以故하이고 一切諸法일체제법 以心爲主이심위주 從妄念起종망념기 凡所分別범소분별 皆分別自心개분별자심

그러므로 삼계의 일체는 모두 마음이 자성自性이 되고, 마음을 떠나면 곧 육진경계六塵境界가 없다. 왜냐하면 일체의 제법은 마음이 주초가 되어서 그 망념에 따라서 생긴다. 무릇 분별이란 모두 자심自心을 분별하는 것이다.

의意를 오종五種으로 분류하고 나서, 다시 『대승기신론』에 나오는 단어인 의意자가 가진 내용을 정리하고 있다. '삼계의 일체는 모두 마음이 자성이다(三界一切삼계일체 皆以心爲自性개이심위자성)'라는 구절이, 진제의 구역에는 '삼계가 허위이니 오직 마음으로 만들어진 것이다(三界虛僞삼계허위 唯心所作유심소작)'라고 번역되어 있다.

    여기에 '자성自性'이란 단어가 등장한다. 선가禪家에서는 흔히 자성이란 단어를 자기의 본래면목本來面目을 가리키는 용어로 상용하는데, 대체로 '본래부터 스스로 갖추고 있는 성품인 자성'이라는 뜻으로 이해한다. 그런데 이 자성이란 용어는 사용에 주의를 요한다. 불교는 삼법인三法印을 금과옥조로 알고 있다. 따라서 '제법무아諸法無我'는 불교이론의 핵심이다. 그래서 이 자성이라는 단어를 무아無我와 배치하지 않도록 해석하여야 한다. 그렇다면 지금 "삼계의 일체는 모두 마음이 자성이다"라는 구절에서 자성의 의미를 어떻게 해석하여야 무아에서 말하는 아我와 모순되지 않을까? 지금 "일체법에 마음이라는 자성이 있다"고 하면 제법에 마음이라고 부르는 성품을 인정하므로 결국 유아有我라는 이야기가 되어서, 삼법인의 제법무아와 배치된다. 이런 문구들을 선가에서 상용하는 이른바 '견성見性한다'는 구절의 자성自性과 구별하려면 제법무아와 자성의 뜻을 자세히 숙고할 필요가 있다. 마명존자는 과연이 자성을 어떤 의미로 사용했을까? 그런데 "일체법은 모두 마음이 자성이다"는 구절에 이어서 "마음을 떠나면 곧 육진경계六塵境界가 없다"는 설명이 붙어 있다. 즉 '일체법은 마음이 없으면 근거가 없다'는 뜻이라면, 구역에 나오는 '유심소작唯心所作'과 같은 내용으로, 신구新舊 번역이 같은 의미임을 알 수 있다. 다만 '실차난타'의 신역이 나올 당시에는 자성이라는 단어를 불교계, 특히 선가에서 상용했다. 그러면 이 '마음'은 아我가 아닌 '다른 무엇'인가? 상주불변常住不變이 아我의 특징이라면 '마음'은 상주불변하지 않는가? 『능엄경』에서 "상주常住하는 진심眞心은 성정명체性淨明體다"라고 하는데, 이때 진심은 아我가 아닌가? 결론부터 말한다면, 『능엄경』의 상주진심은 제법무아에 나오는 아가 아니다. 왜냐하면 상주진심은 청정하여 허공처럼 해말쑥하기 때문이다. 그래서 진심은 성정명체性淨明體, 즉 청정하고 각명覺明하다고 말한다. 여기에서 정淨, 즉 청정의 뜻을 자세하게 참구하여 보면, 마음이란 곧 무상無相이란 말이니 '아무 것도 없어서 아我라고 할 것조차 없다'는 뜻이다!

그래서 다시 부연하기를, "일체의 제법은 마음이 주主가 되는데, 망념에 따라서 생긴다"고 하였다. 즉 청정한 마음이 자성自性이지만, 망념이 생기면 온갖 법이 생기고, 망념이 사라지면 온갖 법이 사라진다는 말이다. 지욱대사는 여기서 마음은 아라야식을, 망념은 의意를 각각 가리킨다고 설명한다.

또 "무릇 분별은 모두 자심自心을 분별하는 것이다"는 구절에서, 지욱대사는 의意와 의식意識의 경계는 모두 각자가 훈습熏習하고 전변轉變하여 나타난 상분相分이라는 뜻이라고 하면서, '제8식이 분별하는 삼류三類 성경性境이란 것은 제8식이 전변轉變한 상분이고, 제7식이 분별하는 허망한 아법我法이란 것은 제7식이 전변한 상분이고, 제6식이 분별하는 일체 제법이란 것은 제6식이 전변한 상분이고, 제5식이 분별하는 오진五塵 성경性境이란 것은 제5식이 전변한 상분이므로, 무릇 분별은 모두 자심自心을 분별하는 것이다'라고 설명한다.

心不見心심불견심 **無相可得**무상가득

마음은 마음을 보지 못하니, 걷어잡을 모습이 없기 때문이다.

"마음은 마음을 보지 못하니, 걷어잡을 모습이 없기 때문이다"는 구절은 불가佛家에서 상투적으로 애용하는 글귀이다. 그런데 이 '심불견심心不見心'을 설명하는 데 전통적으로 두 가지 설명이 있다. 하나는 마음은 허공처럼 모습이 없으니 '마음은 무상無相이라서 볼 수가 없다'라는 설명인데, 마명존자는 이 설명방식을 인용하고 있다. 다른 하나는 '제 눈이 제 눈을 보지 못하는 것과 같은 이치'라고 설명하니, 『능엄경』에 나오는 설명방식이다. 즉 『능엄경』 제5권에 나오는 부처님의 게송에서, "자기 마음이 자기 마음을 취하려고 하니, 원래 환幻이 아닌 것이 환법幻法이 되었다"[21]고 하는 구절은 '본래 하나인 것을 주와 객으로 양립시켜서 분석 설명하려고 하면 환법幻法이 된다'는 뜻이다. 마음이

---

21 "自心取自心자심취자심 非幻成幻法비환성환법."

주체가 되어서 자신을 객체인 마음으로 대상화하여 관찰한다면 자신의 마음을 제대로 관찰한 것이 아니라는 뜻이다. 그렇다면 마음을 분명하게 알고 직접 보아야 한다는 "식심識心·견성見性해야 한다"는 선가의 주장은 난관에 봉착하게 된다. 즉 '직지인심直指人心 견성성불見性成佛'이라는 선가의 주장은 이 '심불견심心不見心' 때문에 논리적으로는 문제를 안고 있는 셈이다. 물론 간화선을 강조하는 입장에서는 화두話頭는 "심의식心意識을 떠나서 참구參究하라"는 구절로 대응을 하겠지만, 상식적으로는 "견성見性하라"는 주장을 합리적으로 설명하지는 못한다. 그래서 달마達磨대사는 일찍이 『혈맥론血脈論』에서 "내가 본래 마음을 구하고 있으나 마음을 저절로 지니고 있으니, 마음을 구하되 마음 알 때를 기다리지 말라"고 하였다.[22] 또 영가永嘉대사는 『영가집永嘉集』에서 견성見性을 자세하게 설명하였다. "만약에 지知로서 공적空寂을 안다면 그것은 반연攀緣이 없는 무연지無緣知가 아니니, 비유컨대 손으로 여의주如意珠를 잡으면 '여의주가 없는 맨손'이 아니다. 만약에 저절로 지知하는 것이라고 알아도 또한 반연이 없는 무연지가 아니니, 마치 손으로 스스로 주먹을 쥐면 '주먹을 쥐지 않은 맨손'이 아니다. 또한 지知로서 공적을 알지 아니하고, 또한 저절로 지知하는 것이라고 알지 않더라도 가히 '앎이 없다(無知)'고 하지는 못하니, 자성自性이 요연了然하기 때문에 목석木石과 같지 않다. 마치 손으로 물건을 잡지 아니하고, 또한 스스로 주먹을 만들지 않더라도 가히 '손이 없다(無手)'라고 하지는 못하니, 손이 여전히 그대로 있으니 토끼 뿔과 같지 않다"라

---

[22] "아본구심심자지我本求心心自持 구심부득대심지求心不得待心知."

고 말했다.²³ 이 구절을 연수延壽대사가 『주심부註心賦』에서 인용하면서 선종의 묘妙라고 칭송하였으니, 즉 반연심攀緣心과 구별되는 무연지無緣知를 강조하여 견성見性하는 묘리妙理를 설득력 있게 제시하였다. 또 고려의 보조普照국사 지눌知訥도 『수심결修心訣』에서 "단지불회但知不會하면 시즉견성是卽見性이다"라고 하였다.

그러나 상식과 논리를 바탕으로 한 세제世諦로서는 이 '심불견심心不見心'을 알아듣도록 설명할 수가 없다. 그래서 "무상보리無上菩提를 증득하는 것은 불가사의한 일이다"라는 표현이 불경에서 그토록 자주 등장하고 있는 것이다.

지욱대사의 『열망소』에는 다음과 같은 문답이 들어 있다.

문: 마음을 보지 못하는데 어떻게 타심통他心通이란 말이 있는가?

답: 망념妄念에는 연영緣影이 있다. 타심통이란 이 연영을 아는 것이지, 심체心體나 견분見分을 아는 것이 아니다. 심체나 견분은 형상이 없어서 보거나 알 수가 없다. 경에 "내가 불안佛眼으로도 중생의 마음을 볼 수 없는데, 어떻게 치인癡人이 심상心相을 안다고 말하겠는가!" 하는 구절이 있다.

이어서 두 번째 문답이다.

문: 제7식이 제8식의 견분見分을 실아實我인 실법實法으로 집착하는

---

23 『영가집永嘉集』 '사마타장'. "若以知知寂약이지지적 此非無緣知차비무연지 如手執如意여수집의 非無如意手비무여의수 若以自知知약이자지지 亦非無緣知역비무연지 如手自作拳여수자작권 非是不拳手비시불권수 亦不知知寂역부지지적 亦不自知知역부자지지 不可爲無知불가위무지 自性了然故자성요연고 不同於木石부동어목석 手不執如意수부집의 의 亦不自作拳역부자작권 不可爲無手불가위무수 以手安然故이수안연고 不同於兎角부동어토각."

것을 '마음으로 마음을 인연因緣한다'고 말하는데, 이것이 어떻게 '마음이 마음을 보는 것'이 아니겠는가?

답: 제7식이 제8식을 능히 본다면 현량現量이라고 하지 어째서 비량非量이라고 하였겠느냐. 일체의 심心과 견분見分은 모두 형상이 없어서 볼 수가 없다. 주체인 마음이 모습이 없는데, 그 대상인 경계인들 무슨 모습이 있겠느냐. 일체 세간의 경계는 모두 중생의 무명 망념이 세운 것이다. 즉 제7식이 심心과 심소心所를 네 번 전성轉成한 것이 세간의 경계들이니, 모두 자심自心과 심소의 상분相分이다. 거울에 비유하면 심·심소의 체體는 거울이고, 상분은 거울의 영상이다. 영상은 거울을 떠나지 않았지만, 거울에서 그 자체를 찾을 수도 없다.

是故當知시고당지 一切世間境界之相일체세간경계지상 皆依衆生無明妄念而得建立개의중생무명 망념이득건립 如鏡中像無體可得여경중상무체가득 唯從虛妄分別心轉유종허망분별심전 心生則種種法生심생즉종종법생 心滅則種種法滅故심멸즉종종법멸고

그러므로 일체 세간의 경계의 모습은 모두 중생의 무명 망념에 의하여 건립된 것임을 마땅히 알아야 한다. 마치 거울 속의 영상은 걷어잡을 바탕이 없는 것과 같다. 오직 허망한 분별심이 전변轉變한 것이다. 마음이 생기면 온갖 법이 생기고, 마음이 사라지면 온갖 법이 사라진다.

4) 의식意識

言意識者언의식자 謂一切凡夫위일체범부 依相續識의상속식 執我我所집아아소 種種妄取六塵境界종종망취육진경계 亦名分離識역명분리식 亦名分別事識역명분별사식 以依見愛等熏而增長故이의견애등훈이증장고

의식意識이란 일체 범부가 상속식相續識에 의하여 아我와 아소我所를 집착하여 갖가지로 육진경계를 망취妄取함을 말한다. 이것을 분리식分離識이라고도 부르고 또한 분별사식分別事識이라고도 부르는데, 사견邪見과 탐애貪愛 등에 의하여 훈습되고 증장한다.

의식意識은 흔히 제6의식이라고 하는데, 여기 『대승기신론』의 의식은 전오식을 포함하므로 요별경식了別境識이라고도 부른다. 제6의식과 전오식이 같이 작용하면 오구의식五俱意識 또는 동시의식同時意識이라 하고, 제6의식만 작용하면 독두의식獨頭意識이라고 구별하기도 한다.

 지욱대사의 설명에 따르면 "상속식相續識에 의하여"는 제7식이 염정染淨에 따라서 제8식과 더불어 함께 전전展轉하여 무시로부터 끊어짐이 없으므로 상속식이라고 부른다고 한다. 또 "아我와 아소我所를 집착하여 육진경계를 망취妄取한다"는 것은 제7식이 구생아집俱生我執이 있어서 제6의식이 이것에 의지하여 분별分別과 구생俱生 두 가지의 아와 아소를 집착하면서 육진경계를 망취妄取한다고 설명한다.

 따라서 과거·현재·미래의 모든 경계는 꿈에 보는 경계와 같다.

비록 사선四禪과 팔정八定의 경계라고 할지라도 모두 법진法塵이라는 경계일 뿐이다. 즉 안식眼識은 스스로 만든 자소변색自所變色을 보고, 이식耳識은 스스로 만든 자소변성自所變聲을 듣는 것이다. 이렇게 육진六塵이 모두 무성無性으로 오직 자심自心일 뿐이니, "분리식分離識이나 분별사식分別事識이라고 부른다"고 한다. "사견邪見과 탐애貪愛 등에 의하여 훈습되고 증장된다"는 것은 전변轉變을 훈습熏習이라 표현하고, 종자種子와 현행現行을 증장增長이라고 표현한 것이다.

6. 염심染心

1) 무시무명無始無明

無始無明熏所起識무시무명훈소기식　非諸凡夫二乘智慧之所能知비제범부이승지혜지소능지　解行地菩薩始學觀察해행지보살시학관찰　法身菩薩能少分知법신보살능소분지　至究竟地猶未知盡지구경지유미지진　唯有如來能總明了유유여래능총명료

무시무명無始無明으로 훈습되어 일어나는 식은 범부나 이승들의 지혜로는 능히 알지 못한다. 해행지보살解行地菩薩은 관찰하기를 배우기 시작하고, 법신보살法身菩薩이라야 일부분을 알고, 구경지究竟地에 이르러도 오히려 전부 다 알지를 못하며, 오직 여래만이 전체를 분명하게 안다.

이 "무시무명無始無明"을 진제의 구역에서는 그냥 "무명無明"으로 번역

했다.

"무시무명으로 훈습되어 일어나는 식의" 전변하는 과정은 알기가 어렵다. 그 실상을 이해하고 파악하는 정도는 공부의 단계에 따라서 다르다. 지욱대사의 설명에 따르면 생멸인연生滅因緣의 시초인 무시무명은 구생법치俱生法痴로서 근본주지무명根本住地無明이라고 부른다.[24] 여기에서 갖가지 모습이 전전展轉하여 일어나는데, 그 삼세 육추의 전변轉變하는 모습은 알기가 쉽지 않다. 즉 범부와 이승은 육종식六種識만 이해하고, 아라야식과 의意는 그 명칭조차 모른다. 다음 단계인 해행지보살解行地菩薩은 신성취발심信成就發心 이후에 유식唯識의 자량위資糧位와 가행위加行位에 해당하는 해행지解行地에 이른 보살이므로,[25] 장식藏識 경계를 관찰하는 것을 비로소 배우기 시작한다고 설명한다. 그리고 법신보살法身菩薩은 진여眞如를 체회體會한 보살로서 유식에서 말하는 통달위通達位에 해당하므로, 이미 견도見道하였기에 진리의 일부분을 능히 안다. 여기의 구경지究竟地는 십지十地보살과 등각等覺을 가리킨다고 풀이한다.

此義云何차의운하 以其心性이기심성 本來清淨본래청정 無明力

---

24 무명無明도 종류가 있다고 한다. 『기신론』은 근본根本무명인 무시無始무명과 지말枝末무명인 삼세육추三細六麤로 나눈다. 유식학에서는 상응相應무명과 불공不共무명으로 나누고, 후자를 다시 제7식과 상응하는 항행恒行불공무명과 제6식과 상응하는 독행獨行불공무명으로 구분한다.
25 유식학은 수행단계를 자량위資糧位·가행위加行位·통달위通達位·수습위修習位·구경위究竟位라는 오위五位로 나눈다.

故무명력고 染心相現염심상현 雖有染心수유염심 而常明潔이상명결 無有改變무유개변 復以本性부이본성 無分別故무분별고 雖復遍生一切境界수부변생일체경계 而無變易이무변역

이 뜻이 무엇인가? 심성心性은 본래 청정하다. 무명의 힘 때문에 염심상染心相이 나타나고, 또 비록 염심染心이 있을지라도 항상 각명覺明하고 깨끗하여 개변改變이 없다. 또 본성本性은 분별이 없어서 비록 일체 경계를 두루 만들지만, 변역變易이 없다.

염심染心의 상相과 성性은 삼세육추로 벌어진 모습인 상相과 그 원천인 성性을 대비하면서 설명한 구절이다. 염染은 습기종자이고, 상相은 형상이니, 비유하면 염染은 눈병이고 상相은 허공꽃이다. 따라서 불교의 수행은 눈병의 제거에 있지, 허공꽃에 있는 것이 아니다.

여기서는 먼저 성性을 설명하고 있다. 불각不覺인 무명의 힘 때문에 염심染心의 모습이 나타나 있지만, 그 심성心性은 본래 청정하여 항상 깨끗하고 각명覺明하여 개변改變이 없다. 또 심성의 바탕인 본성은 변역變易이 없는 진여라고 설명한다. 『능엄경』 제2권 말미에 나오는 성상性相 법문에서 더 자세한 설명을 들을 수 있다. "아난아! 네가 아직 일체의 물질과 정신인 환화상幻化相이 당처當處에서 생겨나고, 곳에 따라서 사라짐을 알지 못하구나. 그 환망幻妄을 모습(相)이라고 하는데, 그러나 그 자성自性은 참으로 묘각명체妙覺明體이다. 이와 같이 몸과 마음을 형성하는 물질과 정신인 오음五陰과 육입六入과

십이처十二處와 십팔계十八界가 모두 인연이 화합하면 허망하게 생겨나고, 인연이 떠나면 허망하게 사라진다. 그러나 이러한 생멸生滅과 거래去來가 본래 여래장의 상주常住하고 묘명妙明하며 부동不動하고 두루 원만圓滿한 묘妙한 진여성眞如性인 줄을 모르고 있다. 참되고 변하지 않는 진상眞常인 그 성性 중에는 거래와 미오迷悟와 생사를 구하여도 끝내 얻을 수가 없다."[26]

以不覺一法界故이불각일법계고 不相應無明불상응무명 分別起生諸染心분별기생제염심 如是之義여시지의 甚深難測심심난측 唯佛能知유불능지 非餘所了비여소료

일법계一法界를 불각不覺하므로 불상응不相應하는 무명이 분별하여 온갖 염심을 일으킨다. 이와 같은 뜻은 심히 깊고 헤아리기 어려워서 오직 부처님만이 능히 알 뿐이다. 다른 사람들은 알지 못한다.

인연상因緣相이 무명에서 불각不覺하여 나타난 것임을 이야기하면서

---

26 "阿難아난 汝猶未明여유미명 一切浮塵일체부진 諸幻化相제환화상 當處出生당처출생 隨處滅盡수처멸진 幻妄稱相환망칭상 其性眞爲기성진위 妙覺明體묘각명체 如是乃至여시내지 五陰六入오음육입 從十二處종십이처 至十八界지십팔계 因緣和合인연화합 虛妄有生허망유생 因緣別離인연별리 虛妄名滅허망명멸 殊不能知수불능지 生滅去來생멸거래 本如來藏본여래장 常住妙明상주묘명 不動周圓부동주원 妙眞如性묘진여성 性眞常中성진상중 求於去來迷悟生死구어거래미오생사 了無所得요무소득."

무명이 불상응不相應한다는 점을 강조하는 구절이다. 상응이나 불상응이라는 표현은 두 개 이상의 존재가 있을 경우에 그들의 관계를 설명하는 용어이다. 즉 다자多者 상호간에서 서로가 상통相通하느냐 아니냐를 나타낸다. 지금 '일법계一法界를 불각하는 무명이 불상응이라'는 말을 해석하는 태도에는 두 가지 경우가 있다. 하나는 무명이 일법계를 불각할 적에 그 대상인 일법계와 주체인 무명이 상통하지 않는 경우이고, 둘은 아예 주객이라는 것이 존재하지 않는 경우이다.

'불상응不相應하는 무명無明'이라는 구절에서, 불상응의 뜻은 이렇게 심히 깊고 헤아리기 어려워서, 마명존자는 "오직 부처님만이 능히 알 수 있을 뿐이라"고 말한다.

『능엄경』에는 이에 대해 어떤 설명이 있는가 살펴 볼 필요가 있다. 경에 나오는 "성각性覺은 원래 밝은데, 허망하게 각覺을 밝혀보자(性覺必明성각필명 妄爲明覺망위명각)"는 구절이나, "밝히려는 허망인 명망明妄이 생긴 것은 다른 이유가 아니고, 각명覺明이 바로 허물이다(明妄非他명망비타 覺明爲咎각명위구)"라고 하는 구절이 모두 이 '불각일법계고不覺一法界故'의 진상眞相을 설명한 것으로 보인다. 또 무명의 발생 원인을 "자기 마음이 자기 마음을 취하려고 하니, 원래 환幻이 아닌 것이 환법幻法이 되었다"는 게송에서 직접적으로 천명하고 있다. 즉 『능엄경』에는 인식할 대상이 없는데도 불구하고, 허구로 대상을 세워서 그것을 객체로 인식하려고 하니 환법幻法이 생겼다고 설명한다. 그것이 『대승기신론』에 나오는 무명불각無明不覺이라고 설명하고 있다.

여기에서 우리는 『대승기신론』이 무명을 설명하는 방식이 『능엄경』처럼 분명하지 못한 점을 쉽게 알아차릴 수가 있다. 그러나 앞에서 삼세육추를 가지고 무명이 현상現象을 전변轉變하는 과정을 자세하게 설명한 점은 『대승기신론』이 『능엄경』의 설명을 보충한 것이다. 이래서 이 두 개인 경經과 논論은 상호간에 보완하는 관계에 있다고 말할 수밖에 없는 것이다.

2) 염심染心의 종류

此所生染心차소생염심 有六種別유육종별

이렇게 전변轉變하여 생긴 염심染心은 여섯 가지가 있다.

심성心性은 본래 청정하지만 무명의 힘 때문에 염심의 모습이 나타나는데, 구별하면 여섯 가지의 염심이 있다. 이 육염심六染心도 오의五意처럼 삼세육추三細六麤의 구상九相에 포함되지만, 수행으로 제거하여야 할 염심으로 설명하고 있다.

一일 執相應染집상응염 聲聞緣覺성문연각 及信相應地諸菩薩 급신상응지제보살 能遠離능원리

하나는 집상응염執相應染이니, 성문과 연각과 신상응지信相應地의 보살들이 능히 멀리 여읜다.

집상응염執相應染은 육추六麤에서 집착상執着相에 대응하는 염심染心이다. 지욱대사의 설명에 따르면 집상응염은 아집我執이 상응하는 견사혹見思惑이다. 성문의 초과初果와 유학有學인 연각과 신성취발심信成就發心한 보살은 능히 견혹見惑을 끊고, 사혹思惑은 점차 끊어서 능히 멀리 여읜다고 한다.[27]

二이 不斷相應染부단상응염 信地菩薩勤修力能少分離신지보살근수력능소분리 至淨心地永盡無餘지정심지영진무여

둘은 부단상응염不斷相應染이니, 신지보살信地菩薩이 부지런히 수행하는 힘으로 조금 여의고, 정심지淨心地에 이르면 영원히 모조리 여읜다.

부단상응염不斷相應染은 육추六麤에서 상속상相續相에 대응하는 염심染心이다. 지욱대사의 설명에 따르면 부단상응염은 제6의식에 상응하는 분별법집分別法執이다. 신지보살信地菩薩이 유심식관唯心識觀을 배워서 이 법집法執을 끊는데, 정심지淨心地인 초지初地 환희지歡喜地에서 영원히 모조리 여읜다.

---

27 흔히 공空을 이야기하면서, "아공我空을 터득했다"거나 "법공法空을 터득한다"고 말하는 것과 같은 뜻이다. 공리空理를 터득하는 순서는, 처음에는 '오온에 내가 있다'는 아집我執을 깨트리고, 다음에 법집法執을 깨트린다.

三삼 分別智相應染분별지상응염 從具戒地乃至具慧地종구계지내지구혜지 能少分離능소분리 至無相行地지무상행지 方得永盡방득영진

셋은 분별지상응염分別智相應染이니, 구계지具戒地로부터 구혜지具慧地에 이르러서야 조금 여의고, 무상행지無相行地에 이르러야 바야흐로 영원히 여읜다.

분별지상응염分別智相應染은 육추六麤에서 지상智相에 대응하는 염심染心이다. 지욱대사의 설명에 따르면 분별지상응염은 제6의식에 상응하는 구생법집俱生法執이다. 구계지具戒地는 제2지인 이구지離垢地이고, 구혜지具慧地는 제6지인 현전지現前地인데, 일부만 점단漸斷하므로 소분리少分離라 한다. 또 무상행지無相行地는 제7지인 원행지遠行地인데, 법공法空하고 지과智果가 항상 현전現前하므로 이 염심染心이 영원히 없어진다. 이상에 등장한 세 가지 염심은 상응념相應念이니, 주객이 구별되면서 그 내용이 상응한다.

四사 現色不相應染현색불상응염 此色自在地之所除滅차색자재지지소제멸

넷은 현색불상응염現色不相應染이니, 이는 색자재지色自在地에서 제거하여 소멸한다.

현색불상응염現色不相應染은 삼세三細에서 경계상境界相에 대응하는 염심染心이다. 지욱대사의 설명에 따르면 현색불상응염은 제8식에 훈습되어 있는 현식現識을 일으킬 습기종자習氣種子이다. 이것은 제8지인 부동지不動地인 색자재지色自在地에 가서야 제거하여 소멸된다.

五오 見心不相應染견심불상응염 此心自在地之所除滅차심자재지지소제멸

다섯은 견심불상응염見心不相應染이니, 이는 심자재지心自在地에서 제거하여 소멸한다.

견심불상응염見心不相應染은 삼세三細에서 능견상能見相에 대응하는 염심染心이다. 지욱대사의 설명에 따르면 견심불상응염은 제8식에 훈습되어 있는 전식轉識을 일으킬 습기종자이다. 이것은 제9지인 수습위修習位인 심자재지心自在地에서 제거하여 소멸된다.

六육 根本業不相應染근본업불상응염 此從菩薩究竟地入如來

地之所除滅지종보살구경지입여래지지소제멸

여섯은 근본업불상응염根本業不相應染이니, 이는 보살구경지菩薩究竟地로부터 여래지如來地에 들어가면서 제거하여 소멸한다.

근본업불상응염根本業不相應染은 삼세三細에서 무명업상無明業相에 대응하는 염심染心이다. 지욱대사의 설명에 따르면 근본업불상응염은 제7식의 법견法見이 제8식을 실법實法이라고 망집妄執하는 습기종자이다. 『능엄경』에서는 "성각性覺은 원래 밝은데, 허망하게 각覺을 밝혀보려고 하는 망념"이라고 설명한다. 진심眞心이 스스로 진심을 밝혀보려고 하는 불각인 망념이 이것이다. 제10지나 등각等覺이 되어야 비로소 제거하여 소멸된다. 삼세에 대응하는 이 현색現色, 견심見心, 근본업根本業의 세 가지 불상응념不相應念은 주객이 불명확한 망념이다.

不覺一法界者불각일법계자 始從信地시종신지 觀察起行관찰기행 至淨心地지정심지 能少分離능소분리 入如來地입여래지 方得永盡방득영진

일법계一法界를 불각不覺함은, 처음에 신지信地에서 관찰觀察 수행을 일으키고, 정심지淨心地에 이르러서야 조금 여의고, 여래지如來地에 들어가서 바야흐로 영원히 여읜다.

지욱대사의 설명에 따르면 '일법계一法界를 불각不覺함'이란 무시무명無始無明인 근본주지무명根本住地無明을 말한다. 이 무명을 제1이 환희지歡喜地인 정심지淨心地에 이르러서야 조금 여의고, 여래가 되어야 무시무명을 완전히 여윈다고 한다.

이상에서, 처음 견사혹見思惑을 끊는 단계에서 시작하여 마지막에 무명無明인 근본혹根本惑까지 모든 털어버리는 공부단계를 차례로 여섯 가지 염심染心으로 대비하여 설명하였다.

3) 용어 해설
(1) 상응相應과 불상응不相應

相應義者상응의자 心分別異심분별이 染淨分別異염정분별이 知相緣相同지상연상동

'상응相應'의 뜻은 심心과 분별分別은 다르고, 염染과 정淨은 분별이 다르지만, 지상知相과 연상緣相은 같다는 것이다.

상응相應은 주객이 있어서 그 내용이 상통한다는 말이다. 감산대사는 '지상知相과 연상緣相은 같다'는 말은 심왕心王이 염정染淨을 반연攀緣할 때에 심소心所가 따라서 같아진다는 뜻으로 풀이한다. 지욱대사의 설명에 따르면 '심心과 분별分別은 다르고'는 말은 칠종식七種識에서 주체인 심왕心王이 다르다는 뜻이고, '염染과 정淨은 분별이 다르다'는 말은 대상인 심소心所가 염染과 정淨으로 구별되므로 다르다는 뜻이다.

그래서 주객이 각각 서로 다르다고 했다. 그리고 '지상知相은 같다'는 말은 능연能緣인 견분見分이 화합和合되어 하나인 것 같고, '연상緣相은 같다'는 말은 소연所緣인 상분相分의 질영質影이 비슷하다는 뜻이다.

不相應義者불상응의자 **卽心不覺**즉심불각 **常無別異**상무별이 **知相緣相不同**지상연상부동

'불상응不相應'의 뜻은 곧 심心과 불각不覺은 항상 다름이 없으나, 지상知相과 연상緣相이 같지 않다는 것이다.

불상응不相應은 주객이 있으나 그 내용이 상통하지 않거나, 아니면 주객이 아예 없다는 말이다. 감산대사는 '지상知相과 연상緣相이 같지 않다'는 말은 심心이 불각不覺하였지만 심왕心王과 심소心所가 분리되기 전에는 아직 외경外境과 상응相應하지 않으니, 항상 별이別異가 없기 때문이라고 설명하고, 이것은 삼세三細를 가리킨다고 말한다. 지욱대사의 설명에 따르면 '심心과 불각不覺은 항상 다름이 없다'는 말은, 심은 견분見分이고 불각은 염심종자染心種子로서 상분相分인데, 견분과 상분이 모두 아라야식에서 생겼으니 다름이 없다는 뜻이다. 그리고 '지상知相이 같지 않다'는 말은 심은 견분을 현행現行하지만, 염심종자染心種子는 견분을 현행하지 못하니, 전자는 유지有知하지만 후자는 무지無知이다. '연상緣相이 같지 않다'는 말은 견분은 소연所緣이

있으나, 염심종자는 소연이 없다는 뜻이다.

(2) 번뇌장煩惱障과 소지장所知障

染心者염심자 **是煩惱障**시번뇌장 **能障眞如根本智故**능장진여근본지고

염심染心은 번뇌장煩惱障인데, 진여의 근본지根本智를 능히 장애한다.

염심染心은 번뇌장煩惱障이라 하는데, 지욱대사의 설명에 따르면 앞에 나온 여섯 가지 염심이 모두 번뇌장이다. 아집我執에 상응하는 혹惑을 계내견사번뇌界內見思煩惱라 하며 아공진여我空眞如를 장애한다. 법집法執에 상응하는 혹惑을 계외견사번뇌界外見思煩惱라 하며 법공진여法空眞如를 장애한다. 진여를 증득하는 것은 근본지根本智인데, 이미 진여를 장애하니 근본지根本智도 장애한다.

無明者무명자 **是所知障**시소지장 **能障世間業自在智故**능장세간업자재지고

무명無明은 소지장所知障인데, 세간과 업에 대한 자재한 지智를 장애한다.

일체법의 진상眞相을 모르는 법치法痴는 무명無明이다. 이 법치 때문에 세간업에 자재하지 못한 것을 소지장所知障이라고 하는데, 그래서 "무명이 세간과 업에 대한 자재한 지智를 장애한다"고 말한다.

此義云何차의운하 **以依染心**이의염심 **執著無量能取所取虛妄境界**집착무량능취소취허망경계 **違一切法平等之性**위일체법평등지성

이 뜻이 무엇인가? 염심染心으로 무량한 능취能取와 소취所取의 허망한 경계에 집착하기 때문에 일체법의 평등성平等性에 어긋난다.

일체법은 본래 평등한데, 염심染心에서 주체와 객체로 나뉘면서 상대가 벌어지니, 아견我見과 아애我愛를 중심으로 애오愛惡가 생기면서 일체법에 차별이 생긴다는 말이다.

一切法性일체법성 **平等寂滅**평등적멸 **無有生相**무유생상 **無明不覺**무명불각 **妄與覺違**망여각위 **是故於一切世間**시고어일체세간 **種種境界差別業用**종종경계차별업용 **皆悉不能如實而知**개유불능여실이지

일체법은 성품이 평등하고 적멸하여 생기는 모습(生相)이 없다. 무명

불각이 허망하게 각覺과 어긋나기 때문에 일체 세간의 온갖 경계와 차별진 업용業用을 모두 다 여실하게 알지 못한다.

본래 일체법은 적멸하여 생기고 사그라지는 모습(生滅相)이 없다. 무명으로 견상見相 이분二分이 생기고, 망념이 생기면서 갖가지 현상에서 사실을 사실대로 알지 못하므로 세간과 업에 대한 자재한 지智를 장애한다는 말이다.

(3) 세심細心과 추심麤心

復次부차 分別心生滅相者분별심생멸상자 有二種別유이종별 一麤일추 謂相應心위상응심 二細이세 謂不相應心위불상응심 麤中之麤추중지추 凡夫智境범부지경 麤中之細及細中之麤추중지세급세중지추 菩薩智境보살지경 此二種相차이종상 皆由無明熏習力起개유무명훈습역기 然依因依緣연의인의연 因是不覺인시불각 緣是妄境연시망경 因滅則緣滅인멸즉연멸 緣滅故相應心滅연멸고상응심멸 因滅故不相應心滅인멸고불상응심멸

다시 심생멸상心生滅相을 분별하면 두 가지로 구별된다. 하나는 거치른 추麤이니 상응심相應心을 말하고, 둘은 가는 세細이니 불상응심不相應心을 말한다. 추麤 중의 추는 범부지凡夫智의 경계요, 추麤 중의 세細와 세細 중의 추麤는 보살지菩薩智의 경계다. 이 두 가지 모습은

모두 무명의 훈습하는 힘으로 말미암아 생긴다. 그런데 인因에도 의지하고 연緣에도 의지하는데, 인은 불각이고 연은 허망한 경계이다. 인이 소멸하면 연이 소멸하고, 연이 소멸하므로 상응심이 소멸한다. 인이 소멸하므로 불상응심이 소멸한다.

삼세三細와 육추六麤를 대별大別하여 정리하고 있다. 진제의 구역에는 "세細 중의 세는 부처님의 경계이다(細中之細 是佛境界)"라는 글이 말미에 더 붙어 있다. 지욱대사의 설명에 따르면 상응심相應心은 마음과 상응하여 일어나는 것이니 이른바 현행現行이고, 불상응심不相應心은 마음과 상응하지 않고 일어나는 것이니 이른바 종자種子이다. 앞에 나온 여섯 가지 염심染心을 여기에 배대하여, 추麤 중의 추는 집상응염執相應染에 해당하고, 추麤 중의 세는 부단상응염不斷相應染과 분별지상응염分別智相應染에 해당하고, 세細 중의 추는 현색불상응염現色不相應染과 견심불상응염見心不相應染에 해당하고, 세細 중의 세는 근본업불상응염根本業不相應染에 해당한다고 풀이한다.

또 무명은 불각이니 법치法痴이다. 무명이 훈습熏習 전변轉變하여 인연因緣이 생긴다. 지욱대사의 설명에 따르면 불각不覺인 무명이 일부 소멸하면 경계도 일부 소멸하고, 상응심도 일부 소멸한다는 뜻이다. 또 연緣인 허망한 경계가 소멸하면 현행이 일어나지 않으니 상응심이 소멸하며, 인因인 불각이 소멸하면 종자種子가 없어지니 불상응심이 소멸한다.

무명의 종류에 관하여 지욱대사의 『열망소』에 이런 문답이 있다.

문: '인因이 소멸하면 연緣이 소멸하고, 연緣이 소멸하므로 상응심상應心이 소멸한다'고 하면, 아직 성불하기 전에는 무명이 소멸하지 않았으니 경계가 소멸하지 않았고, 따라서 상응심도 소멸하지 않았다. 그렇다면 어떻게 하여야 무상지無相地에 도달하여 상응하는 염染을 소멸하겠는가?

답: 무명에 두 가지가 있으니, 하나는 제7식과 함께하는 무명으로 불지佛地에서 사라지고, 둘은 제6식과 함께하는 무명으로 다시 두 가지가 있다.[28] 하나는 분별分別무명이니 정심지淨心地에서 제거되고, 둘은 구생俱生무명이니 무상지無相地에서 제거된다.

4) 심체불멸心體不滅

問문 若心滅者云何相續약심멸자운하상속 若相續者云何言滅약상속자운하언멸 答답 實然실연 今言滅者금언멸자 但心相滅단심상멸 非心體滅비심체멸

문: 만일 마음이 소멸한다면 어떻게 상속相續하며, 만일 상속한다면 어떻게 소멸한다고 말하겠는가?

답: 실로 그렇다. 지금 '소멸한다'고 말한 것은 다만 심상心相이 소멸함이지, 심체心體가 소멸함은 아니다.

---

28 유식학에서는 무명無明을 근본번뇌와 상응하는 상응무명相應無明과 근본번뇌와는 불상응하고 제7식과 제6식에 상응하는 불공무명不共無明으로 구별한다.

이 물음은 염심染心을 소멸시키고 정심淨心만 유지하고자 하는 생각에서 나온 것이다. 염심은 유루有漏인 상相이고, 정심은 무루無漏인 성性이니, 서로 체성體性이 다르다.

   심상心相은 염상染相을 말하고, 심체心體는 염상과 정상淨相이 같이 의지하는 성性인 비염비정非染非淨인 본체本體를 말한다. 염상은 허망한 심상心相이라 하고, 정상은 진여의 상대相大이므로 심체心體라고 한다.

如水因風而有動相여수인풍이유동상 以風滅故動相卽滅이풍멸고동상즉멸 非水體滅비수체멸 若水滅者약수멸자 動相應斷동상응단 以無所依無能依故이무소의무능의고 以水體不滅이수체불멸 動相相續동상상속

마치 물은 바람으로 인하여 동하는 상相이 있지만, 바람이 그치면 동하는 상이 즉시 없어진다. 그러나 수체水體가 없어지는 것은 아니다. 만약에 수체가 없어지면 동하는 상도 당연히 없어지니, 소의所依도 없고 능의能依도 없기 때문이다. 수체는 없어지지 않으므로 동하는 상相도 상속된다.

물에서 습성濕性은 성性이고, 동정動靜은 상相이다. 상은 변하지만 바탕인 체성은 불변이라는 설명이다.

衆生亦爾중생역이 以無明力令其心動이무명력령기심동 無明滅故무명멸고 動相卽滅동상즉멸 非心體滅비심체멸 若心滅者약심멸자 則衆生斷즉중생단 以無所依無能依故이무소의무능의고

중생도 역시 그러하여 무명의 힘이 마음을 동하게 하지만, 무명이 없어지므로 동하는 상相이 즉시 없어진다. 그러나 심체心體가 없어지는 것은 아니다. 만약 심체가 소멸하면 중생도 당연히 단멸되는데, 소의所依도 없고 능의能依도 없기 때문이다.

무명의 힘이 마음을 움직여서 팔종식八種識과 모든 심소心所를 만드는 것은 모두 동하는 모습이다. 무명이 사라지면 이런 동상動相이 저절로 사라진다. 그러나 상주하는 심체心體는 청정하므로 사라지지 않는다. 즉 중생들이 생사윤회를 끝없이 이어가다가, 번뇌를 끊고 열반에 들어도 진심眞心이 사라지는 것은 아니다.

以心體不滅이심체불멸 心動相續심동상속

심체心體가 불멸하므로 마음의 움직임도 상속된다.

심체心體는 한 물건도 없어서 공적하니 영원히 없어지지 아니한다.

진제의 구역은 이 구절을, "심체가 불멸하므로 마음은 상속된다. 오직 치심癡心인 무명이 소멸하므로 심상心相이 따라서 소멸하지만, 심지心 智가 소멸하는 것은 아니다"라고 번역하여, 심체心體를 심지心智라고 표현하고 있다.[29]

7. 훈습熏習
1) 훈습의 종류

復次부차 以四種法熏習義故이사종법훈습의고 染淨法起無有 斷絶염정법기무유단절 一淨法일정법 謂眞如위진여 二染因이염인 謂無明위무명 三妄心삼망심 謂業識위업식 四妄境사망경 謂六塵 위육진

다시 사종법四種法으로 훈습하고 있으므로 염법染法과 정법淨法이 생겨나서 끊임이 없다. 하나는 정법淨法이니 진여를 말하고, 둘은 염인染因이니 무명을 말하고, 셋은 망심妄心이니 업식業識을 말하고, 넷은 망경妄境이니 육진六塵을 말한다.

훈습熏習은 상호 관련된 존재들이 서로 영향을 미치는 현상을 말하는데, 불교에서는 일찍이 경량부輕量部 학파에서 물질인 색色과 정신인 심心 이 서로 훈습한다는 색심호훈설色心互熏說이 있었다. 지금 『대승기신

---

[29] "以體不滅이체불멸 心得相續심득상속 唯癡滅故유치멸고 心相隨滅심상수멸 非心智滅비심 지멸."

론』은 세간과 출세간의 만법이 전변轉變하는 과정을 훈습으로 설명하고 있다. 여래장인 제8식에서 삼세육추가 벌어지는 과정을 염훈染熏으로 설명하고, 중생이 수행하여 진여에 되돌아가는 것을 정훈淨熏으로 해설한다. 즉 훈습의 주인主因에 사종四種이 있으니, 진여眞如·무명無明·업식業識·육진六塵이라는 요인들이 상호간에 훈습하여 만법이 염정染淨으로 전변한다고 설명한다. 이른바 진眞과 망妄, 심心과 경境이 서로를 훈습한다고 한다.

지욱대사의 설명에 따르면 "하나는 정법淨法이니 진여를 말한다"는 것은 무루종자無漏種子가 현행現行하는 것인데, 진여에 수순隨順하게 한다. "둘은 염인染因이니 무명을 말한다"는 것은 제7식이 상응하는 법치무명法痴無明과 제6식이 상응하는 미리무명迷理無明이 바로 염인染因이다. "셋은 망심妄心이니 업식業識을 말한다"는 것은 망심인 팔종식八種識과 심소心所가 견분見分과 상분相分을 일으켜서 동전動轉하므로 업식이라고 한다. "넷은 망경妄境이니 육진六塵을 말한다"는 것은 망심의 상분相分은 육진을 벗어나지 않기 때문에 육진이 경계이다.

熏習義者훈습의자 如世衣服여세의복 非臭非香비취비향 隨以物熏則有彼氣수이물훈즉유피기

훈습熏習의 뜻은 마치 세상의 의복은 악취도 아니고 향취香臭도 아니지만, 그것에 냄새가 배이면 그 냄새가 풍겨나는 것과 같다.

훈습熏習이라는 단어를 옷에 냄새가 베이는 것과 같다고 비유로 설명하고 있다. 점심으로 청국장을 먹으면 청국장 냄새가 몸에서 베어나는 것과 같다.

眞如淨法진여정법 性非是染성비시염 無明熏故則有染相무명훈고즉유염상 無明染法實無淨業무명염법실무정업 眞如熏故説有淨用진여훈고설유정용

진여정법眞如淨法은 성품이 물듦이 아니지만, 무명에 훈습되면 염상染相이 있게 된다. 무명염법無明染法에는 실제로 정업淨業이 없지만, 진여에 훈습되면 정용淨用이 있게 된다.

진여는 비록 불변不變하지만, 무명염법無明染法에 훈습되면 염상染相이 생겨서 삼세三細와 육추六麤가 생긴다. 역으로 무명에도 정업淨業이 없지만 진여에 훈습되면 정용淨用이 생겨서 삼현三賢과 십지十地를 거쳐서 불지佛智에 이른다. 이렇게 훈인熏因에 따라서 염훈染熏과 정훈淨熏이 일어나고, 자연스레 염상染相과 정용淨用이 생기는 과정을 아래에서 차례로 설명하고 있다.

　주의할 점은, 비록 이렇게 정법淨法과 염법染法으로 훈습하고 훈습을 받더라도 진여 본래의 성정명체性淨明體가 변하는 것은 아니고, 훈습하는 인연에 따라서 갖가지 염상染相과 정용淨用이 기멸할 뿐이다. 냄새가

밴 의복이라도 시간이 지나면 아무런 냄새도 없는 것과 같다.

2) 염훈染熏

가. 염훈의 의의意義

云何熏習운하훈습 染法不斷염법부단 所謂依眞如故소위의진여고 而起無明이기무명 爲諸染因위제염인

어떻게 훈습하기에 염법이 끊어지지 않는가? 진여에 의지하여 무명이 생기고 그것이 온갖 염인染因이 된다.

염훈染熏이라는 설명은 진여에서 무명이 생기고 차차 삼세와 육추를 이루어서 중생세계가 벌어지는 과정을 가리킨다. 무명이 염인染因으로 발동하여 주객으로 능훈能熏과 소훈所熏의 주체가 되는 것을 '그것이 온갖 염인染因이 된다'고 표현한다. 이러한 염훈의 시초는 진여가 염인인 무명을 일으킨 사건에 있다.

왜 진여에서 그런 사건이 생겼는가? 마명존자는 『기신론』에서 무명이 생긴 속내를 설명하지 않고 있다. 다만 '진여에 의지하여 무명이 생기고'라는 설명만 있다. 우리가 앞에서 살펴본 바와 같이, 『능엄경』은 "성각性覺은 본래 각명한데, 허망하게 성각을 밝혀보려고 하여서(性覺必明 妄爲明覺)" 무명이 생겼다고 설명하고, 그런 무명이 생긴 이유로 "허망하게 성각을 밝혀보려고(妄爲明覺)한 이유는 본성本性이 각명覺明한 것이 바로 허물이다(明妄非他 覺明爲咎)"라고 설명했다.

然此無明연차무명 卽熏眞如즉훈진여 旣熏習已기훈습이 生妄念
心생망념심 此妄念心차망념심 復熏無明부훈무명

그런데 이 무명이 바로 진여를 훈습하는데, 이미 훈습되면 망념심妄念
心이 생기고, 이 망념심이 다시 무명을 훈습한다.

최초의 염인染因인 무명이 되돌아 진여를 훈습하여 망념심妄念心이
생기고, 다음에 이 망념심이 되돌아서 무명을 훈습한다는 설명이다.
감산대사는 전자를 습훈習熏이라 부르고, 후자를 자훈資熏이라고 불러
서 양자를 구별한다. 자훈에는 업식이 무명을 훈습하는 것 뿐 아니라
현행하는 심심과 경境과 혹惑이 서로 상자相資하는 것도 포함된다.

以熏習故이훈습고 不覺眞法불각진법 以不覺故妄境相現이불각
고망경상현

훈습되어서 진법眞法을 깨닫지 못하고, 불각不覺하므로 망경妄境인
모습이 나타난다.

현식現識이 나타나는 과정을 설명하고 있다. 진제의 구역에는 이 '불각
不覺하므로 망경妄境인 모습이 나타난다'에서, 불각 뒤에 염기念起 두

자가 더 붙어 있어서 설명이 분명하다.

以妄念心熏習力故이망념심훈습력고 **生於種種差別執著**생어종종차별집착 **造種種業**조종종업 **受身心等衆苦果報**수신심등중고과보

망념심이 훈습하는 힘 때문에 온갖 차별과 집착이 생기고, 갖가지 업을 지어서 신심 등 뭇 고통을 과보로 받는다.

망념심妄念心이 훈습하여 온갖 차별을 일으켜서 각종의 집착이 생기고, 나아가 업을 지어서 갖가지 과보로 고통을 받아서 염법染法이 끊어지지 않는다고 한다. 진제의 구역에는 '망념심妄念心이 훈습하는 힘 때문에'가 없고, 대신에 "망경계인 염법의 연이 있기 때문에(以有妄境界染法緣故)"라는 구절이 있어서, 망경계가 염훈의 주체가 되는 경우를 분명하게 설명하고 있다.

　이렇게 삼세육추가 벌어지면서 은하계가 무수하게 일어나는 과정을 유식학에서는 '제8식에서 전변轉變한다'고 표현하는데, 『대승기신론』은 무명을 비롯한 염훈染熏의 요인들이 서로 '훈습한다'고 간략하게 설명하였다.

나. 염훈染熏의 종류

(1) 경계염훈境界染熏

妄境熏義망경훈의 有二種別유이종별 一일 增長分別熏증장분별훈 二이 增長執取熏증장집취훈

망경훈妄境熏에는 두 가지의 구별이 있다. 하나는 증장분별훈增長分別熏이고, 둘은 증장집취훈增長執取熏이다.

염훈染熏의 요인에는 망경계妄境界와 망심妄心과 무명無明이 있다. 경계염훈境界染熏은 망경계인 육진六塵이 요인이 되어서 훈습하는 망경훈妄境熏이다. 지욱대사의 설명에 따르면 불각으로 생긴 망경妄境인 육진이 도리어 마음을 훈습한다고 한다. 증장분별훈增長分別薰은 견혹見惑을 조장하고, 증장집취훈습增長執取熏習은 사혹思惑을 조장하는 것이니, 이렇게 견사혹見思惑이 조장되면 범부가 생사를 벗어나지 못하게 된다.

　진제의 구역에는 증장념훈습增長念薰習과 증장취훈습增長取薰習이라고 번역하고, 감산대사는 전자는 지상智相과 상속상相續相을 증장하고, 후자는 집취상執取相과 계명자상計名字相을 증장하는 것이라고 설명한다.

(2) 망심염훈妄心染熏

妄心熏義亦二種別망심훈의역이종별 一일 增長根本業識熏증장

근본업식훈 令阿羅漢辟支佛一切菩薩영아라한벽지불일체보살 受生滅苦수생멸고 二이 增長分別事識熏증장분별사식훈 令諸凡夫영제범부 受業繫苦수업계고

망심훈습妄心熏習에도 두 가지의 구별이 있다. 하나는 증장근본업식훈增長根本業識熏이니 아라한·벽지불·일체 보살들로 하여금 생멸고生滅苦를 받게 하고, 둘은 증장분별사식훈增長分別事識熏이니 모든 범부들이 업계고業繫苦를 받게 한다.

다시 둘째로 망심훈습妄心熏習은 망심이 훈인熏因이 되어서 근본업식根本業識과 분별사식分別事識을 증장하여 고통을 받게 하는 것이다. 지욱 대사의 설명에 따르면 증장근본업식훈增長根本業識熏은 업식業識이 무명을 훈습하여 전식轉識 현식現識을 일으켜서 계외界外의 견사혹見思惑이 업식을 증장하여 변역變易생사를 받는 것이니, 그래서 생멸고生滅苦를 받는다고 한다. 다시 증장분별사식훈增長分別事識熏은 범부들이 육추六麤를 일으켜서 계내界內의 견사혹이 사식事識을 증장하여 분단分段생사를 받는 것이니, 그래서 업계고業繫苦를 받는다고 한다.
진제의 구역에는 증장근본업식훈增長根本業識熏과 증장분별사식훈增長分別事識熏을 업식근본훈습業識根本熏習과 증장분별사식훈습增長分別事識熏習이라 번역하고, '영아라한벽지불일체보살令阿羅漢辟支佛一切菩薩 수생멸고受生滅苦'를 '능수아라한벽지불일체보살能受阿羅漢辟支佛一切菩薩 생멸고生滅苦'라고 번역하였다.

감산대사는 전자는 업식業識이 근본무명을 훈습하는 것으로, 생각(念)을 떠나지 못하고 집착한 법상法相을 잊지 못하여, 삼승三乘이 변역생사의 고통을 받는 것이고, 후자는 증장분별사식增長分別事識이 견애무명見愛無明을 훈습하는 것으로, 경계가 부실不實한 줄 모르고 분별分別 집취執取하고 기업起業 수보受報하여, 범부가 분단생사의 고통을 받는 것이라고 설명한다.

(3) 무명염훈無明染熏

無明熏義亦二種別무명훈의역이종별 一일 根本熏근본훈 成就業識義성취업식의 二이 見愛熏견애훈 成就分別事識義성취분별사식의

무명훈습無明熏習에는 두 가지의 구별이 있다. 하나는 근본훈根本熏이니 업식業識을 이루게 하고, 둘은 견애훈見愛熏이니 분별사식分別事識을 이루게 한다.

셋째는 무명이 요인이 되는 훈습이다. 지욱대사의 설명에 따르면 근본훈根本熏은 법치法痴인 근본불각인 무명이 진여를 훈습하는 것이니, 삼세육추에서 업식業識인 오의五意를 가리킨다. 견애훈見愛熏은 의식意識의 아치我癡인 지말불각枝末不覺이 망심을 훈습하는 것이니, 분별사식分別事識을 가리킨다.

3) 정훈淨熏

가. 정훈의 의의

云何熏習운하훈습 淨法不斷정법부단 謂以眞如熏於無明위이진여훈어무명 以熏習因緣力故이훈습인연력고 令妄念心영망념심 厭生死苦求涅槃樂염생사고구열반락 以此妄心厭求因緣이차망심염구인연 復熏眞如부훈진여

어떻게 훈습하기에 정법淨法이 끊어지지 않는가? 진여로써 무명을 훈습함을 말한다. 훈습하는 인연의 힘 때문에 망념심妄念心이 생사고生死苦를 싫어하여 열반락涅槃樂을 추구하게 된다. 그리고 이 망심의 '싫어하고 추구하는' 인연이 다시 진여를 훈습한다.

정훈淨熏이란 중생세계에서 보리심을 일으켜서 열반을 성취하는 방법을 수행하는 과정을 가리킨다. 먼저 진여로써 무명을 훈습하여 망심 중에 생사고를 싫어하여 열반락을 추구하는 보리심菩提心이 생기는 것을 정훈淨熏이라고 설명한다. 다음에는 발보리심한 망심이 되돌아 진여를 훈습하는 것도 정훈이라고 설명한다. 감산대사는 이것을 구별하여 전자를 본훈本熏이라 부르고, 후자는 신훈新熏이라 부른다.

以熏習故이훈습고 則自信己身有眞如法즉자신기신유진여법 本性淸淨본성청정 知一切境界지일체경계 唯心妄動유심망동 畢竟

제3분 해석분 143

無有필경무유 以能如是如實知故이능여시여실지고 修遠離法수원리법 起於種種諸隨順行기어종종제수순행 無所分別무소분별 無所取著무소취착 經於無量阿僧祇劫경어무량아승지겁 慣習力故관습력고無明則滅무명즉멸 無明滅故무명멸고 心相不起심상불기 心不起故심불기고 境界相滅경계상멸 如是一切여시일체 染因染緣염인염연 及以染果급이염과 心相都滅심상도멸 名得涅槃명득열반 成就種種自在業用성취종종자재업용

훈습 때문에 "자기 몸에 진여법이 있음과 본성이 청정함"을 스스로 믿고, 일체의 경계는 오직 마음이 망동妄動한 것일 뿐이고 실상實相은 없는 줄을 안다. 이와 같이 여실히 알기 때문에 원리遠離하는 법을 닦고, 온갖 수순행隨順行을 일으켜서 분별도 없고 취착도 없어진다. 이렇게 무량 아승지겁을 지나면 훈습하는 관습력慣習力 때문에 무명이 사라진다. "무명이 사라지므로 심상心相이 생기지 않고, 심상이 생기지 않으므로 경계상境界相이 소멸한다." 이와 같이 일체의 염인染因과 염연染緣과 염과染果의 심상心相이 모두 소멸하게 되어서 열반을 얻고 갖가지 자재한 업용業用을 이루게 된다고 말한다.

정훈淨熏으로 점차 열반으로 나아가는 과정을 설명하고 있다. 지욱대사의 설명에 따르면 무명을 훈습하는 진여는 무루종자無漏種子인 불보살의 덕용德用이니 이것은 법성法性에 본래 갖추어진 것이다. 발보리심한

뒤에, "자기 몸에 진여법이 있음과 본성이 청정함을 스스로 믿는" 것은 십신十信 중의 믿음이니 이른바 신성취발심信成就發心이고, "일체의 경계는 오직 마음이 망동妄動한 것일 뿐이고 실상實相은 없는 줄을 여실히 아는" 것은 해행발심解行發心이며, "분별함도 없고 취착함도 없다"는 것은 증발심證發心이다. "무명이 사라지므로 심상心相이 생기지 않고, 심상이 생기지 않으므로 경계상境界相이 소멸한다"는 것은 증불근본지證佛根本智이고, "갖가지 자재한 업용業用을 이룬다"는 것은 증불후득지證佛後得智이다. 진제의 구역에는 자재업용自在業用을 자연업自然業이라고 번역한다.

나. 정훈淨熏의 종류

(1) 망심정훈妄心淨熏

妄心熏義有二種망심훈의유이종 一일 分別事識熏분별사식훈 令一切凡夫二乘厭生死苦영일체범부이승염생사고 隨己堪能수기감능 趣無上道취무상도 二이 意熏의훈 令諸菩薩發心勇猛영제보살발심용맹 速疾趣入無住涅槃속질취입무주열반

망심훈습妄心熏習에는 두 가지의 구별이 있다. 하나는 분별사식훈分別事識熏이니 일체 범부·이승들이 생사고를 싫어하여 자기의 감당하는 능력에 따라 무상도無上道로 나아가게 한다. 둘은 의훈意熏이니 모든 보살이 용맹심을 내어서 속히 무주열반無住涅槃으로 들어가게 한다.

이 망심훈습妄心熏習은 망심이 요인이 되어서 일으키는 정훈淨熏을 말한다. 이 망심은 생사고를 싫어하여 열반락을 추구하는 보리심을 가리킨다.

그런데 망심이 훈인熏因이 되는 경우는 두 가지가 있는 점이 특이하다. 앞에서 나온 망심염훈妄心染熏과 지금 망심정훈妄心淨熏에도 망념심妄念心이 훈인熏因이다. 그래서 자칫 혼동하기 쉽다. 무명이 진여를 훈습하면 망념심이 생기고, 이렇게 생긴 망념심이 되돌아서 다시 무명을 훈습하면 염훈染熏이 되는데, 감산대사는 이것을 자훈資熏이라고 부른다. 반대로 진여가 업식業識을 훈습하면 망심인 보리심이 생기는데, 이 망심이 주체가 되어 정훈淨熏하는 것이 여기에 나온 망심훈습妄心熏習이다. 감산대사는 이것을 신훈新熏이라 부른다. 즉 분별하는 망심은 환경에 따라서 염훈의 요인도 되고, 또 정훈의 요인도 된다. 따라서 두 경우를 망심염훈과 망심정훈으로 구별하여 혼동하지 않아야 한다.

지욱대사의 설명에 따르면 분별사식훈습分別事識熏習은 제6의식으로 훈습하는 것이니, 생공관生空觀을 닦고 견사혹을 끊은 후에 열반에 들거나, 아니면 법공관法空觀까지 닦아서 감당하는 능력에 따라 보리를 향하여 권도權道에서 실도實道로 들어가 무상도로 나아가는 것이다. 또 의훈습意熏習은 점교漸教보살이 정심지淨心地에서 제7식을 평등성지平等性智에 상응하게 하여 열반에 들거나, 돈교보살이 동심動心하지만 실은 생멸이 없는 줄을 알아서 일체 망념이 무상無相이니 바로 진여문에 들어가서 여래의 지혜를 증득하는 것이다. 비록 이렇게 아는 마음이 제6의식이지만 근본무명을 대상으로 하므로 의훈습意熏習이라고 부른다.

(2) 진여정훈眞如淨熏

眞如熏義진여훈의 亦二種別역이종별 一일 體熏체훈 二이 用熏용훈

진여훈眞如熏의 뜻에도 역시 두 가지의 구별이 있다. 하나는 체훈體熏이고, 둘은 용훈用熏이다.

진여훈습眞如熏習은 진여가 중생심을 훈습하는 진여정훈眞如淨熏을 가리킨다. 진여는 마음의 바탕인데, 부처와 중생이 평등하여 불이不二이다. 진여는 무상無相이므로 부처와 중생과 마음이 구별이 없다. 여기에는 체훈體熏과 용훈用熏만 나오고, 상相의 훈습이 없다. 이 체훈體熏을 진제의 구역에는 자체상훈습自體相熏習이라고 번역하여, 상相자가 포함되어 있다.

① 체훈습體熏習

體熏者체훈자 所謂眞如從無始來소위진여종무시래 具足一切無量無漏구족일체무량무루 亦具難思勝境界用역구난사승경계용 常無間斷상무간단 熏衆生心훈중생심 以此力故이차력고 令諸衆生영제중생 厭生死苦염생사고 求涅槃樂구열반락 自信己身有眞實法자신기신유진실법 發心修行발심수행

체훈습體熏習이란 이른바 진여가 무시이래로 일체의 무량한 무루종

자無漏種子를 갖추고 있고, 또 헤아리기 어려운 수승한 경계의 작용을 갖추고 있어서 항상 간단없이 중생심을 훈습하는 것이다. 이 훈습력으로 모든 중생이 생사고를 싫어하여 열반락을 구하고, 자기 몸에 진실한 법이 있음을 스스로 믿고 발심하여 수행하게 된다.

진여는 마음의 바탕인 체대體大인데, 상대相大로 무량한 무루종자無漏種子를 갖추고 있고, 또 헤아리기 어려운 수승한 경계인 용대用大를 갖추고 있다고 설명한다. 즉 진여의 체대와 상대와 용대를 여기서 총체적으로 설명한다.

問문 若一切衆生약일체중생 同有眞如동유진여 等皆熏習등개훈습 云何而有信不信者운하이유신불신자 從初發意종초발의 乃至涅槃내지열반 前後不同전후부동 無量差別무량차별 如是一切여시일체 悉應齊等실응제등

문: 만일 일체 중생이 동일하게 진여가 있다면 평등하게 모두를 훈습해야 할 것인데, 어찌하여 믿는 자와 믿지 않는 자가 있으며, 초발의初發意에서 열반에 이르기까지 전후가 같지 않아서 무량한 차별이 있는가? 이와 같은 일체가 마땅히 가지런하고 평등하여야 할 것이 아닌가?

중생이 모두 동일한 진여가 있다면 믿어도 동시에 같이 믿고, 불신不信도 동시에 같이 불신해야 이치가 맞다. 또 평등하게 같이 훈습熏習한다면 동시에 같이 발의發意하고, 같이 수행하고, 같이 증득해야 할 터인데, 현실적으로 사람마다 차별이 있는 것이 궁금한 모양이다.

答답 雖一切衆生수일체중생 等有眞如등유진여 然無始來연무시래 無明厚薄무명후박 無量差別무량차별 過恒河沙과항하사 我見愛等아견애등 纏縛煩惱전박번뇌 亦復如是역부여시 唯如來智之所能知유여래지지소능지 故令信等前後差別고령신등전후차별

답: 비록 일체 중생이 평등하게 진여가 있으나, 무시이래로 무명에 두텁고 엷은 무량한 차별이 있다. 갠지스 강의 모래 수보다 많은 아견我見과 애욕愛慾 등 얽힌 번뇌도 역시 그러하다. 오직 여래지如來智만이 능히 알 수 있으므로 신信 등에 전후의 차별이 있음을 믿어야 한다.

중생들은 각각 무명과 번뇌에 후박厚薄의 차이가 있으므로 발심과 증득이 가지런히 평등할 수가 없다는 설명이다. 무명이 두터우면 신심이 나기 어렵고, 엷으면 발심하기가 쉽다. 또 번뇌가 두터우면 끊기가 어렵고, 엷으면 제거하기가 쉽다.

又諸佛法우제불법 有因有緣유인유연 因緣具足인연구족 事乃成辨사내성변 如木中火性여목중화성 是火正因시화정인 若無人知약무인지 或雖有知而不施功혹수유지이불시공 欲令出火욕령출화 焚燒木者분소목자 無有是處무유시처 衆生亦爾중생역이 雖有眞如體熏因力수유진여체훈인력 若不遇諸佛菩薩等善知識緣약불우제불보살등선지식연 或雖遇緣혹수우연 而不修勝行이불수승행 不生智慧불생지혜 不斷煩惱부단번뇌 能得涅槃능득열반 無有是處무유시처 ii

또 모든 불법佛法은 인因이 있고 연緣이 있어서, 인과 연이 구족하면 일이 성취된다. 마치 나무 가운데 있는 화성火性이 불의 정인正因이지만, 만일 사람이 모르거나 알거나 관계없이 노력하지 않고 불을 피워서 나무를 태운다고 설명한다면 옳지 않다. 중생도 그러하니 비록 진여 자체가 훈습하는 인因의 힘이 있더라도, 만일 제불보살 등의 선지식을 만나는 연緣을 얻지 못하거나, 비록 연은 만났으나 수승한 수행을 하지 않거나, 또는 지혜가 나지 않거나, 또는 번뇌를 끊지 않고서도 '열반을 얻는다'는 말은 옳지 않다.

정훈淨熏에서는 정인종자淨因種子가 내훈內熏함이 인因이 되고, 불보살과 선지식이 외훈外熏함이 연緣이 된다. 안으로 정인正因을 갖추고 있어도 바깥의 연을 만나야만 성불이라는 사건이 일어난다는 설명이다.

又復우부 雖有善知識緣수유선지식연 倘内無眞如習因力당내무진여습인력 亦必不能厭生死苦역필불능염생사고 求涅槃樂구열반락 要因緣具足요인연구족 乃能如是내능여시

또다시 비록 선지식과 연緣이 있을지라도, 안으로 진여의 훈습하는 인력因力이 없으면 생사고를 싫어하여 열반락을 구할 수가 없다. 요컨대 인因과 연緣이 구족하여야만 이와 같이 성취할 수 있다.

云何具足운하구족 謂自相續中위자상속중 有熏習力유훈습력 諸佛菩薩제불보살 慈悲攝護자비섭호 乃能厭生死苦내능염생사고 信有涅槃신유열반 種諸善根종제선근 修習成熟수습성숙 以是復値諸佛菩薩이시부치제불보살 示教利喜시교이희 令修勝行영수승행 乃至成佛내지성불 入於涅槃입어열반

구족具足이란 어떤 것인가? 스스로 상속相續하는 중에 훈습력薰習力이 있고, 제불보살이 자비로 섭호攝護하고, 스스로 생사고를 싫어하고 열반이 있음을 믿고서, 온갖 선근을 심고 닦아 익혀서 성숙시켜야 한다. 이리하여 다시 제불보살을 만나서 이익과 기쁨에 대한 가르침을

받아서 수승한 수행을 닦아야만 나아가 성불하고 열반에 들어간다.

'스스로 상속相續하는 중'은 제8식에서 전전展轉하여 중생이 건립되고 다시 생각이 생멸하여 윤회를 계속하는 것을 말한다.

② 용훈습用熏習

用熏者용훈자 卽是衆生外緣之力즉시중생외연지력 有無量義유무량의 略說二種약설이종 一일 差別緣차별연 二이 平等緣평등연

용훈用熏이란 곧 중생의 외연外緣의 힘이 무량한 뜻이 있다는 것이니, 간략하게 두 가지로 설명하면 하나는 차별연差別緣이고, 둘은 평등연平等緣이다.

제불보살은 법신法身을 증득하여 부사의용상不思議用相이 있다. 상대하는 기틀에 따라서 평등하거나 차별 있는 방편을 베풀어서 중생들을 널리 제도한다. 중생의 본각本覺도 제불보살과 같으니, 역시 무량한 정지상淨智相과 부사의용상이 있다. 그래서 "중생의 외연外緣의 힘이 무량한 뜻이 있다"고 말한다.

差別緣者차별연자 謂諸衆生위제중생 從初發心乃至成佛종초발심내지성불 蒙佛菩薩等諸善知識몽불보살등제선지식 隨所應化

而爲現身수소응화이위현신 或爲父母혹위부모 或爲妻子혹위처자 或爲眷屬혹위권속 或爲僕使혹위복사 或爲知友혹위지우 或作冤家혹작원가 或復示現天王等形혹부시현천왕등형

차별연差別緣이란 모든 중생들이 초발심初發心에서 나중에 성불할 때까지 불보살 등 여러 선지식들이 교화할 중생에 따라 몸을 나타내는데, 혹은 부모·처자·가족·종업원·지우知友·원수·천왕天王 등의 모습을 나타냄을 말한다.

或以四攝혹이사섭 或以六度혹이육도 乃至一切菩提行緣내지일체보리행연 以大悲柔軟心이대비유연심 廣大福智藏광대복지장 熏所應化훈소응화 一切衆生일체중생 令其見聞乃至憶念영기견문내지억념 如來等形여래등형 增長善根증장선근

또 사섭법四攝法이나 육바라밀이나 내지 일체의 보리행菩提行의 연緣으로써, 대비와 유연한 마음과 광대한 복장福藏과 지장智藏으로써 교화할 일체 중생을 훈습한다. 그리하여 그들이 여래의 모습을 보거나 듣거나 기억하거나 생각하여 선근을 증장하도록 한다.

此緣有二차연유이 一일 近緣근연 速得菩提故속득보리고 二이 遠緣원연 久遠方得故구원방득고 此二差別차이차별 復各二種부각

이종 一일 增行緣증행연 二이 入道緣입도연ii

이 차별연差別緣은 두 가지가 있다. 하나는 근연近緣이니 속히 보리菩提를 얻기 때문이고, 둘은 원연遠緣이니 오래되어야 바야흐로 보리를 얻기 때문이다. 이 두 가지 차별연에 다시 각각 이종二種이 있으니 하나는 증행연增行緣이고, 둘은 입도연入道緣이다.

지욱대사의 설명에 따르면 증행연增行緣은 복덕의 연인緣因이고, 입도연入道緣은 지혜의 요인了因인데, 둘 다 만나는 선지식에 의지하여 생긴다고 한다.

平等緣者평등연자 謂一切諸佛及諸菩薩위일체제불급제보살 以平等智慧이평등지혜 平等志願평등지원 普欲拔濟一切衆生보욕발제일체중생 任運相續임운상속 常無斷絶상무단절 以此智願이차지원 熏衆生故훈중생고 令其憶念諸佛菩薩영기억념제불보살 或見或聞혹견혹문 而作利益이작이익 入淨三昧입정삼매 隨所斷障수소단장 得無礙眼득무애안 於念念中一切世界어념념중일체세계 平等現見無量諸佛及諸菩薩평등현견무량제불급제보살ii

평등연平等緣은 일체 제불보살이 평등한 지혜와 평등한 지원志願으로써 널리 일체 중생을 제도하려는 의욕이 저절로 상속하여 항상 끊어짐이 없는 것을 말한다. 이러한 지智와 원願으로 중생을 훈습하여 그들이 제불보살을 억념憶念하고, 혹은 보고 들어서 이익을 짓게 한다. 정삼매淨三昧에 들어가서 처처에서 장애를 끊고, 무애안無碍眼을 얻어서 생각 생각에 일체 세계에서 평등하게 제불보살을 나타내거나 본다.

정삼매淨三昧는 진여삼매眞如三昧를 말하고, 무애안無碍眼은 백천세계百千世界에서 제불보살을 능히 보는 것이다.

此體用熏차체용훈 復有二別부유이별 一일 未相應미상응 二이 已相應이상응

이 체용훈습體用薰習은 다시 두 가지로 나눈다. 하나는 미상응未相應이고, 둘은 이상응已相應이다.

未相應者미상응자 謂凡夫二乘위범부이승 初行菩薩초행보살 以依意意識熏이의의의식훈 唯依信力修行유의신력수행 未得無分別心修行미득무분별심수행 未與眞如體相應故미여진여체상응고 未得自在業修行미득자재업수행 未與眞如用相應故미여진여용상응고ii

미상응未相應이란 것은 범부·이승·초행보살初行菩薩들이 의意와 의식意識을 훈습하여 오직 신력信力에 의해서 수행하므로 무분별심無分別心 수행을 얻지 못하여 진여체眞如體와 상응하지 못하고, 자재업自在業 수행을 얻지 못하여 진여용眞如用과 상응하지 못하는 것을 말한다.

已相應者이상응자 謂法身菩薩위법신보살 得無分別心득무분별심 與一切如來自體相應故여일체여래자체상응고 得自在業득자재업 與一切如來智用相應故여일체여래지용상응고 唯依法力유의법력 任運修行임운수행 熏習眞如훈습진여 滅無明故멸무명고ⅰⅰ

이미 상응相應한다는 것은 법신보살이 무분별심無分別心을 얻어 일체 여래의 자체自體와 상응하고, 자재업自在業을 얻어 일체 여래의 지용智用과 상응하며, 오직 법력에 의하여 저절로 수행하고, 진여를 훈습하여 무명을 소멸시키는 것을 말한다.

4) 훈습熏習의 종료

復次染熏習부차염훈습 從無始來不斷종무시래부단 成佛乃斷성불내단

다시 염훈습染熏習은 무시로부터 끊어지지 않다가, 성불하면 끊어진다.

염훈습染熏習과 정훈습淨熏習은 모두 진여본각眞如本覺에 의지한다. 본각本覺은 무시無始요 무종無終이다. 비유컨대, 남북 방향을 착각한 것은 방향 때문에 착각한 것이다. 방향과 착각은 모두 무시이다. 착각 때문에 해오解悟가 있으니, 방향과 해오는 모두 무종이다. 염훈습染熏習은 성불하면 끝난다. 무명이 없어지면 삼세육추도 없다. 그래서 무명은 무시無始에 유종有終이라고 한다.

淨熏習정훈습 盡於未來진어미래 畢竟無斷필경무단 以眞如法熏習故이진여법훈습고 妄心則滅망심즉멸 法身顯現법신현현 用熏習起故無有斷용훈습기고무유단ⅰⅰ

정훈습淨熏習은 미래가 다하도록 끝내 끊어짐이 없다. 진여법으로써 훈습하므로 망심이 멸하고 법신이 분명하게 드러나면서 용훈습用熏習이 일어나므로 끊어짐이 없다.

정훈습淨熏習은 끝이 없다. 그래서 시각始覺은 유시有始에 무종無終이라고 한다.

제3절 대승의 체상용體相用

1. 체대體大

復次부차 眞如自體相者진여자체상자 一切凡夫일체범부 聲聞緣覺성문연각 菩薩諸佛보살제불 無有增減무유증감 非前際生비전제생 非後際滅비후제멸 常恒究竟상항구경

다시 진여자체상眞如自體相이란 것은 일체의 범부·성문·연각·보살·제불에 있어서 증가하거나 감소함이 없으며, 먼저 생기한 것이 아니고 나중에 사멸하는 것이 아니어서 구경에 항상하다.

앞에서 생멸인연상生滅因緣相의 설명을 마감했으니, 처음 입의분에서 나온 유법有法인 중생심의 해석이 끝났다. 이제부터는 대승의 법法인 체상용體相用을 설명하려고 한다. 먼저 체대體大이다. 앞에 나온 입의분에서는 "일체법의 진여는 물들거나 청정하거나에 상관없이 항상 그 자성이 평등하고 증감이 없고 차별이 없음을 말한다"고 설명했는데, 여기에서는 '진여자체상眞如自體相'이라고 하여 자체상自體相을 말했으나, "증가하거나 감소함이 없으며, 먼저 생기生起한 것이 아니고 나중에 사멸死滅하는 것이 아니어서 구경에 항상하다"고 설명한다. 증감이 없는 점은 같으나, 입의분에서는 평등하여 무차별이라고 하고, 여기에서는 항상하여 생멸이 없다는 점을 강조하고 있다. 이 구절은 진여자체상眞如自體相이라고 되어 있으나 체대體大만 설명한 것이다.

2. 상대相大

從無始來종무시래 本性具足一切功德본성구족일체공덕 謂大智慧光明義위대지혜광명의 遍照法界義변조법계의 如實了知義여실요지의 本性淸淨義본성청정의 常樂我淨義상락아정의 寂靜不變自在義적정불변자재의

무시로부터 본성에 일체 공덕을 구족하고 있다. 이르되 대지혜광명大智慧光明의 뜻이며, 변조법계遍照法界의 뜻이며, 여실요지如實了知의 뜻이며, 본성청정심의 뜻이며, 상락아정의 뜻이며, 적정·불변·자재의 뜻이다.

상대相大를 설명하는 이 구절의 표현은 앞에서 입의분 제3절에 나온 것과 약간 차이가 있다. 앞에서는 "둘은 상대相大이니, 여래장에는 본래 무량무변한 성공덕性功德을 구족하고 있음을 말한다"고 했는데, 여기서는 "무시로부터 본성에 일체 공덕을 구족하고 있다"고 하면서 여래장에 구족한 공덕을 여섯 개 항목으로 열거하고 있다. 뒷부분의 상常·락樂·아我·정淨과 적정寂靜·불변不變·자재自在는 일곱 개의 공덕을 두 개로 묶었으니, 모두 풀어보면 열한 개의 공덕을 예시한 셈이다.

앞에 입의분 제3절에서는 간단하게 '무량무변한 성공덕性功德'이란 한 구절로 표현하였지만, 마명존자는 여기에 와서는 성공덕의 내용을 자세히 설명하여 여래장의 내용과 실체를 보여주고 있다.

본체인 진여나 여래장은 본래 청정 평등하여 공空하다고 하면서,

인연생멸因緣生滅을 설명하는 장면에서는 만법이 여래장에서 출몰하므로 여래장은 불공不空이라고 말한다. 즉 여래장은 공하면서도 열한 개의 공덕을 구족하고 있으니 불공이라고 설명하고 있으니, 초학인 학인들은 체體와 상相의 의미가 다르다고 생각하기 쉽다. 이 문제는 『대승기신론』을 공부하다가 만나는 의문 중의 하나다. 그래서 마명존자가 여기에서 친절하게 그 이유를 설명하고 있다.

如是等過恒沙義여시등과항사의 **非同非異**비동비이 **不思議佛法**부사의불법 **無有斷絶**무유단절 **依此義故**의차의고 **名如來藏**명여래장 **亦名法身**역명법신ⅰⅰ

이와 같이 갠지스 강의 모래 수를 초과하는 뜻들이 같지도 않고 다르지도 않아서, 부사의한 불법이 끊어짐이 없다. 이러한 뜻 때문에 여래장이라 부르고, 또한 법신이라고 부른다.

지금 여래장에 있는 '무량무변한 성공덕'은 '서로 같지도 않고 다르지도 않다'고 하니, 그렇다면 도대체 어떤 상태라는 말인가? 또 '부사의한 불법이라'고 부연하고는, 다시 '끊어짐이 없다'고 보충하여 설명하고 있다.

問문 上說眞如상설진여 離一切相이일체상 云何今說운하금설 具
足一切諸功德相구족일체제공덕상 答답 雖實具有一切功德수실
구유일체공덕 然無差別相연무차별상 彼一切法피일체법 皆同一味
一眞개동일미일진 離分別相이분별상 無二性故무이성고ⅰⅰ

문: 위에서는 진여는 "일체상一切相을 떠났다"고 설명했는데, 지금은
어찌하여 "모든 공덕상功德相을 구족했다"고 설명하는가?
답: 비록 실제로 일체 공덕을 구족하지만, 그러나 차별 있는 모습이
없다. 저 일체법은 모두 같아서 일미一味 일진一眞이니, 분별상分別相
을 떠났고 두 자성이 없다.

여래장에 갖춘 일체 공덕이 어떤 상태로 저장된 공덕인지 설명하고자
여기서 마명존자는 특별히 문답으로 설명한다. 사상事相이 있는 공덕이
아니고 성리性理인 공덕이므로 아무런 모습이 없다.
 '일미一味'는 무루無漏의 맛이고, '일진一眞'은 여여如如한 일진법계一
眞法界를 말하고, '분별상分別相을 떠났다'는 것은 권교보살權敎菩薩이
추측할 수 없다는 말이다.

以依業識等生滅相이의업식등생멸상 而立彼一切差別之相이입
피일체차별지상 此云何立차운하립 以一切法이일체법 本來唯心본

래유심 實無分別실무분별 以不覺故이불각고 分別心起분별심기 見有境界견유경계 名爲無明명위무명 心性本淨심성본정 無明不起무명불기 卽於眞如즉어진여 立大智慧光明義입대지혜광명의

업식業識 등의 생멸상에 의하므로 저 일체의 차별 있는 모습이 성립된다. 이것이 어떻게 성립되는가? 일체법은 본래 유심唯心이어서 실로 분별이 없다. 불각不覺 때문에 분별심이 생겨 경계가 있다고 보는 것을 무명이라 부른다. 그러나 심성은 본래 청정하므로, 무명이 생기지 않으면 진여에서 대지혜광명大智慧光明의 뜻이 성립된다.

이 구절은 여래장에 갖춘 열한 개의 공덕 중에서 먼저 대지혜광명大智慧光明의 뜻을 설명하고 있다. 무명불각無明不覺이 없으면 일체 경계가 없다는 설명이다.

    무명불각으로 업식業識 등이 전변轉變하면서 생멸하는 모습이 생기면서 대지혜광명이 숨는다는 설명이다.

若心生見境약심생견경 則有不見之相즉유불견지상 心性無見심성무견 則無不見즉무불견 卽於眞如즉어진여 立遍照法界義입변조법계의

만일 마음이 생겨서 경계를 보면 곧 불견不見이란 상相이 있으나,

심성心性에 견見이 없으면 곧 불견조차도 없으므로, 곧 진여에서 변조법계偏照法界의 뜻이 성립된다.

이 구절은 여래장에 갖춘 변조법계偏照法界의 뜻을 설명한다. 무명으로 주객이 벌어지면서 일단 견정見精과 경계境界가 생기면 불견不見이란 상相이 생기므로 '법계를 두루 비춘다'는 공덕이 막히고 만다.

若心有動약심유동 則非眞了知즉비진요지 非本性淸淨비본성청정 非常樂我淨비상락아정 非寂靜비적정 是變異시변이 不自在부자재 由是具起過於恒沙유시구기과어항사 虛妄雜染허망잡염 以心性無動故이심성무동고 卽立眞實了知義즉입진실요지의 乃至過於恒沙내지과어항사 淸淨功德相義청정공덕상의

만일 마음이 동함이 있으면 곧 참된 요지了知가 아니고, 본성이 청정함도 아니며, 상락아정도 아니고, 적정도 아니니, 이것은 변이變異이고, 부자재不自在이며, 이로 말미암아 갠지스 강의 모래 수를 초과하는 허망한 잡염雜染을 일으킨다. 심성이 동함이 없으면 곧 진실요지眞實了知의 뜻이 성립되고, 내지 갠지스 강의 모래 수를 초과하는 청정공덕상淸淨功德相의 뜻도 성립된다.

이 구절은 여래장에 갖춘 공덕이 '여실요지如實了知하고, 본성청정本性

淸淨이며, 상락아정常樂我淨하고, 적정寂靜·불변不變·자재自在'의 뜻임을 설명하고 있다. 만일 마음이 망동妄動하여 무명으로 주객이 상대하면 이러한 여러 가지 공덕이 장애를 받지만, 마음이 부동不動하면 모든 공덕이 그대로 나타난다는 말씀이다.

若心起見약심기견 有餘境可分別求유여경가분별구 則於內法즉어내법 有所不足유소부족 以無邊功德이무변공덕 卽一心自性즉일심자성 不見有餘法불견유여법 而可更求이가갱구

만일 마음이 견見을 기起하면 분별하여 구할 다른 경계가 있고, 곧 내법內法에 부족함이 있게 된다. 무변공덕無邊功德이 곧 일심一心 자성自性이므로 다른 법이 더 있다고 다시 구하는 그런 일은 없다.

이 구절은 여래장에 갖춘 성공덕은 일체법을 본래부터 구족하고 있다는 뜻을 재차 강조하고 있다. 그러나 만약에 마음이 능소能所로 벌어져서 견문각지見聞覺知를 일으키면 분별하고 추구할 염법染法이 아직 남아 있으므로, 정법淨法인 내법內法이 원만하지 못하게 된다는 말이다.

是故滿足過於恒沙시고만족과어항사 非異非一비이비일 不可思議之法불가사의지법 無有斷絶무유단절 故說眞如고설진여 名如

來藏명여래장 亦復名爲如來法身역부명위여래법신

그러므로 갠지스 강의 모래 수를 초과하는 공덕을 만족하되 다르지도 않고 같지도 않은 불가사의한 법이 끊어짐이 없으므로 진여라 말하고, 여래장이라 부르고, 여래법신이라고 부른다.

이 구절은 여래장에 갖추고 있는 일체법의 공덕이 어떤 상태로 저장되어 있는가를 결론적으로 재차 천명한 것이다. "다르지도 않고 같지도 않으니" 언어로는 무엇이라고 표현할 수가 없으므로 "불가사의"하다고 한다. "법이 끊어짐이 없다"는 것은 공덕은 아무런 모습이 없는 존재라는 말이니, 그것을 입의분에서는 성공덕性功德이라고 표현했고, 『능엄경』에는 여래장묘진여성如來藏妙眞如性이라고 표현하고 있다. 『능엄경』 제3권에서는 사대四大인 색色을 설명하는 법문에서 여래장을 다음과 같이 설명하고 있다. 즉 "여래장 가운데 성성이 색色인 진공眞空과 성性이 공空인 진색眞色이 청정하고 본연本然하여 법계에 두루하다. 중생의 마음에 따르고 소지所知의 양량에 응應하여 업業을 따라 나타난 것인데, 세상 사람들이 모르고 인연因緣인가 자연自然인가 헤아리지만, 모두가 식심識心의 분별分別과 계탁計度이다. 다만 언설만 있고 전혀 진실한 것이 없다."[30] 즉 여래장에는 제법인 칠대七大가 제각기 자상自相

---

30 "如來藏中여래장중 性色眞空성색진공 性空眞色성공진색 淸淨本然청정본연 周遍法界주변법계 隨衆生心수중생심 應所知量응소지량 循業發現순업발현 世間無知세간무지 惑爲因緣혹위인연 及自然性급자연성 皆是識心개시식심 分別計度분별계탁 但有言說단유언설 都無實義도무실의."

인 모습으로 각각 함장含藏되어 있는 것이 아니고, 공상共相인 진여성眞如性으로 함장되어 있다는 말이다. 즉 사대가 색상色相이 아니고 진여성인 성색性色으로 저장되어 있다는 설명이다. 이렇게 칠대인 성지性地·성수性水·성화性火·성풍性風·성공性空·성견性見·성식性識이 모두 묘한 진여성으로서 청정하게 여래장 중에 갖추어져 있다는 법문이다. 이것을 마명존자는 지금 『대승기신론』에서 '다르지도 않고 같지도 않은 불가사의한 법이 끊어짐이 없다'고 설명하고 있다.

불교의 연기설에서는 우주법계의 이 허공 중에는 어디에서든지 필요충분조건을 갖추기만 하면 만법이 즉시 생기生起하고, 그 조건이 모자라면 만법이 즉시 소멸한다고 설명한다. 이렇게 인연에 따라 생멸현상이 벌어지는 연생緣生을 『능엄경』은 불공여래장不空如來藏으로 설명하는데, 『대승기신론』은 지금 여래장이 본래부터 갖추고 있는 성공덕이라고 풀이하고 있다.

3. 용대用大
1) 부처님의 용심用心

復次부차 眞如用者진여용자 謂一切諸佛在因地時위일체제불재인지시 發大慈悲발대자비 修行諸度四攝等行수행제도사섭등행 觀物同己관물동기 普皆救脫보개구탈 盡未來際진미래제 不限劫數불한겁수 如實了知自他平等여실요지자타평등 而亦不取衆生之相이역불취중생지상

다시 진여眞如의 용용이란 일체 제불이 인지因地에 있을 때에 대자비심을 내어 모든 바라밀과 사섭법四攝法 등의 만행을 수행하고, 중생을 제 몸과 같이 보아 널리 모두 해탈하게 하되 미래 세상이 다하도록 겁수劫數에 한계를 두지 않는다. 자타가 평등함을 여실히 요지了知하여서 또한 중생의 모습은 취하지 않는다.

용대用大는 작용作用·활용活用·응용應用의 뜻인데, 이 구절에서 제불여래가 성불하기 전의 상구보리上求菩提하는 수행과 성불 후에 하화중생下化衆生하는 제도濟度를 구별하여 설명하고 있다. 먼저 상구보리하는 수행에서 '인지因地에 있을 때'라는 것은 보살로서 수행하는 시절을 말하는데, 그 당시에 '중생을 제 몸과 같이 본다'는 것은 동체대비同體大悲요, '대자비심을 내되 겁수劫數에 한계를 두지 않는다'는 것은 대원大願이니, 모름지기 대승의 정신으로 보살의 자비심을 먼저 갖추어야 한다는 의취이다. '자타가 평등을 여실히 요지了知한다'는 것은 점차 아공我空과 법공法空을 증득하는 과정을 나타낸 말이다. '또한 중생의 모습도 취하지 않는다'는 구절에 대하여 진제의 구역에는 "이것이 무슨 뜻이냐? 일체 중생과 자기가 진여가 평등하여 다름이 없다고 여실하게 알기 때문이다"라는 글이 더 붙어 있다.[31] 지욱대사의 설명에 따르면 앞에서 '미래 세상이 다하도록 겁수劫數에 한계를 두지 않는다'까지는 관문觀門을 수행함이고, '자타가 평등함을 여실히 요지하여서 또한 중생의 모습은 취하지 않는다'는 것은 지문止門을 수행하는 내용이라고

---

31 "此以何義차이하의 謂如實知위여실지 一切衆生及與己身일체중생급여기신 眞如平等진여평등 無別異故무별이고."

설명한다.

以如是大方便智이여시대방편지 滅無始無明멸무시무명 證本法身증본법신 任運起於不思議業임운기어부사의업 種種自在差別作用종종자재차별작용 周遍法界주변법계 與眞如等여진여등 而亦無有用相可得이역무유용상가득 何以故하이고 一切如來일체여래 唯是法身유시법신 第一義諦제일의제 無有世諦境界作用무유세제경계작용

이와 같은 대방편지大方便智로 무시무명을 소멸하고 본래의 법신을 증득하고서 저절로 부사의업不思議業을 일으킨다. 갖가지로 자재하고 차별 있는 작용이 법계에 두루하여서 진여와 더불어 평등하지만, 또한 용상用相을 잡을 수가 없다. 왜냐하면 일체 여래는 오직 법신이요 제일의제第一義諦이므로 세제世諦의 경계 작용이 없다.

'무시무명을 소멸하고 본래의 법신을 증득한다'는 것은 상구보리하여 이제 성불한 것이다. 그 다음에는 하화중생하는 제도濟度를 설명하고 있다. '저절로 부사의업을 일으킨다'는 것은 본각本覺의 부사의용상不思議用相을 지칭한 것이고, '갖가지로 자재하게 차별 있는 작용으로 법계에 두루하다'는 것은 그것이 모두 진여의 부사의용상不思議用相의 작용이기 때문이다. '용상用相을 잡을 수 없고, 세제世諦인 경계 작용이

없다'는 것은 중생을 제도하되 제도하는 모습이 없다는 설명이니, 사상四相에 걸리지 않기 때문이다.

但隨衆生見聞等故단수중생견문등고 而有種種作用不同이유종종작용부동 此用有二차용유이 一일 依分別事識의분별사식 謂凡夫二乘心所見者위범부이승심소견자 是名化身시명화신 此人不知轉識影現차인부지전식영현 見從外來견종외래 取色分限취색분한 然佛化身연불화신 無有限量무유한량

다만 중생들의 견문見聞을 따르므로 온갖 작용이 같지 않다. 이 작용에는 두 가지가 있다. 하나는 분별사식分別事識에 의한 것으로, 범부나 이승의 마음으로 보는 것을 말함이니, 이것을 화신化身이라고 부른다. 이 사람들은 전식轉識의 그림자가 나타난 것인 줄 알지 못하고, 밖에서 온 것으로 보고 빛깔의 분한分限을 취한다. 그러나 부처님의 화신은 한량이 없다.

'다만 중생들의 견문見聞을 따르므로 온갖 작용이 같지 않다'는 구절은, 중생들이 견문각지見聞覺知하는 것은 그들의 동분망견同分妄見과 별업망견別業妄見에 따라서 제각기 다르게 보이고 들린다는 설명이다. 제불의 용대用大는 위와 같은데, 중생들은 근기에 따라서 제각기 다르게 보고 듣고서 나름대로 생각하므로 차별이 있다는 말이다. 그래서 진제

의 구역은 이 구절을 "다만 중생들이 보고 듣는 것을 따라서 이익을 얻게 하므로 용대用大라고 설명한다"라고 번역하였다.[32]

이처럼 중생들의 망견妄見에 따라서 구체적인 실례로 부처님의 몸이 각기 다르게 보인다. 중생들의 견문見聞을 크게 나누면 분별사식分別事識과 업식業識이 구별되고, 그에 따라서 두 가지의 망견이 나타난다. 범부나 이승은 분별사식으로 보기 때문에 부처님의 화신化身만 보이고, 보살들은 업식으로 보기 때문에 부처님의 보신報身을 본다는 설명이다. 즉 중생은 부처님의 법신法身은 보지 못하고, 보신과 화신만 보인다는 설명이다.

화신은 본래 '전식轉識의 그림자'라는 것은 범부나 이승의 아뢰야식에서 인연 따라 나타났다는 말이다. '밖에서 온 것으로 보고 빛깔의 분한分限을 취한다'는 것은 제각기의 견분見分이 상분相分을 보는 공상共相이 개인의 견문각지見聞覺知인 줄 모르는 범부나 이승들이 '화신이 외부에 실재한다'고 생각한다는 말이다.

二이 依業識의업식 謂諸菩薩從初發心위제보살종초발심 乃至菩薩究竟地내지보살구경지 心所見者심소견자 名受用身명수용신 身有無量色신유무량색 色有無量相색유무량상 相有無量好상유무량호 所住依果소주의과 亦具無量功德莊嚴역구무량공덕장엄 隨所應見수소응견 無量無邊무량무변 無際無斷무제무단 非於心外

---

32 진제의 구역은 "단수중생但隨衆生 견문득익見聞得益 고설위용故說爲用"으로 번역했다.

如是而見비어심외여시이견 此諸功德차제공덕 皆因波羅蜜等개인바라밀등 無漏行熏무루행훈 及不思議熏之所成就급부사의훈지소성취 具無邊喜樂구무변희락 功德相故공덕상고 亦名報身역명보신

둘째는 업식業識에 의한 것이니, 모든 보살이 초발심初發心으로부터 구경지究竟地에 이르는 중에 그 마음이 보는 것을 일러 수용신受用身이라고 한다. 이 수용신에는 무량한 색色이 있고, 색에는 무량한 상相이 있으며, 상에는 무량한 호好가 있다. 머무는 것도 과果에 의지하며 또한 무량한 공덕장엄을 갖추고 있어서 곳에 따라 상응하여 무량無量·무변無邊·무제無際·무단無斷하게 보지만, 마음 밖에서 이렇게 보는 것이 아니다. 이러한 모든 공덕은 모두 바라밀 등의 무루행無漏行훈습과 부사의不思議훈습으로 이루어져서, 무변한 희락喜樂과 공덕상功德相을 갖추고 있으므로 또한 보신報身이라고도 부른다.

공덕이란 것은 원인에 따라 상응하는 과보를 가리키는데, 그 과보에 상응하여 나타나 보이는 몸이므로 보신報身이라고 한다. 즉 보살의 수행단계에 따라서 보이는 제불의 보신들이 색상과 장엄이 제각기 다르다고 한다.

지욱대사의 설명에 따르면 '보살의 초발심'은 돈교頓敎에서는 초발심주初發心住를 가리키니, 진여를 분증分證하여 불佛의 수용신受用身을 능히 본다. 이 자심변영自心變影인 수용신에는 무량한 색과 상호가 있고 또한 무량한 공덕장엄을 갖추고 있어서, 그 경지에 따라서 무량무

변인 모습과 과보가 나타난다. 보살이 보는 불신佛身도 그 자심自心 중에 있는 불신이지, 따로 마음 밖에서 보는 부처님의 진짜 모습이 아니라는 설명이다. 지욱대사는 따로 문답을 붙였다.

문: 발심주發心住 이전에는 어떻게 보이는가?

답: 점교漸教에서 보면 범부나 이승二乘이 보는 것과 같다. 돈교頓教에서 보면 초주初住에서 보이는 것과 같다. 다만 저절로 항상 보이지는 아니한다.

감산대사는 보살들이 본훈本熏에 의하여 삼현三賢과 십지十地를 거치면서 보는 불신佛身이란 것은 전식轉識에 의하여 보신報身을 나툰 것이므로, 이 보신은 보살들의 본각진여本覺眞如 자체의 용대用大이지 다른 불신의 작용이 아니라고 설명한다.

又凡夫等所見우범부등소견 是其粗用시기조용 隨六趣異수육취이 種種差別종종차별 無有無邊功德樂相무유무변공덕락상 名爲化身명위화신 初行菩薩초행보살 見中品用견중품용 以深信眞如이심신진여 得少分見득소분견 知如來身지여래신 無去無來무거무래 無有斷絶무유단절 唯心影現유심영현 不離眞如불리진여 然此菩薩연차보살 猶未能離微細分別유미능리미세분별 以未入法身位故이미입법신위고 淨心菩薩정심보살 見微細用견미세용 如是轉勝여시전승 乃至菩薩究竟地中내지보살구경지중 見之方盡견지방진

진 此微細用차미세용 是受用身시수용신 以有業識이유업식 見受用身견수용신 若離業識약리업식 則無可見즉무가견 一切如來일체여래 皆是法身개시법신 無有彼此差別色相무유피차차별색상 互相見故호상견고ⅱ

또 범부 등이 보는 것은 조추粗麤한 작용으로, 육취六趣에 따라 다르므로 갖가지로 차별이 있으나 무변한 공덕인 낙상樂相이 없으므로 화신化身이라 한다. 초행보살初行菩薩은 중품中品의 작용을 보는데, 진여를 깊이 믿으므로 그 일부를 보았고, 그리고 여래의 몸은 거래去來가 없고 단절됨도 없으며, 오직 마음 그림자가 나타난 것으로서 진여를 떠난 것이 아님을 알고 있다. 그러나 이 보살은 아직 미세분별微細分別을 여의지 못하였기 때문에 법신위法身位에는 들어가지 못한다. 정심보살淨心菩薩은 미세한 분별작용을 본다. 이와 같이 더욱 수승하게 전변轉變하여 보살구경지菩薩究竟地에 이르면 미세한 작용을 보는 것이 바야흐로 끝난다. 이 수용신受用身은 업식業識이 있음으로써 수용신을 본다. 만일 업식을 여의면 곧 볼 것이 없다. 일체여래는 모두 법신이므로 피차의 차별색상差別色相을 서로가 볼 수 없기 때문이다.

중생들의 용심用心은 공부단계에 따라서 그 조추粗麤와 미세微細가 다르다. 감산대사의 설명에 따르면 범부 등은 범부와 이승二乘을 가리키고, 초행보살初行菩薩은 삼현三賢보살들이고, 정심보살淨心菩薩은 지상地上의 법신보살法身菩薩을 말하고, 보살구경지菩薩究竟地는 금강후심金剛後心을 지칭한다고 한다.

　지욱대사의 설명에 따르면 조추粗麤한 작용은 화신化身으로 하열한 응신應身이고, 중품中品의 작용은 조금 수승한 응신이니 이른바 보화報化의 합신合身이고, 미세한 작용은 타수용보신他受用報身이다. 모두 법보法報가 나툰 그림자로서 법보를 떠난 것이 아니다. 이런 조추와 미세가 부처님에게 있는 것이 아니고, 중생의 근기에 따라 나타날 뿐이다. 조추한 작용은 청정분별성清淨分別性이라 부르고, 중품의 작용과 미세한 작용은 모두 청정의타성清淨依他性이라 부르며, 만약 업식業識을 떠나면 청정진실성清淨眞實性이라고 한다. 이 모두가 각각 법계에 두루하지만, 무잡무애無雜無碍하므로 다시 피차의 차별색상差別色相을 얻을 수가 없다.

2) 심색불이心色不二

問문 若佛法身약불법신 無有種種差別色相무유종종차별색상 云何能現種種諸色운하능현종종제색 答답 以法身是色實體이법신시색실체 故能現種種色고능현종종색 謂從本已來위종본이래 色心無二색심무이 以色本性이색본성 卽心自性즉심자성 說名智身설명지신 以心本性이심본성 卽色自性즉색자성 說名法身설명법신 依於法身의어법신 一切如來所現色身일체여래소현색신 遍一切處변일체처 無有間斷무유간단 十方菩薩시방보살 隨所堪任수소감

임 隨所願樂수소원락 見無量受用身견무량수용신 無量莊嚴土무량장엄토 各各差別각각차별 不相障礙불상장애 無有斷絶무유단절 此所現色身차소현색신 一切衆生心意識不能思量일체중생심의식불능사량 以是眞如自在甚深用故이시진여자재심심용고

문: 만약 부처님의 법신法身은 온갖 차별색상이 없다면 어떻게 온갖 색상들을 나타낼 수 있는가?
답: 법신은 색色의 실체實體이므로 능히 온갖 색상을 나타낼 수가 있다. 본래부터 색色과 심心이 둘이 아니어서, 색의 본성이 곧 심의 자성이므로 지신智身이라 한다. 또 심의 본성이 곧 색의 자성이므로 법신法身이라 한다. 법신에 의지하므로 일체 여래가 나타내는 색신色身은 일체처에 두루하고 간단間斷이 없다. 시방의 보살들은 능력과 기호에 따라서 무량한 수용신受用身과 무량한 장엄토莊嚴土를 보는데, 각각 차별이 있으나 서로가 장애가 되지 않고 단절이 없다. 이렇게 나타난 색신은 일체 중생의 심의식心意識으로는 사량할 수가 없으니, 이것은 진여의 자재하고 심심甚深한 작용이기 때문이다.

"모습이 전혀 없는 법신法身에서 어떻게 모습인 색신色身이 생기느냐? 실체는 차별색상이 없는데, 어떻게 능히 온갖 색상을 나타낼 수가 있는가?"에 대하여 설명하고 있다. 내용은 '색色과 심心이 둘이 아니어서, 색의 본성이 곧 심의 자성이므로 지신智身이라 한다. 또 심의 본성이 곧 색의 자성이므로 법신法身이라 한다'는 이야기다. 요지는

색과 심이 둘이 아니므로 법신과 지신이 둘이 아니라는 말이다.

또 '법신에 의지하므로 일체 여래가 나타내는 색신은 일체처에 두루하고 간단이 없다'는 이야기는 법신이 색신의 실체라는 말이다. 끝으로 '장애가 없는 장엄토莊嚴土와 수용신受用身이 진여의 자재하고 심심한 작용이라'는 설명이다.

제4절 성상불이性相不二

復次부차 爲令衆生위령중생 從心生滅門종심생멸문 入眞如門故입진여문고 令觀色等영관색등 皆不成就개불성취

다시 중생들이 심생멸문心生滅門에서 진여문眞如門에 들어가게 하고자 한다면, 물질인 색色과 정신인 사온四蘊이 모두 성취되지 않음을 관찰하도록 한다.

지금까지 장황하게 설명한 생멸문生滅門과 진여문眞如門이 결론적으로 생멸에서 진여로 돌아간다고 말하고 있다. 결국 변전變轉하는 상相과 불변不變하는 성性이 둘이 아니라는 말이니 성상불이性相不二라는 뜻이다. 『능엄경』 제2권 말미에 성상불이에 대한 경문이 나온다. "물질과 정신인 오음五陰이 모두 인연이 화합하면 허망하게 생겨나고, 인연이 떠나면 허망하게 사라진다. 그러나 이러한 생멸거래生滅去來가 본래 여래장의 묘한 진여성眞如性인 줄을 모르고 있다. 진상眞常인 그 성性

중에는 거래去來와 미오迷悟와 생사生死를 구하여도 끝내 얻을 수가 없다"는 법문이 그것이다.

우리들의 인식은 모두 육근六根과 육진六塵경계의 존재를 전제로 한다.『대승기신론』은 여기서 주객이 성립되지 못함을 설명하는데, 먼저 물질인 색이 대상으로 성립하지 못함을 증명하고, 다음에 사온四蘊인 수상행식受想行識이 모두 존재가 아님을 입증한다. 그런데 이런 진실을 알게 되면 생멸문이 성립하지 못한다고 하여, 생멸문에서 진여문으로 들어간다고 설명하고 있다.

云何不成就운하불성취 謂分析粗色위분석조색 漸至微塵점지미진 復以方分析此微塵부이방분석차미진 是故若粗若細시고약조약세 一切諸色일체제색 唯是妄心分別影像유시망심분별영상 實無所有실무소유ⅰⅰ

어찌하여 성취되지 않는가? 조추粗麤한 색色을 분석하면 점차 미진微塵에 이르는데, 다시 이러한 미진을 계속하여 분석하게 된다. 이러므로 거칠거나 미세하거나를 불문하고 일체의 모든 물질은 오직 망심妄心이 분별한 영상影像일 뿐이지, 실제로는 있는 바가 없다.

『대승기신론』은 물질인 색色의 본질인 기본물질을 탐구하는 데 공간적인 개념인 미시적 분석이라는 방편을 사용하여 설명하고 있다. 분자를 분석하여 원자를 보고, 원자를 분석하여 양자·전자·중성자를 찾아내고, 이것들을 다시 분석하여 '쿼크'와 '렙톤'을 발견한다. 이렇게 계속하여 소립자를 다시 분석하는 이른바 미시적 분석방법은 분석하는 장치가 발달하면 무한히 계속될 것이다. 지욱대사의 설명에 따르면 만약 '쿼크'나 '렙톤'이 분석이 가능하다면 그것은 아직 기본물질이 아니고, 반대로 만약 '쿼크' 등이 더 이상 분석할 것이 없게 되면 그것은 이미 물질이 아니라고 설명한다. 결론적으로 기본물질을 과학적으로 분석하여 탐구하는 작업은 해답을 찾지 못한다는 주장이다.

이처럼 물질인 색의 기본 물질을 찾아보니 그런 물질은 얻을 수 없고, 오직 무명에서 훈변熏變한 삼세육추라는 영상影像만 파악이 되므로, 결국 동분同分망견과 별업別業망견이 물질현상의 정체正體라는 결론이다.

推求餘蘊추구여온 漸至刹那점지찰나 求此刹那구차찰나 相別非一상별비일 ⅱ

나머지 사온四蘊을 추구하면 점차 찰나에 이르는데, 이 찰나를 추구하면 모습이 다르므로 하나가 아니다.

정신과 정신작용인 식온識蘊과 수온受蘊·상온想蘊·행온行蘊을 탐색하는 데는 시간적으로 탐구하여 찰나적 분석을 사용한다. 과거·현재·미래의 삼세가 모두 찰나로 분석하면 구분이 된다. 사온(四蘊: 受想行識)의 존속기간이 제각기 찰나라면 전후관계에서 동일한 모습을 찾을 수가 없다. 결국 사온이란 것은 별상別相의 연속에 불과하니, 거기에서 실상實相이란 것을 찾을 수가 없다는 설명이다.

결국 공간적인 미시적 분석과 시간적인 찰나적 분석에 따르면, 삼라만상의 실체實體를 발견할 수 없다는 결론이다. 앞에 나온 삼세육추라는 설명에 따르면 만법은 진심에 의지하여 망기妄起한 무명의 훈습전변熏習轉變으로 성립되었다고 한다. 그런데 삼세육추의 근본이 되는 무명無明이 실체가 없으니, 전변하여 생긴 물질과 정신도 당연히 허환虛幻이라고 한다. 그러나 우리는 지금 현재 이 순간에도, 시각현상과 청각현상 등의 현상세계現象世界에서 생활하고 있다는 사실을 부인할 수가 없다. 이런 현상들은 반드시 그 원인原因이 있을 것이다. 그것이 무엇이란 말인가? 『능엄경』에서는 "여래장 가운데 성性이 공空인 진색眞色이 청정하고 본연本然하여 법계에 두루하여, 중생의 마음에 따르고 소지所知의 양量에 응하여 업業을 따라 나타난다"고 한다. 즉 색色과 심心이 모두 중생들의 망심이 분별한 영상影像이라고 말하고 있으니, 내용상으로는 『대승기신론』과 같은 결론이다.

진제의 구역에는 오온에 대한 공간적인 미시적 분석과 시간적인 찰나적 분석을 설명하는 내용이 없다. 다만 간단하게 "오음인 색과 심을 추구하여 보면, 육진경계는 필경엔 무념無念이고, 심은 형상이 없으므로 시방에 찾아보아도 마침내 찾을 수 없다"[33]고 하였다.

---

33 "所謂推求五陰소위추구오음 色之與心색지여심 六塵境界육진경계 畢竟無念필경무념 以心無形相이심무형상 十方求之시방구지 終不可得종불가득."

無爲之法무위지법 亦復如是역부여시 離於法界이어법계 終不可得종불가득 如是十方一切諸法여시시방일체제법 應知悉然응지실연

무위無爲의 법도 역시 그러하여 법계를 여의면 끝내 얻을 수 없다. 이와 같이 시방의 일체 제법도 응당 모두 그러한 줄 알아야 한다.

생주이멸生住異滅하는 것은 유위법有爲法이고, 그것과 대비되는 것이 무위법無爲法이다. 지욱대사의 설명에 따르면 무위無爲는 제6식의 소연所緣인 영상影像으로서 색심色心이니 십팔계十八界라는 법계에 당연히 포함된다. 지금 유위법인 오온도 본질을 걷어잡을 수 없는데, 오온 밖에서 따로 무위라는 실상을 얻을 수는 없다고 설명한다. 진제의 구역에는 무위에 대한 실명이 없다.

猶如迷人유여미인 謂東爲西위동위서 方實不轉방실부전 衆生亦爾중생역이 無明迷故무명미고 謂心爲動위심위동 而實不動이실부동 若知動心卽不生滅약지동심즉불생멸 卽得入於眞如之門즉득입어진여지문

마치 미迷한 사람이 동쪽을 서쪽이라고 잘못 알더라도 방위는 실제로 바뀌지 않는 것과 같다. 중생도 역시 그러하여 무명으로 미한 까닭에

'마음이 동한다'고 말하지만, 실은 동하지 않는다. 만약 동심動心이 곧 생멸하지 않는 줄 알면 즉시 진여의 문에 들어간다.

첫 구절은 무명無明의 발생과 소멸을 방향의 착각으로 비유한 설명이다. 중생들이 생멸문에서 벗어나지 못하는 것은, 미한 사람이 동쪽을 서쪽이라고 잘못 착각하는 것과 같다. "'마음이 동한다'고 말하지만, 실은 동하지 않는다"고 말하는 것은 "동쪽을 서쪽이라고 착각하여도 실제로 방위는 항상 그대로 여여如如하다"는 뜻이다. 또 그 후 착각에서 벗어나더라도 착각이란 모습이 있다가 없어지는 것은 아니다. 무명 착각이 일어나고 사라져도 생심生心이나 멸심滅心하는 모습은 본래 없었다는 설명이다. "무명으로 미한 까닭에 '마음이 동한다'고 말하지만, 실은 동하지 않는다"는 구절은 법치法癡인 무명 때문에 생멸문이 벌어졌지만, 사실은 마음이 동한 적이 없어서 원래 심부동心不動임을 강조한 말이다. 그래서 "만약 동심動心이 곧 불생멸不生滅인 줄 알면 즉시 진여의 문에 들어간다"고 결론을 짓는다. 『능엄경』 제2권 말미에서, "오음五陰이 모두 인연이 화합하면 허망하게 생겨나고, 인연이 떠나면 허망하게 사라진다. 그러나 진상眞常인 그 성성에는 거래와 미오와 생사를 구하여도 끝내 얻을 수가 없다"는 법문과 같은 뜻이라고 하겠다.

진제의 구역은 이 구절을 "중생도 역시 그러하여 무명으로 미한 까닭에 마음을 생각(念)이라고 말하지만, 마음은 실은 동하지 않는다. 만약 마음이 무념無念인 줄 알면 즉시 수순隨順하여 진여의 문에 들어간다"고 번역하고 있어서, 신역의 동심動心을 염念으로 표기하고 있다.[34] 생각하건대 동심動心한 것이 바로 기념起念이니 결국 두 번역이 같은 뜻이라고 하겠으나, 결론에 가서는 구역은 심무념心無念이라는 표현으로 심부동心不動을 설명하고 있다.

제2장 대치사집對治邪執

對治邪執者대치사집자 一切邪執일체사집 莫不皆依我見而起막불개의아견이기 若離我見약리아견 則無邪執즉무사집 我見有二種아견유이종 一人我見일인아견 二法我見이법아견

대치사집對治邪執이란, 일체의 사집邪執은 모두 아견我見에 의해서 생긴다. 만약 아견을 여의면 곧 사집이 없다. 아견에 두 가지가 있으니 하나는 인아견人我見이고, 둘은 법아견法我見이다.

대치사집對治邪執은 그릇된 사견邪見을 대치對治하여 고치는 내용이다. 근본번뇌根本煩惱는 탐貪·진瞋·치癡·만慢·의疑·견見인데, 견見에는 부정견不正見이 다섯 가지가 있다. 하나는 몸과 마음인 오온五蘊을 '나'라고 생각하는 인아견人我見인 유신견有身見이다. 이것을 근거로 하여 생기는 부정견不正見에 네 가지 견해가 더 있다. 변견邊見·사견邪見·계금취견戒禁取見·견취견見取見이 그것이다. 진심과 여래장이 무아인 줄 모르니 허망하게 인아견을 세우면서, 그 '나'라는 것이 영원하다고

---

34 "衆生亦爾중생역이 無明迷故謂心爲念무명미고위심위념 心實不動심실부동 若能觀察知心無念약능관찰지심무념 卽得隨順入眞如門故즉득수순입진여문고."

생각하는 상견과 죽으면 아무 것도 없다는 단견이 나온다. 이 변견邊見은 인과를 발무撥無하여 인과응보를 부인한다. 또 불합리한 계율을 옳다고 생각하거나 고행으로 해탈을 구하는 것이 계금취견戒禁取見이다. 또 인아견을 근거로 범천梵天과 공처空處 등에 태어나기를 구하거나, 부정견不正見을 고집하는 것이 견취견見取見이다. 여기에 등장하는 사견들은 마명존자가 살던 그 시절에 유행하던 것으로 보이는데, 『능엄경』에는 변마장辨魔障의 행음行陰과 식음識陰 부분에서 많은 사견들을 밝히고 있다. 송대의 연수대사는 『유심결』에서 120가지의 사견을 자세하게 열거하고 있으니 참고하기 바란다.

제1절 인아견人我見을 대치함

人我見者인아견자 依諸凡夫의제범부 説有五種설유오종ii

인아견人我見이란 것을 모든 범부들에 의지하여 다섯 가지로 설명한다.

인아견人我見은 몸과 마음인 오온을 '나'라고 생각하는 일반인의 잘못된 견해이다. 이와 반대로 내 오온인 몸과 마음에는 '나'라고 할 것이 전혀 없다는 견해가 인무아人無我이다. 이 인무아를 보통은 아공我空이라고 말한다.

一者일자 如經中說여경중설 如來法身여래법신 究竟寂滅구경적멸 猶如虛空유여허공 凡愚聞之범우문지 不解其義불해기의 則執如來性즉집여래성 同於虛空동어허공 常恒遍有상항변유

첫째, 경에서 말한 바와 같이 "여래의 법신은 구경에 적멸한 것이 마치 허공과 같다"라는 말을 범부와 우인愚人이 듣고는, 그 뜻을 이해하지 못하여 "여래성如來性은 허공과 같고 항상하고 두루 존재한다"고 고집한다.

'상주진심常住眞心은 성정명체性淨明體이다'라는 구절이 『능엄경』에 나온다. 이때 정명淨明이란 단어는 청정清淨과 각명覺明의 합성어이고, 청정의 의미는 공적空寂으로 풀이한다. 선가에서 법신法身은 공적하고 영지靈知하다고 말할 적에 그 공적과 같은 뜻이다. 공적은 글자 그대로 비고 고요함이니 '적멸한 것이 마치 허공과 같다'는 뜻이다. 그런데 공적의 뜻을 잘못 이해하는 사람이 허다하다. 즉 상식적으로 '은하계가 둥둥 떠 있는 허공이 끝이 없이 항상 존재한다'고 생각하면서 '여래의 법신은 구경에 적멸한 것이 마치 허공과 같다'는 말을 듣고서, '진아眞我도 허공처럼 시방에 두루하여 항상 존재한다'고 해석한다. '허공과 같이 텅 비었다'를 '허공이다'로 잘못 안다. 이런 견해는 변견邊見 중에서 상견常見에 해당한다고 하겠다.

爲除彼執위제피집 明虛空相명허공상 唯是分別유시분별 實不可得실불가득 有見有對유견유대 待於諸色대어제색 以心分別이심분별 説名虛空설명허공

저러한 고집을 제거하기 위해서 '허공의 모습은 오직 분별일 뿐이지 실로 걸어잡을 수가 없다'는 것을 밝혀야 한다. 보이는 것도 있고, 상대도 있어서 모든 물질(色)과 대대待對하기 때문에 마음이 분별하여 허공이라고 부르는 것임을 밝혀야 한다.

원래 안근眼根의 대상인 경계는 색공色空이다. 색(色: 물질)은 보이는 것이 있고, 공(空: 허공)은 보이는 것이 없어서 텅 빈 것을 가리킨다. 즉 아무 것도 보이는 것이 없는 것이 허공이다. 텅 비어서 아무 것도 없는 것을 편의상 허공이라고 부르므로 어떤 실체가 있는 것이 아니다. 따라서 허공이란 단어는 보이는 물질과 상대하여 '아무 것도 없다'는 의미로 사용한다. 즉 '물질이 없는 부분'이 허공이다.

色旣唯是妄心分別색기유시망심분별 當知虛空亦無有體당지허공역무유체 一切境相일체경상 唯是妄心之所分別유시망심지소분별 若離妄心약리망심 即境界相滅즉경계상멸

물질(色)이 이미 망심의 분별이니, 허공 역시 실체가 없음을 마땅히 알아야 한다. 일체 경계의 모습은 오직 망심이 분별한 것이다. 만일 망심을 여의면 곧 경계의 모습이 소멸한다.

물질인 색色은 무시무명에서 벌어진 허망한 경계라는 사실을 생멸문의 삼세육추 법문에서 알았다면, 허공은 더 설명할 것이 없다. 설령 허공이라는 명자名字에 상응하는 실체가 있다고 하더라도 그것도 역시 무명 망심의 분별일 뿐이다.

唯眞如心유진여심 無所不遍무소불변 此是如來自性차시여래자성 如虛空義여허공의 非謂如空是常是有비위여공시상시유 ii

오직 진여심眞如心이 시방에 두루하지 않음이 없다. 이것은 "여래의 자성이 마치 허공과 같다"는 뜻이지, "허공처럼 항상하고 존재한다"는 말이 아니다.

우두법융牛頭法融 선사의 문답을 기록했다는 『절관론絶觀論』에 보면 "허공이 도본道本이고 삼라만상이 법용法用이다"는 구절이 나온다.35 또 황벽黃檗 선사의 『전심법요』에는 "사람들은 법신이 허공에 두루하

---

35 "문왈問曰 운하위도본云何爲道本 운하위법용云何爲法用 답왈答曰 허공위도본虛空爲道本 삼라위법용森羅爲法用."

고, 허공중에 법신을 함용含容하고 있다고 이야기한다. 만약 결정코 허공이 있다고 생각하면 허공은 법신法身이 아니다. 다만 허공이 있다는 분별을 하지 않으면 허공이 곧 법신이다"[36]라고 자세하게 설명하고 있다. 깊이 사색해 보아야 할 글들이다.

二者이자 如經中説여경중설 一切世法일체세법 皆畢竟空개필경공 乃至涅槃眞如法내지열반진여법 亦畢竟空역필경공 本性如是본성여시 離一切相이일체상 凡愚聞之범우문지 不解其義불해기의 卽執涅槃眞如法즉집열반진여법 唯空無物유공무물

둘째, 경에서 말한 바와 같이 "일체의 세법世法은 모두 필경공畢竟空이고 내지 열반과 진여법眞如法도 역시 필경공이니, 본성은 이와 같이 일체상一切相을 여의었다"라는 말을 범부와 우인이 듣고는, 그 뜻을 이해하지 못하여 "열반과 진여법은 오직 공하여 무물無物이다"고 고집한다.

불교에서 공空이란 단어는 원래 '일체법은 연기법緣起法이니', 그 진상眞相을 알고 보면 '무상無常이고 무아無我이므로' 이것을 간단하게 "공하

---

[36] "상인위법신변허공처常人謂法身偏虛空處 허공중함용법신虛空中含容法身 약정언유허공若定言有虛空 허공불시법신虛空不是法身 약정언유법신若定言有法身 법신불시허공法身不是虛空 단막작허공해但莫作虛空解 허공즉법신虛空卽法身 막작법신해莫作法身解 법신즉허공法身卽虛空."

다"고 표현한 것이다. 그런데 일반인들은 공을 '텅 비어서 아무 것도 없다'는 절대적인 무無의 뜻으로 잘못 이해하는 경우가 허다하다. 그리하여 "열반과 진여법은 오직 공하여 무물無物이니 무無이다"라고 해석하여, 공부해도 얻을 것이 없으니 수행할 필요가 없다고 주장한다. 이런 견해는 변견邊見 중에서 단견斷見에 해당하는 사견이다.

爲除彼執위제피집 明眞如法身명진여법신 自體不空자체불공 具足無量性功德故구족무량성공덕고

저러한 고집을 제거하기 위해서 "진여와 법신은 그 자체가 불공不空하여 무량한 성공덕을 구족하여 있다"는 것을 밝혀야 한다.

공空만 알고 불공不空을 모르는 천견淺見이다. 여래장의 묘진여성妙眞如性에 한없는 삼라만상의 성공덕性功德이 구비된 사실을 알지 못하기 때문이니, 체상용體相用 법문에서 상대相大에 대한 설명을 더 자세하게 살펴보아야 한다.

三者삼자 如經中說여경중설 如來藏여래장 具足一切諸性功德구족일체제성공덕 不增不減부증불감 凡愚聞已범우문이 不解其義불해기의 則執如來藏즉집여래장 有色心法自相差別유색심법자상

차별 ii

셋째, 경에서 말한 바와 같이 "여래장은 일체 모든 성공덕을 구족하며 부증불감不增不減이다"는 말을 범부와 우인이 듣고는, 그 뜻을 이해하지 못하여 "여래장에는 색법色法·심법心法의 개별적인 자상自相들이 차별이 있다"고 고집한다.

삼라만상의 출몰지인 여래장의 내용이 성공덕인 줄 모르고 색법色法·심법心法 등등이 개개의 자상自相을 지니고서 함께 여래장에 혼장混藏되어 있다고 생각하는 천견이다.

爲除此執위제차집 明以眞如명이진여 本無染法差別본무염법차별 立有無邊功德相입유무변공덕상 非是染相비시염상 ii

이러한 고집을 제거하기 위해서 "진여에는 본래 염법染法의 차별이 없다"는 것을 밝혀야 한다. 무변한 공덕상이 있지, 염상染相이 있는 것이 아니다.

여래장의 묘진여성妙眞如性을 이해하면 공덕상功德相이란 것이 성공덕性功德으로서 오염된 모습이 없는 줄을 알게 될 것이다.

四者사자 如經中說여경중설 一切世間諸雜染法일체세간제잡염
법 皆依如來藏起개의여래장기 一切法不異眞如일체법불이진여
凡愚聞之범우문지 不解其義불해기의 則謂如來藏具有一切世
間染法즉위여래장구유일체세간염법ⅱ

넷째, 경에서 말한 바와 같이 "일체 세간의 온갖 잡염법雜染法이 모두 여래장에 의해서 생기니, 일체법은 진여와 다르지 않다"라는 말을 범부와 우인이 듣고는, 그 뜻을 이해하지 못하여 "여래장에는 일체 세간의 염법을 갖추고 있다"고 말한다.

여래장의 묘진여성妙眞如性을 제대로 이해하지 못하는 천견이 계속 같은 착각을 하고 있다. 여래장에서 세상 만법이 출물하고 무량한 성공덕이 구비되어 있으니, 정법淨法뿐 아니라 염법染法도 여래장에 갖추고 있다는 생각이다. 지욱대사의 설명에 따르면 이런 견해는 상견 常見에 속하는 변견邊見으로서, 염법이 바로 여래장인 '나' 안에 항상 있다고 생각하므로, 모든 염법인 번뇌를 없애고 해탈하는 날은 올 수가 없다고 오해하고 있다.

爲除此執위제차집 明如來藏명여래장 從本具有종본구유 過恒沙
數清淨功德과항사수청정공덕 不異眞如불이진여 過恒沙數煩惱

染法과항사수번뇌염법 唯是妄有유시망유 本無自性본무자성 從無始來종무시래 未曾暫與如來藏相應미증잠여여래장상응 若如來藏약여래장 染法相應염법상응 而令證會息妄染者이령증회식망염자 無有是處무유시처 ⅱ

이러한 고집을 제거하기 위해서 "여래장은 본래부터 갠지스 강의 모래 수를 초과하는 청정한 공덕을 갖추고 있어서 진여와 다르지 않다"는 것을 밝혀야 한다. 갠지스 강의 모래 수보다 더 많은 번뇌 염법은 오직 허망하게 있는 것이지 본래 자성自性이 없다. 무시로부터 일찍이 잠시도 여래장과 더불어 상응한 적이 없다. 만일 "여래장이 염법과 상응하는데, 증회證會하여서 망염妄染을 쉬게 한다"고 말하면 옳지 않다.

지욱대사의 설명에 따르면 염법染法은 무명이라는 착각에서 시작한 것이지, 여래장에 본래 갖추어져 있는 성공덕이 아니다. 만약 번뇌라는 염법이 본래부터 여래장에 갖추어져 있는 것이라고 한다면, 아무리 수행하고 증득하더라도 열반에 결코 들어갈 수가 없다는 이야기가 된다.

五者오자 如經中說여경중설 依如來藏의여래장 有生死유생사 得涅槃득열반 凡愚聞之범우문지 不知其義부지기의 則謂依如來藏

즉위의여래장 生死有始생사유시 以見始故이견시고 復謂涅槃有 其終盡부위열반유기종진 ii

다섯째, 경에서 말한 바와 같이 "여래장에 의지해서 생사가 있고 열반을 얻는다"라는 말을 범부와 우인이 듣고는, 그 뜻을 이해하지 못하여 "여래장에 의지하여 생사는 시작이 있다"고 말하면서, 또 시작을 보기 때문에 다시 "열반은 마침내 다함이 있다"고 말한다.

'열반을 얻는다'는 말을 듣고서 득실得失이니, 처음과 끝이 있다고 생각하는 사견邪見이다.

爲除此執위제차집 明如來藏명여래장 無有初際무유초제 無明依之무명의지 生死無始생사무시 若言三界外약언삼계외 更有衆生始起者경유중생시기자 是外道經中說시외도경중설 非是佛教비시불교 以如來藏無有後際이여래장무유후제 證此永斷生死種子증차영단생사종자 得於涅槃득어열반 亦無後際역무후제

이러한 고집을 제거하기 위해서 "여래장은 처음이 없는데, 무명이 이것에 의지하므로 생사도 시작이 없다"는 것을 밝혀야 한다. 만일 "삼계의 밖에서 중생이 처음 생겼다"고 말한다면, 이는 외도外道들의

경에서 한 말이지 부처님의 가르침은 아니다. 여래장은 후제後際가 없으니, 이것을 증득하여 생사종자生死種子를 영원히 끊고 열반을 얻으면 또한 후제後際가 없다.

지욱대사의 비유에 의하면, 여래장이 습성濕性이라면 생사는 얼음이고, 열반은 물과 같다. 여래장은 무시무종(無始無終: 시작이 없고 끝도 없음)이고, 생사가 이에 의지하여 무시유종(無始有終: 시작이 없으나 끝이 있음)이 되고, 열반은 이에 의지하여 유시무종(有始無終: 시작이 있으나 끝이 없음)이다.

依人我見의인아견 四種見生사종견생 是故於此시고어차 安立彼四안립피사

인아견人我見에 의하여 네 가지 견해가 생기므로, 여기에 네 가지가 성립된다.

인아견人我見인 유신견有身見에 의거하여 네 가지 잘못된 견해인 변견邊見・사견邪見・계금취견戒禁取見・견취견見取見이 생긴다. 만약 지금 유신견이 제거되면 그것을 근거로 삼는 네 가지 사집邪執도 저절로 사라진다. 진제의 구역에는 이 구절이 없다.

제2절 법아견法我見을 대치함

法我見者법아견자 以二乘鈍根이이승둔근 世尊但爲説人無我세존단위설인무아 彼人便於五蘊生滅피인편어오온생멸 畢竟執著필경집저 怖畏生死포외생사 妄取涅槃망취열반

법아견法我見이란 것은, 세존께서 이승 둔근을 위하여 다만 인무아人無我만 설명하시자, 저 사람들이 문득 '오온의 생멸에 집착하게 되면서 생사를 두려워하고 열반을 허망하게 취하기' 때문이다.

법아견法我見은 외부의 만법이 실유實有라고 생각하는 견해이다. 이승二乘들은 오온五蘊에 '나'가 전혀 없는 줄은 알지만, 저 오온이 생기고 사멸하는 현상을 직접 보고는 그 생멸하는 모습이 실제로 있다고 생각한다. 그래서 이승들은 생사를 두려워하고 열반을 취하려고 노력한다. 즉 그들은 오온 자체가 무실無實한 줄을 분명하게 모르므로 법아견이 남아 있다.

爲除此執위제차집 明五蘊法명오온법 本性不生본성불생 不生故불생고 亦無有滅역무유멸 不滅故불멸고 本來涅槃본래열반

이러한 집착을 제거하기 위해서 "오온법五蘊法은 본성本性이 불생不生

이고 불생이므로 또한 불멸不滅이고, 불멸이므로 본래 열반이다"는 것을 밝혀야 한다.

법아견法我見을 대치하는 것이 법공法空 법문이다. 『반야심경』에서는 '오온이 공함을 조견照見하고', 나아가 '공상空相은 불생불멸하고', 더 나아가서 '공하니까 오온이 없다'고 말한다.[37] 마명존자는 '오온법五蘊法이 불생불멸이므로 본래 생사가 없는 열반이다'라고 설명하고 있다. 불교의 삼법인三法印 중에서 열반적정涅槃寂靜을 설명하고 있다.

제3절 구경究竟의 진여眞如

若究竟離分別執著약구경리분별집착 則知一切染法淨法즉지일체염법정법 皆相待立개상대립 是故當知시고당지 一切諸法일체제법 從本已來종본이래 非色非心비색비심 非智非識비지비식 非無非有비무비유 畢竟皆是不可說相필경개시불가설상 ⅱⅰ

만일 구경究竟에 분별과 집착을 여의면 곧 일체의 염법染法과 정법淨法이 모두 상대적으로 성립함을 알게 된다. 이러므로 마땅히 일체 제법은 본래부터 색色도 아니고 심心도 아니며, 지智도 아니고 식識도 아니며, 무無도 아니고 유有도 아니어서 끝내 모습을 설명할 수가

---

[37] "照見五蘊皆空조견오온개공 …… 諸法空相제법공상 不生不滅불생불멸 …… 是故空中시고 공중 無色無受想行識무색무수상행식."

없다는 것을 모름지기 알아야 한다.

구경究竟의 진여眞如는 앞에 나온 색심불이色心不二와 성상불이性相不二에서 정리가 되었는데, 여기 대치사집對治邪執을 끝마무리하면서 한 번 더 확인하고 있다. 분별과 집착을 여의면 염법染法과 정법淨法이 모두 상대적으로 성립함을 안다는 것은, 일체 경계의 모습은 모두 중생의 무명 망념에 의하여 건립된 것이라는 말이다. 일체 제법의 실상實相은 끝내 언어문자로써 설명할 수가 없다. 불교용어인 염법染法·정법淨法, 색법色法·심법心法, 지법智法·식법識法, 무법無法·유법有法 등이 모두 진상眞相의 불가사의不可思議를 극복하려고 만든 개념에 불과하다. 그러나 만약 이런 망념들이 모두 무상無相인 줄 안다면 상대적 분별을 여의지 않고 바로 진여문에 들어가서 여래의 지혜를 증득한다고 앞에서 이미 설명하였다. 왜냐하면 진심에 의지하여 망심이 존재하고(依眞有妄), 망심에 의지하여 진심이 있는 줄 알 수 있으며(依妄顯眞), 일체가 모두 비非이면서 동시에 모두 즉卽이기 때문이다. 그래서 『능엄경』에서 결론적으로 "이즉이비離卽離非 시즉비즉是卽非卽"이라고 설명한 것이다.

而有言説이유언설 示教之者시교지자 皆是如來善巧方便개시여래선교방편 假以言語가이언어 引導衆生인도중생 令捨文字영사문자 入於眞實입어진실 若隨言執義약수언집의 增妄分別증망분별

不生實智불생실지 不得涅槃부득열반 ii

그리고 언설로 보인 교설敎說들은 모두 여래의 선교방편善巧方便이다. 언어를 빌려 중생을 인도하지만, 장차 문자를 버리고 진실에 들어가게 한다. 만일 언어에 따르고 뜻에 집착하여 허망한 분별만 증장增長한다면, 실지實智를 내지 못하고 열반도 얻지 못한다.

부처님의 설법은 모조리 방편이다. 왜냐하면 제법은 문자로써 설명하여 나타낼 수 없기 때문이다. 따라서 문자를 통한 설법으로 불법을 일단 신해信解하게 되면, 나아가서 문자와 지해知解를 버리고 나아가서 수행하고 증득하여야 한다. 이러한 행증行證을 얻어야만 비로소 언어문자로 설명할 수 없는 제법의 실상을 분명하게 알 수가 있다는 말씀이다.

제3장 수행정도상修行正道相

分別修行正道相者분별수행정도상자 謂一切如來得道正因위일체여래득도정인 一切菩薩發心修習일체보살발심수습 令現前故영현전고 略說發心有三種相약설발심유삼종상 一信成就發心일신성취발심 二解行發心이해행발심 三證發心삼증발심

수행정도상修行正道相을 분별한다는 것은 일체 여래가 득도得道한

정인正因과 일체 보살의 발심發心과 수습修習이 현전現前하도록 설명하는 것을 말한다. 대략 발심에는 세 가지가 있으니 하나는 신성취발심信成就發心이요, 둘은 해행발심解行發心이요, 셋은 증발심證發心이다.

분별수행정도상分別修行正道相은 정도正道를 수행하는 과정을 설명한 것인데, 마명존자는 『대승기신론』에서 수행을 신信·해解·행行·증證의 네 가지 단계로 대별하고, 각 단계를 발심發心과 수습修習으로 구분하여 해설하고 있다. 진제의 구역에는 수행정도상修行正道相을 발취도상發趣道相이라고 번역하였다. 실차난타가 신역에서 수행정도상이라고 번역한 것은 잘못된 사도邪道가 많으므로 정도正道를 밝히려는 뜻을 강조한 것으로 보인다.

불교의 수행단계는 경전에 따라서 내용이 다르지만, 일반적으로 십신十信·십주十住·십행十行·십회향十廻向·십지十地·등각等覺·묘각妙覺이라는 52단계로 설명하는데, 『능엄경』에서는 57단계 내지 60단계까지 있다. 그런데 『대승기신론』은 수행단계를 간단명료하게 세 가지 단계로 분류한 것이다. 즉 발보리심發菩提心에서 그 발심의 내용을 기준으로 삼아, 신성취발심과 해행발심과 증발심으로 구별하고 있다.

용수존자의 설명에 의하면, 신성취발심은 십신十信 과정에서 믿음을 성취하고서 발심하는 것이고, 또 해행발심이란 십주·십행·십회향을 거치면서 정도正道를 이해하는 삼현三賢보살들의 발심과 수행이고, 그리고 증발심은 초지 이상에 들어선 지상地上보살들의 발심과 증득이라고 설명한다.

제1절 신성취발심信成就發心

1. 부정취不定聚의 발심

信成就發心者신성취발심자 依何位의하위 修何行수하행 得信成就득신성취 堪能發心감능발심

신성취발심信成就發心이란 어떤 자리에 의지하고, 어떤 행을 닦아서, 믿음을 성취하여 발심하는 것인가?

어떤 사람이 어떤 수행을 하여서, 그 결과로 신신을 성취하고 발심을 하는가?

當知是人당지시인 依不定聚의부정취 以法熏習善根力故이법훈습선근력고 深信業果심신업과 行十善道행십선도 厭生死苦염생사고 求無上覺구무상각 值遇諸佛及諸菩薩치우제불급제보살 承事供養승사공양 修行諸行수행제행 經十千劫경십천겁 信乃成就신내성취

마땅히 알아야 한다. 이 사람은 부정취不定聚인데, 법으로 훈습하는 선근의 힘 때문에 업과를 깊이 믿고, 십선도를 행하며, 생사고를

싫어하고, 무상각을 구하여 제불과 제보살을 만나면 보필하고 공양하며, 만행을 수행하여 십천겁十千劫을 지나면 이에 신信이 성취된다.

먼저 초보자가 공부하여 신信을 성취하는 것을 설명한다. 중생을 그 근기에 따라 분류하면 정정취正定聚·사정취邪定聚·부정취不定聚라는 세 종류가 있다. 지욱대사의 설명에 따르면 정정취는 발보리심하여 수행하되 영원히 퇴전하지 않고, 사정취는 출세간의 정법正法을 믿지도 않고 선근도 없다. 부정취는 출세간의 정법을 믿고 선근도 있으나 삼승三乘 중 고정된 방향이 아직 결정되지 않은 경우이다. 성문법에서는 '수다원'을 증득하면 정정취正定聚가 된다. 대승의 정정취는 여기에 나온 조건들을 구비하여야만 비로소 가능하다. 즉 '법으로 훈습하는 선근의 힘'이란 본유本有와 신훈新熏이라는 내인內因 체훈體熏과 차별과 평등이라는 외연外緣 용훈用熏을 말한다. '업과業果를 깊이 믿고'는 선근의 소의所依를 밝힘이고, '십선도十善道를 행하며'는 세간의 선근의 힘이고, '생사고生死苦를 싫어하고'는 출세간의 선근의 힘이고, '무상각無上覺을 구한다'는 것은 출세간의 상상선근上上善根의 힘이다. 우선 이 세 가지 선근을 갖추어야 신성취信成就를 할 준비가 된다. 이 세 가지 선근이 승인勝因이 되고, 다시 '제불과 제보살을 만나는 것'이 승연勝緣이 되는데, 즉 '선지식을 보필하고 공양하면서 불도를 수행하는' 연緣을 만나야 비로소 인연이 제대로 갖추어진다. 이리하여 '십천겁을 지난다'는 것을, 지욱대사는 수행십심修行十心으로 성취한다고 해석하는데,[38] 진제의 구역은 십천겁을 일만겁一萬劫이라고 번역하였다.

從是已後종시이후 或以諸佛菩薩敎力혹이제불보살교력 或以大悲혹이대비 或因正法將欲壞滅혹인정법장욕괴멸 以護法故이호법고 而能發心이능발심 旣發心已기발심이 入正定聚입정정취 畢竟不退필경불퇴 住佛種性주불종성 勝因相應승인상응

이로부터 혹은 제불보살의 교화력으로, 혹은 대비로, 혹은 정법이 장차 괴멸하려 할 때 그것을 보호하기 위하여 능히 발심한다. 이미 발심하여 정정취에 들어가면 끝내 물러나지 않는다. 불종성佛種性에 머물며, 승인勝因이 상응相應한다.

신信을 성취한 다음에 발심하는 것을 세 가지 경우로 나누어 설명한다. 즉 신을 성취한 이후에 수행한 제행諸行이 인因이 되지만, 다시 '혹은 제불보살의 교화력'이나, '혹은 중생의 고통을 불쌍하게 여기는 대비大悲'나, '혹은 정법正法을 호지護持하려는 것'이 연緣이 되어야만 발심하게 된다고 한다. 이렇게 발심이 원발圓發하면 정정취에 들어가고, 일단 정정취에 들어간 사람은 법신法身의 정리正理와 상응하므로 필경에 불퇴不退하는 까닭에 범부凡夫나 이승二乘에 떨어지지 않는다는 이야기이다. 지욱대사는 이런 경우에 만약 '불종성佛種性에 주住한다면'

---

38 이른바 수행십심修行十心이란 ①신심信心·②염심念心·③정진심精進心·④혜심慧心·⑤정심定心·⑥불퇴심不退心·⑦호법심護法心·⑧회향심回向心·⑨계심戒心·⑩원심願心이다.

초발심初發心할 적에 '승인勝因이 상응相應하여서' 문득 정각正覺을 이룬다고 강조한다.

或有衆生혹유중생 久遠已來구원이래 善根微少선근미소 煩惱深厚覆其心故번뇌심후복기심고 雖値諸佛及諸菩薩수치제불급제보살 承事供養승사공양 唯種人天受生種子유종인천수생종자 或種二乘菩提種子혹종이승보리종자 或有推求大菩提道혹유추구대보리도 然根不定연근불정 或進或退혹진혹퇴 ii

혹은 어떤 중생은 옛날부터 선근이 미소微少하고 번뇌가 심후深厚하게 그 마음을 덮어서, 비록 제불과 보살을 만나서 보필하고 공양하여도 오직 인천人天에 태어날 종자種子를 심거나, 혹 이승二乘의 보리菩提종자를 심거나, 혹 대보리도大菩提道를 추구하더라도 그 근성根性이 부정不定하므로 진보하기도 하고 퇴보하기도 한다.

예외적인 경우를 설명하고 있다. 즉 '선근善根이 미소微少하고 번뇌가 심후深厚한 사람'은 비록 승연勝緣을 만나더라도 곧장 대승심大乘心을 내지 못하고 인천교人天敎나 소승교小乘敎에 머물게 된다. 선근에는 삼승과 일승이 다르고, 번뇌에도 계내界內와 계외界外의 차별이 있으므로 자연히 발심에 천차만별한 계층이 존재한다.

或有值佛及諸菩薩혹유치불급제보살 供養承事공양승사 修行諸行수행제행 未得滿足十千大劫미득만족십천대겁 中間遇緣而發於心중간우연이발어심 遇何等緣우하등연 所謂或見佛形相소위혹견불형상 或供養衆僧혹공양중승 或二乘所教혹이승소교 或見他發心혹견타발심

혹은 부처님과 제보살을 만나서 공양하고 보필하며 만행을 수행하여 십천대겁을 채우지 못하였지만, 중간에 연緣을 만나면 발심하기도 한다. 어떤 연緣을 만나는가? 이른바 불佛의 형상을 보거나, 혹은 중승衆僧을 공양하거나, 혹은 이승二乘의 가르침을 받거나, 혹은 타인이 발심하는 것을 보기도 한다.

다시 예외적인 경우를 설명한다. 십천대겁을 노력하지 않아도 신신이 속성되는 경우를 설명하고 있다.

此等發心차등발심 皆悉未定개실미정 若遇惡緣약우악연 或時退墮二乘地故혹시퇴타이승지고

이러한 발심들은 모두 다 미정未定이므로, 만약 악연惡緣을 만나면

혹 이승二乘의 자리로 퇴보하여 타락하기도 한다.

이 구절은 반대로 '악연을 만나 이승二乘으로 퇴보 타락하는 경우'에 해당한다. 사리불 존자가 마왕魔王 파순波旬에게 안구眼球를 보시했다가 파순이 안구를 짓밟아버리는 것을 보고는 화를 내면서 대승을 포기했다는 이야기를 연상시키는 구절이다.

2. 발심의 내용

復次부차 信成就發心신성취발심 略說有三약설유삼 一일 發正直心발정직심 如理正念眞如法故여리정념진여법고 二이 發深重心발심중심 樂集一切諸善行故낙집일체제선행고 三삼 發大悲心발대비심 願拔一切衆生苦故원발일체중생고고

다시 신성취발심信成就發心에는 대략 세 가지가 있다. 하나는 정직正直한 마음을 냄이니, 진여법을 이치대로 바르게 생각하는 것이다. 둘은 심중深重한 마음을 냄이니, 일체의 모든 선행을 즐겁게 모으는 것이다. 셋은 대비의 마음을 냄이니, 일체 중생의 고를 해결하기 원하는 것이다.

신성취발심信成就發心은 발심의 내용에 따라서 발정직심發正直心과 발심중심發深重心과 발대비심發大悲心으로 구별된다. 지욱대사의 설명에 따르면 '정직심正直心'은 정인正因인 이심理心이니 법신덕法身德을 이루

고, '심중심深重心'은 요인了因인 혜심慧心이니 반야덕般若德을 이루고, '대비심大悲心'은 연인緣因인 선심善心이니 해탈덕解脫德을 이룬다고 한다. 이렇게 정직심과 심중심과 대비심이라는 삼심三心을 원만하게 발하면 "초발심시初發心時에 변성정각便成正覺한다"고 지욱대사는 설명한다.

3. 방편과 수행

問문 一切衆生일체중생 一切諸法일체제법 皆同一法界개동일법계 無有二相무유이상 據理但應正念眞如거리단응정념진여 何假復修一切善行하가부수일체선행 救一切衆生구일체중생

答답 不然불연 如摩尼寶여마니보 本性明潔본성명결 在礦穢中재광예중 假使有人가사유인 勤加憶念근가억념 而不作方便이부작방편 不施功力불시공력 欲求淸淨욕구청정 終不可得종불가득 眞如之法진여지법 亦復如是역부여시 體雖明潔체수명결 具足功德구족공덕 而被無邊客塵所染이피무변객진소염 假使有人가사유인 勤加憶念근가억념 而不作方便이부작방편 不修諸行불수제행 欲求淸淨욕구청정 終無得理종무득리 是故要當시고요당 集一切善行집일체선행 救一切衆生구일체중생 離彼無邊客塵垢染이피무변객진구염 顯現眞法현현진법

문: 일체 중생과 일체 제법은 모두 동일한 법계니 두 모양이 없다. 이치理致에 의지하여 진여만 바르게 생각하면 되는데, 어찌하여 일부러 다시 일체 선행을 닦고 일체 중생을 구원하는 수행을 가자假藉하느냐?
답: 그렇지 않다. 마치 마니주 보배가 본성本性은 명결明潔하지만 광석 중에 묻혀 있으면 더러운 것과 같다. 만약 사람이 청정한 줄 부지런히 기억만 하고, 방편을 짓지 않고 공력을 쓰지 않으면서 청정해지기를 원하더라도 끝내 얻을 수 없는 것과 같다. 진여의 법도 역시 그러하여 바탕이 비록 명결하고 공덕을 구족하였지만 끝없는 객진客塵에 오염되기 때문에, 만약 사람이 기억하기만 하고 부지런히 방편을 짓지 않고 만행을 수행하지 않으면 청정해지기를 구하여도 끝내 이루지 못한다. 그러므로 마땅히 일체 선행을 모으고 일체 중생을 구원하여야만 저 끝없는 객진의 더러움을 여의고 진법眞法을 드러내게 된다.

이 부분은 『금강경』에 나오는 "무아無我·무인無人·무중생無衆生·무수자無壽者임을 알고, 다시 일체 선법을 수행하여야만 무상보리無上菩提를 증득한다"는 구절을 자세히 설명한 내용이기도 하다.

彼方便行피방편행 略有四種약유사종 一일 行根本方便행근본방편 謂觀一切法위관일체법 本性無生본성무생 離於妄見이어망견 不住生死부주생사 又觀一切法우관일체법 因緣和合인연화합 業

果不失업과부실 起於大悲기어대비 修諸善行수제선행 攝化衆生섭화중생 不住涅槃부주열반 以眞如이진여 離於生死涅槃相故이어생사열반상고 此行隨順以爲根本차행수순이위근본 是名行根本方便시명행근본방편

저 방편인 수행에는 대략 네 가지가 있다. 첫째는 행근본방편行根本方便이니, 일체법은 본성이 무생無生임을 관하고 망견妄見을 여의고 생사에 머물지 않는다. 또 일체법은 인연화합因緣和合이니, 업과業果를 잃지 않음을 관하고 대비를 일으키고 모든 선행을 닦고 중생을 섭화攝化하되 열반에도 머물지 않는다. 왜냐하면 진여는 생사와 열반의 모습을 여의였기 때문이다. 이 행행은 수순隨順이 근본이므로, 이것을 근본을 행하는 방편이라고 부른다.

방편수행이란 발심 후에 정도正道를 구체적으로 수행하는 방법을 말한다. 첫째로 행근본방편行根本方便은 근본을 수행하는 방편이니, 근본根本 진여眞如의 이치에 따라서 공부한다는 뜻이 된다. 즉 "무생無生을 관찰하여 생사에도 머물지 않고, 다시 인연화합이 업과業果를 받음을 관찰하여 열반에도 머물지 않는다"고 설명한 것은 상구보리上求菩提와 하화중생下化衆生을 설명한 것이다. 지금 마명존자는 부주생사不住生死와 부주열반不住涅槃이 불교의 근본방편이라고 설명하였는데, 용수존자의 설명에 의하면 "부주생사는 반야성취무주문般若成就無住門이고, 부주열반은 대비성취무주문大悲成就無住門이라"고 한다. 한편 지욱대

사의 설명에 따르면 행근본방편은 발정직심發正直心의 방편수행이니, 부주생사는 사마타관觀이고, 부주열반은 비파사나관觀이니, 지관止觀을 겸수兼修하여 진여법성眞如法性에 수순하는 것이라고 설명한다.

二이 能止息方便능지식방편 所謂慚愧及以悔過소위참괴급이회과 此能止息一切惡法차능지식일체악법 令不增長영불증장 以眞如이진여 離一切過失相故이일체과실상고 隨順眞如수순진여 止息諸惡지식제악 是名能止息方便시명능지식방편

둘째는 능지식방편能止息方便이니, 이른바 참괴慚愧와 회과悔過이다. 이것이 일체 악법을 능히 지식止息하여 증장하지 못하게 한다. 진여는 일체의 과실의 모습을 여의는 까닭이고, 진여에 수순하고 제악諸惡을 지식하므로, 이것을 능히 지식하는 방편이라고 부른다.

능지식방편能止息方便은 악법을 지식止息하는 방편이니, 이른바 칠불통계七佛通戒 중에서 모든 악행을 짓지 말라는 제악막작諸惡莫作에 해당한다.[39] 마명존자는 여기서 '참괴慚愧와 회과悔過'의 다음에 '진여는 일체의 과실過失의 모습을 여의었다'는 구절을 덧붙이고 있으니, 참회를 하더라도 반드시 진여의 청정을 잊지 말아야 한다고 강조하고 있다.

---

39 "諸惡莫作제악막작 衆善奉行중선봉행 自淨其意자정기의 是諸佛教시제불교."

三삼 生長善根方便생장선근방편 謂於三寶所위어삼보소 起愛敬心기애경심 尊重供養존중공양 頂禮稱讚정례칭찬 隨喜勸請수희권청 正信增長정신증장 乃至志求無上菩提내지지구무상보리 爲佛法僧威力所護위불법승위력소호 業障淸淨업장청정 善根不退선근불퇴 以眞如이진여 離一切障이일체장 具一切功德故구일체공덕고 隨順眞如수순진여 修行善業수행선업 是名生長善根方便시명생장선근방편 ii

셋째는 생장선근방편生長善根方便이니, 삼보三寶의 처소에서 애경심愛敬心을 일으키고 존중하고 공양하며 정례하고 칭찬하며 수희하고 권청함으로써 정신正信이 증장하여, 이에 나아가 무상보리를 구할 뜻을 내기에 이른다. 불법승佛法僧의 위력이 보호하여 업장이 맑아지고 선근이 퇴보되지 않으니, 진여는 일체 장애를 여의고 일체 공덕을 갖추었기 때문에 진여에 수순하여 선업을 수행하는데, 이것을 선근을 생장케 하는 방편이라고 부른다.

생장선근방편生長善根方便은 선근을 발생하여 증장하는 방편이니, 이른바 칠불통계 중에서 모든 선행을 받들어 행하는 '중선봉행衆善奉行'에 해당한다.

四사 大願平等方便대원평등방편 謂發誓願위발서원 盡未來際진미래제 平等救護一切衆生평등구호일체중생 令其安住無餘涅槃영기안주무여열반 以知一切法이지일체법 本性無二故본성무이고 彼此平等故피차평등고 究竟寂滅故구경적멸고 隨順眞如수순진여 此三種相차삼종상 發大誓願발대서원 是名大願平等方便시명대원평등방편 ii

넷째는 대원평등방편大願平等方便이니, 서원을 하여 미래세가 다하도록 평등하게 일체 중생을 구원하고 보호하여 무여열반에 안주하게 하려는 것을 말한다. 일체법의 본성은 둘이 아니고, 피차가 평등하고, 끝내 적멸하니, 진여의 이 세 가지 모습에 수순하여 큰 서원을 발하는 것을 대원大願이 평등한 방편이라고 부른다.

대원평등방편大願平等方便은 큰 서원誓願을 내어서 평등하게 일체 중생을 구제하는 방편이니, 이른바 동체대비同體大悲를 근거로 하는 것으로, 즉 진여眞如의 삼종상三種相인 불이不二와 평등平等과 적멸寂滅에 수순隨順하는 수행이다. 그런데 진제의 구역에는 이 '진여의 삼종상三種相'이란 단어가 없다. 용수존자의 설명에 의하면 대원평등방편大願平等方便을 이루고자 하면 마땅히 서원해誓願海를 발기發起하고, 행인해行因海를 수습修習하고, 중생해衆生海를 섭취攝取하고, 과만해果滿海를 성취成就하여야 한다고 설명한다.

한편 지욱대사의 설명에 따르면 이상의 네 가지 방편은 모두 본성에 맞추어 수행을 일으킨 것이므로, 모두가 자성을 나타내고 있다. 따라서 발심하기 전에는 이것으로 발보리심하게 되고, 발심한 후에는 이것으로 불과를 얻게 한다.

4. 발심의 이익

菩薩如是發心之時보살여시발심지시 則得少分見佛法身즉득소분견불법신 能隨願力능수원력 現八種事현팔종사 謂從兜率天宮來下위종도솔천궁래하 入胎입태 住胎주태 出胎출태 出家출가 成佛성불 轉法輪전법륜 般涅槃반열반

보살이 이렇게 발심할 때에 곧 부처님의 법신을 조금 보았다면, 원력願力에 따라서 여덟 가지 사상事相을 능히 나타낼 수 있다. 즉 도솔천궁에서 내려옴·태에 듦·태에서 머묾·태에서 나옴, 그리고 출가·성불·법륜을 굴림과 열반에 듦을 말한다.

앞에 나온 네 가지 방편으로 신信이 성취되면 마음을 분명하게 설명하는 식심識心 단계는 지났으니, 초견성初見性하는 단계에 이르게 된다. 십신十信의 다음에는 십주十住의 처음인 초발심주初發心住에 이르게 되니, 만약 상근대지上根大智라면 '부처님의 법신法身을 조금 보아서 근본자성根本自性을 분견分見했으니, 바야흐로 원력願力에 따라서 팔

상八相으로 성도成道를 나툴 수 있다는 이야기다.

지욱대사의 설명에 따르면 이 구절은 『화엄경』의 '초발심시初發心時에 정각正覺을 이룬다'는 뜻이니, 무명을 분파分破하여 진여를 분증分證하면 청정한 법신은 담연湛然하여 일체에 응應하므로, 원력을 세워서 수행하기만 하면 팔상성도가 가능하다고 한다. 증득한 묘법신妙法身은 권도權道나 실도實道로 헤아리기 어렵고, 팔상八相의 개합開合과 출몰出沒은 학인의 기틀에 따라서 각각 달리 나타나기 때문이라고 설명한다.

然猶未得名爲法身연유미득명위법신 以其過去無量世來이기과거무량세래 有漏之業未除斷故유루지업미제단고 或由惡業혹유악업 受於微苦수어미고 願力所持원력소지 非久被繫비구피계 有經中說유경중설 信成就發心菩薩신성취발심보살 或有退墮惡趣中者혹유퇴타악취중자 此爲初學心多懈怠차위초학심다해태 不入正位불입정위 以此語之이차어지 令增勇猛영증용맹 非如實說비여실설

그러나 아직은 법신法身이라고 부를 수가 없는 것은 무량한 과거 세상부터 유루의 업이 끊어지지 않았기 때문이다. 혹자는 악업으로 말미암아 고苦를 조금 받기도 하지만, 원력을 지니고 있으므로 얽힌 상태가 오래 가지는 않는다. 마치 경에서 '신성취발심보살信成就發心菩薩이 가끔 악취惡趣 중으로 퇴타하기도 한다'고 말한 바와 같다. 이것은 초학보살로서 마음에 게으름이 많아 정위正位에 들지 못한

이들을 위한 것으로, 이렇게 말하여 용맹심을 증진시키려는 것이지 실다운 말은 아니다.

그러나 초발심주初發心住에 이르러 법신法身을 조금 보았더라도 아직 과거의 무량한 세상에서 지은 유루有漏의 업業이 끊어지지 않았다. 그래서 앞에 나온 초발심주에서 원력으로 팔상성도하는 경우와는 달리, 이승二乘으로 후퇴하는 경우도 있다는 설명이다. 그러나 하화중생할 큰 원력을 갖추고 있는 대승의 근기라면 염려할 것이 없다고 설명하고 있다. 이른바 사리불이 퇴타退墮한 이야기는 아직 정정취正定聚에 들지 못한 수행인을 분발시키려는 의도에서 하는 방편설법임을 알아야 한다.

又此菩薩우차보살 一發心後일발심후 自利利他자리이타 修諸苦行수제고행 心無怯弱심무겁약 尙不畏墮二乘之地상불외타이승지지 況於惡道황어악도 若聞無量阿僧祇劫약문무량아승지겁 勤修種種難行苦行근수종종난행고행 方始得佛방시득불 不驚不怖불경불포 何況有起二乘之心하황유기이승지심 及墮惡趣급타악취 以決定信이결정신 一切諸法일체제법 從本已來종본이래 性涅槃故성열반고 또 이 보살이 한번 발심한 후에 자리와 이타를 위해 온갖 고행을 닦았다면, 마음에 겁약怯弱이 없어져서 이승의 경지에 떨어지는 것도 오히려 두려워하지 않는데, 하물며 악도에 떨어지는 것을 겁내겠는가. 만일 무량 아승지겁 동안 온갖 난행고행을 부지런히 닦아야 비로소 부처가 된다는 말을 들어도 놀라거나 두려워하지 않는데, 하물며 이승심二乘心을 내거나 악취에 떨어지는 것을 두려워하겠는가. 일체 제법은 본래부터 성품이 열반임을 결정적으로 믿고 있기 때문이다.

그러나 신성취발심信成就發心을 한 돈교頓敎 발심자發心者는 부처님의 법신을 분명하게 이해하고 나아가서 조금 분견分見하기도 하였기 때문에, 일체 제법의 성품이 본래부터 열반이라는 열반적정涅槃寂靜을 결정적으로 믿고 있다. 즉 정견正見을 얻었다는 이야기다. 따라서 비록 '무량 아승지겁 동안 온갖 난행고행을 부지런히 닦아야 비로소 부처가 된다'는 말을 들어도 결코 이승심二乘心을 내거나 악취惡趣에 떨어지지 않는다는 설명이다.

제2절 해행 발심解行發心

解行發心者해행발심자 當知轉勝당지전승 初無數劫초무수겁 將欲滿故장욕만고 於眞如中어진여중 得深解故득심해고 修一切行수일체행 皆無著故개무착고 ii

해행발심解行發心이란 것은 마땅히 더욱 수승한 줄 알 것이니, 첫 무수겁無數劫이 장차 원만해지기 때문이며, 진여 중에서 깊은 이해를 얻기 때문이고, 일체 수행에서 모두 집착함이 없기 때문이다.

학인이 정신正信을 성취하고 발심을 하여 정정취正定聚에 들어가서 신성취발심信成就發心을 완성하면, 다음에 해행발심解行發心에 들어간다고 한다. 해행발심은 이른바 신信·해解·행行·증證이라는 네 가지 수행단계 중에서 해와 행을 포괄하는 발심이다. 수행단계를 52위位로 나누는 통설에서 보면, 이른바 삼현보살의 지위인 십주十住·십행十行·십회향十廻向의 지위가 여기에 해당한다.

해解와 행行을 통틀어서 '더욱 수승한 것'이라고 말하는 것은, 신성취발심보다 해행발심이 월등하다는 설명이다. '무수겁無數劫'은 이른바 아승지겁을 가리킨다. '초무수겁初無數劫'을 진제의 구역에는 제일第一 아승지겁이라고 번역하였다. 지욱대사의 설명에 따르면 '첫 무수겁이 장차 원만해진다'는 것은 자량위資糧位가 이미 성취되어서[40] 장차 가행위(加行位: 四加行)로 진입한다는 뜻이다. 먼저 '진여 중에서 깊은 이해를 얻는다'는 것은 해解발심에서 이관理觀과 사관事觀을 방편으로 하여 깊이 중도中道인 제일의관第一義觀에 들어간다는 뜻이다. 또 '일체 수행을 하되 모두 집착함이 없다'는 것은 행行발심에서 사事를 이理에 돌이켜서 삼계에 집착하지 않는다는 뜻이다. 해와 행을 따로 설명하고 있으니, '진여 중에서 깊은 이해를 얻어서'라는 이 말은 십주十住를 밝힌 것이고,

---

[40] 법상종法相宗에서는 수행단계를 오위五位인 자량위資糧位·가행위加行位·통달위通達位·수습위修習位·구경위究竟位로 나눈다.

제3분 해석분 **215**

'일체 수행을 하되 모두 집착함이 없다'라는 이 말은 십행十行을 밝힌 것이다.

　해행解行을 합쳐서 보면, 중도를 터득하여 집착함이 없어야 비로소 십회향十廻向을 실천하는 삼현보살의 해행解行발심에 해당한다는 설명이다.

此菩薩차보살 知法性지법성 離慳貪相이간탐상 是淸淨施度시청정시도 隨順修行檀那波羅蜜수순수행단나바라밀 知法性지법성 離五欲境이오욕경 無破戒相무파계상 是淸淨戒度시청정계도 隨順修行尸羅波羅蜜수순수행시라바라밀 知法性지법성 無有苦惱무유고뇌 離瞋害相이진해상 是淸淨忍度시청정인도 隨順修行羼提波羅蜜수순수행찬제바라밀 知法性지법성 離身心相이신심상 無有懈怠무유해태 是淸淨進度시청정진도 隨順修行毘梨耶波羅蜜수순수행비리야바라밀 知法性지법성 無動無亂무동무란 是淸淨禪度시청정선도 隨順修行禪那波羅蜜수순수행선나바라밀 知法性지법성 離諸癡闇이제치암 是淸淨慧度시청정혜도 隨順修行般若波羅蜜수순수행반야바라밀

이 보살은 법성法性이 간탐상慳貪相을 떠났으니 이것이 청정한 시도施度임을 알고, 거기에 수순하여 단나바라밀檀那波羅蜜을 수행한다.

또 법성이 오욕경계를 떠났으니 파계상破戒相이 없어서 이것이 청정한 계도戒度임을 알고, 거기에 수순하여 시라바라밀尸羅波羅蜜을 수행한다. 법성이 고뇌가 없어서 진해상瞋害相을 떠났으니 이것이 청정한 인도忍度임을 알고, 거기에 수순하여 찬제바라밀羼提波羅蜜을 수행한다. 법성이 신심상身心相을 떠나서 해태懈怠함이 없으니 이것이 청정한 진도進度임을 알고, 거기에 수순하여 비리야바라밀毗梨耶波羅蜜을 수행한다. 법성이 동動과 난亂이 없으니 이것이 청정한 선도禪度임을 알고, 거기에 수순하여 선나바라밀禪那波羅蜜을 수행한다. 법성이 모든 치암癡闇을 떠났으니 이것이 청정한 혜도慧度임을 알고, 거기에 수순하여 반야바라밀般若波羅蜜을 수행한다.

마음과 삼라만상에 대한 깊은 이해라는 심해深解를 얻어서 해해발심이 이루어지면, 나아가 이 지혜에 의지하여 집착이 없는 행행발심을 짓는 것을 설명한다. 행발심의 방편수행은 이른바 육바라밀六波羅蜜이다. 단나檀那·시라尸羅·찬제羼提·비리야毗梨耶는 범어로 각각 보시布施·지계持戒·인욕忍辱·정진精進을 뜻한다. 지욱대사의 설명에 따르면 법성法性이 가탐을 여읜 것을 아는 것은 해해발심이고, 단나 등을 수행하는 것은 행행발심이다. 마치 『화엄경』 '십회향품十迴向品'에서 설명한 것처럼 혹은 분진해행分眞解行이고 혹은 상사해행相似解行이니, 분진은 실實을 말하고, 상사는 권실權實을 가리킨다. 마땅히 원융圓融과 항포行布라는 두 가지 뜻을 알고서 육바라밀을 행하라는 뜻이다.

즉 마명존자는 육바라밀을 수행하는 근거를 제시하고 있는데, '법성

法性은 본래 청정하여 염정染淨의 모습이 전혀 없기 때문에 청정한 육바라밀이 저절로 가능하다'고 설명하고 있다. 마치 우리가 무심도인 無心道人이 되려고 수행하는 근거를 설명하면서, 우리의 진심眞心이 본래 무심無心이기 때문에 그런 줄 알고 수행하면 비로소 무심도인이 가능하다는 취지와 같다. 이런 논리는 연수대사가 『종경록』에서 '무심합도문無心合道門'을 설명하는 이론과 흡사하다.

참고로 『화엄경』의 '십행품十行品'에는 육바라밀에다 방편方便·원願·력力·지智 네 가지를 덧붙여서 열 가지로 하여 십행위十行位에 각각 배대하여 설명하고 있다.

제3절 증발심證發心

1 증발심의 내용

證發心者증발심자 從淨心地종정심지 乃至菩薩究竟地내지보살구경지 證何境界증하경계 所謂眞如소위진여 以依轉識이의전식 説爲境界설위경계 而實證無境界相이실증무경계상 此菩薩차보살 以無分別智이무분별지 證離言説眞如法身故증리언설진여법신고 i i

증발심證發心이란 정심지淨心地로부터 내지 보살구경지菩薩究竟地까지 해당한다. 어떤 경계를 증득하는가? 이른바 진여이다. 전식轉識에 의하여 경계를 설명하지만, 실제로 증득하면 경계상境界相이 없다. 이 보살은 무분별지無分別智로써 언설을 떠난 진여법신을 증득하기 때문이다.

증발심證發心은 해행발심解行發心을 완성하고 이른바 지상地上보살이 되어서 진여법신을 증득하는 과정을 가리킨다. 지욱대사의 설명에 따르면 "정심지淨心地"는 권교權教에서 보면 초지初地인 환희지歡喜地이지만, 실교實教에서 보면 초주初住인 발심주發心住에 해당한다고 한다. 권교와 실교에 따라서 52위位의 분류 기준이 이렇게 상이하다고 설명한다. 또 "구경지究竟地"는 십지十地 이후의 마음이니 등각等覺을 포함한다. "어떤 경계를 증득하였는가? 이른바 진여이다"라는 구절은 증발심에서 증득할 대상은 진여인 진심과 법신뿐이라는 설명이다. 그 이유는 무엇인가? 마명존자의 구체적인 설명이 나온다. 즉 "이른바 전식轉識에 의하여 경계를 설명하는데, 실제로 증득하면 경계상境界相이 없기 때문이다"라고 한다. 전식轉識은 원래 무명업식無明業識에서 전변한 능견상能見相을 설명하는 것인데, 증발심한 보살은 이른바 삼세三細의 전식轉識과 현식現識이 끊어졌으니, 주체가 경계를 견문각지見聞覺知하는 분별작용이 없기 때문이다. 그런데 지욱대사는 이 전식轉識을 독특하게 '전식득지轉識得智'로 해석하여, 지상보살은 제6의식을 묘관찰지妙觀察智로 전변轉變하고 제7식을 평등성지平等性智로 전변하므로 경계상境界相이 없다고 설명한다. 즉 중생들은 제6식과 제7식이 작용하므로 소연所緣인 경계가 있지만, 증발심한 보살은 이미 제6식과 제7식을 전식득지 하였으므로 제8식만 남는다고 보았다. 즉 "지상보살은 무분별지無分別智로써 언설을 떠난 진여법신을 증득하기 때문이다"라고 말한다.

2. 하화중생

能於一念능어일념 遍往十方一切世界변왕시방일체세계 供養諸佛공양제불 請轉法輪청전법륜 唯爲衆生而作利益유위중생이작이익 不求聽受美妙音詞불구청수미묘음사

일념一念 동안에 능히 시방의 일체 세계에 두루 가서 제불을 공양하고 전법륜轉法輪을 청함은 오직 중생을 위하여 이익되게 하기 위함이지, 미묘한 음사音詞를 듣기를 구함이 아니다.

지상地上보살은 자리이타自利利他하는 원력을 가지고 있으므로 법신法身을 증득하기 전에는 열심히 상구보리上求菩提하지만, 증득한 후에는 갖가지 방편으로 하화중생下化衆生에 전념한다. 지금 이 법문은 이미 법신을 증득한 자가 하화중생하는 작용을 구체적으로 예시하고 있다.
 "일념一念 동안에 능히 제불을 공양하고 전법륜을 청함은 오직 중생을 위하여 이익되게 함이라"는 구절은 하화중생하려는 원願을 신통으로 실행하는 것을 총체적으로 표현한 것이다.

或爲怯弱衆生故혹위겁약중생고 示大精進시대정진 超無量劫초무량겁

무량겁 速成正覺속성정각 或爲懈怠衆生故혹위해태중생고 經於無量阿僧祇劫경어무량아승지겁 久修苦行구수고행 方始成佛방시성불 如是示現無數方便여시시현무수방편 皆爲饒益一切衆生개위요익일체중생

혹은 겁약怯弱한 중생을 위하여 크게 정진하여서 무량겁을 뛰어넘어 속히 정각正覺을 성취함을 보이기도 한다. 혹은 해태懈怠한 중생을 위하여 무량 아승지겁 동안 오래도록 고행苦行을 닦아야만 비로소 성불함을 보이기도 한다.
이와 같이 무수한 방편을 시현함은 모두 일체 중생을 요익하게 하려는 뜻이다.

자재自在한 방편으로 하화중생下化衆生하는 것을 예시하고 있다. 즉 "크게 정진하여서 무량겁을 뛰어 넘어 속히 정각을 성취한다"는 이른바 돈오돈수頓悟頓修 이야기는 겁怯이 많은 중생을 격려하기 위한 방편이고, 한편 "무량 아승지겁 동안 오래도록 고행苦行을 닦아야만 비로소 성불한다"는 법문은 게으른 중생을 분발시키는 방편이다. 법문을 듣는 청중들의 근기에 돈점頓漸과 이둔利鈍의 구별이 있으니, 일률적으로 불법佛法을 도매都賣로 가르치면 성과가 적기 때문이다. 눈높이에 맞추어서 교화할 수밖에 없으니, 하화중생엔 방편이 중요하다.
그래서 모든 '경'은 청중의 근기를 감안한 방편설법이므로 '계경契經'이라고 부른다. 그런 줄 알면 경전 내용에 고하의 단계를 두거나, 소승경전

과 대승경전을 구별하는 행동은 삼가야 한다. 다만 청중인 사람들에게 우열優劣과 돈점頓漸의 차이가 있을 뿐이다.

而實菩薩이실보살 種性종성·諸根제근·發心발심·作證작증 皆悉同等개실동등 無超過法무초과법 決定皆經三無數劫결정개경삼무수겁 成正覺故성정각고 但隨衆生단수중생 世界不同세계부동 所見所聞소견소문 根欲性異근욕성이 示所修行시소수행 種種差別종종차별 ii

그러나 실제로는 보살의 종성種性과 근기根器와 발심發心과 작증作證이 모두가 동등하여서 초과하는 법이 없다. 결정코 모두 삼무수겁三無數劫을 경과하여서 정각正覺을 이룬다. 다만 중생과 세계가 부동不同하고, 보이는 것과 들리는 것과 근根과 욕欲과 성性이 다르기 때문에 수행에 갖가지 차별을 보인다.

진여법신을 증득한 뒤에는 "종성種性과 근기根器와 발심發心과 작증作證이 모두가 동등하다"는 구절에 대해, 지욱대사의 설명에 따르면 "종성이 동등하다"는 것은 본래부터 문훈하고 훈훈하는 두 가지 종자를 구족한다는 뜻이고, "근기가 동등한 것"은 육처六處가 훌륭하여 차별이 없다는 뜻이고, "발심이 동등하다"는 것은 삼심三心을 같이 일으킨다는 뜻이고, "작증이 동등한 것"은 진여를 같이 증득한다는 뜻이다.

마명존자는 "보살이 삼무수겁三無數劫을 닦아야 성불한다"는 이야기를 결정적으로 단언斷言하고 있다. 여러 경전에서 "제불여래가 모두 삼아승지겁을 수행하여 비로소 정각을 얻었다"고 말하는데, 이 구절에 대해서는 고래古來로 의논議論이 분분하다. 마명존자는 이런 것을 불식拂拭하려고 삼아승지겁을 자세하게 풀이한다. 즉 흔히 알고 있는 "초발심시初發心時에 변성정각便成正覺한다"는 이른바 돈오돈수頓悟頓修 사례는, 알고 보면 전생의 수행이 이미 삼아승지겁을 충족했다는 설명이다. 원돈교圓頓教에서는 당연히 반발反撥할 발언이다. 만일 그렇다면 서천 조사인 마명존자가 망언을 했다는 말인가?

지욱대사의 설명은 다음과 같다. 삼무수겁에서 시간은 오직 망상에 의하여 건립된 것이지, 실법實法이 없다. 전해오는 이야기에 따르면 '하룻밤의 꿈이 40여 년과 같고, 산중山中의 7일이 세상의 천년千年이다'고 하고, 또 『화엄경』에 보면 '선인仙人이 선재善財의 손을 잡으니 문득 미진수겁微塵數劫이 지나가고'라 했으며, 또 『법화경』에는 '50소겁小劫 동안 부처님을 찬탄한 것이 대중들에게는 불과 반나절과 같았다'는 말이 있다. 따라서 범부의 시간개념을 기준으로 계산하는 겁이 아니라는 설명이다. 무시무명이 비록 실체가 없지만, 미혹에서 벗어나서 깨달으면 그 가운데 계급과 시차가 있는 것과 같다. 비유컨대 연약달다가 비록 미쳤으나 광증狂症만 쉬면 본래부터 있던 머리가 여전하므로 헐떡거림이 차차 안정되고, 바다에 노도怒濤가 일어도 광풍狂風이 그치면 문득 대해大海가 조용하여 파도가 차차 안정된다. 또 태양이 떠오르면 어두운 안개가 사라지고 축축한 습기도 차차 제거되고, 방랑자가 집에 도착하면 유랑이 그치고 가정사에 힘쓰면서 차차 요리도 하게 된다. 그리하여 진여의 무시겁無始劫에서 생멸문生滅門에 의지하여 이른바 삼무수겁三無數劫을 세우는데, 초발심주初發心住에서 십회향十回向까지를 초무수겁初無數劫이라 하고, 또 초환희지初歡喜地에서 제칠원행지第七遠行地까지를 이무수겁二無數劫이라 하고, 다시 제팔부동지第八不動地에서 등각等覺까지를 삼무수겁三無數劫이라고 말한다. 겁劫을 계산하는 방법도 여러 가지가 있다. 또 삼무수겁으로 행상行相을 말하는 것도 혹은 복혹미단伏惑未斷이라 하고, 혹은 단정부습斷正扶習이라 하고, 혹은 차제제혹次第除惑이라 하고, 혹은 인해과해因該果海라고도 하니, 모두 근기根機의 이익에 따라서 방편으로 설명한 것이니 고정된 내용으로 말할 수는 없다. 지금 인해과해因該果海라는 뜻으로 삼무수겁을 설명하면, '삼무수겁을 일념一念에 초월했다'고 말하기도 하고, '마땅히 십세고금十世古今이 시종始終하여 당념當念을 떠나지 않았음을 알아야 한다'고 하기도 한다. 앞에서 나온 것처럼 "만약 무량 '아승지'겁 동안 부지런히 난행고행을 닦아서 바야흐로 부처를 얻는다는 말을 듣고서도 놀라지도 겁내지도 않으니, 일체 제법이 본래부터 성性이 열반인 것을 결정적으로 믿기 때문이다"라고 말하기도 한다. 그렇다면, 삼무수겁은 점漸이고, 일념一念은 돈頓이라고 단순하게 말할 수가 있겠는가.

또 "근근과 욕欲과 성性이 다르기 때문에"라는 구절에 대해 지욱대사는, 과거에 이룬 것을 근근이라고 하는데 이근利根과 둔근鈍根이 있고, 현재 좋아하는 것을 욕欲이라고 하는데 속희速喜와 지희遲喜가 있고, 미래의 종자를 성性이라고 하는데 이숙已熟과 미숙未熟이 있다고 설명한다.

3. 증발심證發心의 심상心相

此證發心中차증발심중 有三種心유삼종심 一眞心일진심 無有分別故무유분별고 二方便心이방편심 任運利他故임운이타고 三業識心삼업식심 微細起滅故미세기멸고 ii

이 증발심證發心 중에는 세 가지 마음이 있다. 하나는 진심眞心이니 분별이 없는 것이고, 둘은 방편심方便心이니 자유자재하게 이타利他하는 것이고, 셋은 업식심業識心이니 미세하게 기멸起滅하는 것이다.

증발심한 지상보살의 심상心相에 세 가지가 있다. 진심眞心・방편심方便心・업식심業識心이 그것이다. 이제 반연심攀緣心이 없으니 무연지無緣知인 진심이 기본이 되고, 일체종지一切種智를 지녀서 자유자재하게 합당한 교화를 베푸니 방편심이 필요하고, 아직 육신을 지니고 있으니 미세유주微細流注가 기멸하므로 업식심이 남아 있다는 말이다.

지욱대사의 설명에 따르면 '진심'은 제6식과 제7식이 상응하는 근본지根本智이고, '분별이 없다'는 것은 염념念念에 증진證眞한다는 뜻이다. '방편심'은 제6식과 제7식이 상응하는 후득지後得智이고, '자유자재하게 이타利他하는 것'은 염념에 작용을 일으켜서 전5식으로 하여금 함께 교화를 하게 한다는 뜻이다. '업식심'은 제8식인 이숙식異熟識이고, '미세하게 기멸하는 것'은 무명종자無明種子가 남아 있어서 지혜로 내훈內熏하여 지종智種은 분기分起하고 혹종惑種은 분멸分滅하여 부사의하게 변역생사하는 것을 뜻한다. 앞에 나온 신성취발심에서 언급한 세 가지 발심과 이 증발심證發心의 세 가지 마음을 대비하면, 정직심正直心은 진심에, 심중심深重心과 대비심大悲心은 방편심에, 그리고 업식심은 삼심三心의 근본식根本識에 대비된다. 또 신성취발심의 세 가지는 능발能發을 기준으로 한 묘관찰지妙觀察智의 공능功能이지만, 증발심의 세 가지 마음은 능소能所를 겸한 것이므로, 양자의 개합開合이 같지가 않다.

又此菩薩우차보살 福德智慧복덕지혜 二種莊嚴悉圓滿已이종장엄실원만이

또 이 보살은 복덕과 지혜의 두 가지 장엄이 모두 원만하다.

앞에서 분증分證을 설명했는데, 다시 이번에는 만증滿證을 설명한다. 즉 지상보살이 진여법신을 증득하여 구경의 과덕果德을 성취하는 과정을 설명한다. 복덕과 지혜의 두 가지 장엄이 '모두 원만圓滿하다'고 한 구절은 구경의 과덕을 만증滿證함을 말한다. 지욱대사의 설명에 따르면 '복덕과 지혜'는 진여의 체體에 의지하는데, '두 가지 장엄이 모두 원만한 것'은 진여의 상相이다. 체體와 상相이 원현圓顯하면 대용大用이 당연히 현전하므로 '정각正覺 이룸'을 보인다. 또 지혜로 진여의 체를 증득하면 체體가 법계에 두루하고, 지혜가 원만하면 상相이 법계에 두루하고, 복덕이 원만하면 용用이 법계에 두루하니, 법신法身과

보신報身과 화신化身이 모두 법계에 두루하다. 그래서 한 사람이 성불하면 법계가 모두 한 부처님의 의정依正이지만, 장애도 없고 섞임도 없으니 진여의 성性이 항상 같기도 하고 항상 다르기도 하여 부사의하기 때문이다. 그래서 '복덕과 지혜의 두 가지 장엄이 모두 원만하다'고 한다.

於色究竟어색구경 **得一切世間最尊勝身**득일체세간최존승신 ⅱ

색구경처色究竟處에서 일체 세간에서 가장 높고 수승한 몸을 얻는다.

'색구경色究竟'은 색계色界의 맨 꼭대기에 있는 사선천四禪天을 가리키고, '가장 높고 수승한 몸'은 보신불報身佛을 말한다. 『화엄경』에서는 제10지 보살이 사선四禪에서 성불함을 보인다고 하고, 또 장차 성불할 적에는 반드시 금강유정金剛喩定에 들어서 사구선捨俱禪에 의지한다고 설명한다. 이 구절은 제불이 색구경인 사선천에서 성불하여 보신불을 성취한다는 뜻이다.

以一念相應慧이일념상응혜 **頓拔無明根**돈발무명근 **具一切種智**구일체종지 **任運而有不思議業**임운이유부사의업 **於十方無量世界**어시방무량세계 **普化衆生**보화중생일념상응혜一念相應慧로써 무명의 뿌리를 단번에 뽑고 일체종지一切種智를 갖추니, 자유자재한 부사의업不思義業이 있어서 시방의 무량한 세계에서 널리 중생을 교화한다.

"일념상응혜一念相應慧"는 광겁曠劫 동안 무루無漏로 훈수勳修하여 아라야식 중의 무명종자無明種子가 사라지면서, 이 제8 정식淨識이 별경別境 중의 혜소慧所와 상응相應하는 것을 말한다. 한번 상응하면 영원히 상응하니 "무명의 뿌리를 단번에 뽑는다"고 한다. "일체종지一切種智를 갖춘다"는 것은 이렇게 성취한 대원경지大圓鏡智가 여여如如하여 모르는 법法이 없고 못 보는 법이 없으므로 불지견佛知見이라고도 하고, 자유자재한 부사의업不思義業으로 널리 중생을 교화하므로 불안佛眼이라고도 한다.

問문 虛空無邊故허공무변고 世界無邊세계무변 世界無邊故세계무변고 衆生無邊중생무변 衆生無邊故중생무변고 心行差別亦復無邊심행차별역부무변 如是境界여시경계 無有齊限무유제한 難知難解난지난해 若無明斷약무명단 永無心相영무심상 云何能了一切種운하능료일체종 成一切種智성일체종지

문: 허공이 무변하므로 세계가 무변하고, 세계가 무변하므로 중생이 무변하고, 중생이 무변하므로 심행心行의 차별이 무변하다. 이와

같이 경계는 제한이 없어서 알기 어렵고 이해하기 어렵다. 만일 무명이 끊어지면 심상心相이 영원히 없거늘, 어떻게 일체종一切種을 능히 알고 일체종지一切種智를 이루느냐?

마명존자는 일체종지一切種智에 대하여 문답으로 설명을 계속하고 있다. 여기서 '일체종一切種'은 제법諸法을 총체적으로 아는 지혜이고, '일체종지'는 제법을 개별적으로 아는 지혜이다. 먼저 질문이다. "무명이 끊어지면 삼세三細가 없어서 이미 주객이 없는데, 어떻게 세상만사를 제대로 보고, 듣고, 아는가?"

答답 一切妄境일체망경 從本已來종본이래 理實唯一心爲性이실유일심위성 一切衆生일체중생 執著妄境집착망경 不能得知一切諸法불능득지일체제법 第一義性제일의성 諸佛如來제불여래 無有執著무유집착 則能現見諸法實性즉능현견제법실성 而有大智이유대지 顯照一切染淨差別현조일체염정차별 以無量無邊善巧方便이무량무변선교방편 隨其所應수기소응 利樂衆生이락중생 是故妄念心滅시고망념심멸 了一切種요일체종 成一切種智성일체종지 ii

답: 일체 망경妄境은 본래부터 이치가 진실로 오직 일심一心이 자성自性인데, 일체 중생들이 망경에 집착하여서 일체 제법의 제일의성第一

義性을 알지 못하고 있다. 제불여래는 집착이 없으므로 곧 제법의 실성實性을 능히 현견現見하고, 대지大智가 있으므로 일체 염정染淨의 차별을 현조顯照하여 무량무변한 선교방편으로 그 응하는 바에 따라 중생을 이롭고 즐겁게 한다. 이리하여 망념심이 소멸하고 일체종一切種을 알고 일체종지一切種智를 이룬다.

'제불여래는 집착이 없으므로 망념심妄念心이 소멸하고 일체종一切種을 알고 일체종지一切種智를 이룬다'는 대답이다. 지욱대사의 설명에 따르면 '제법의 실성實性을 능히 보는 것'은 근본지根本智가 진제眞諦를 증득함이다. '염정染淨의 차별을 분명하게 비추는 것'은 후득지後得智가 속제俗諦를 관조觀照함이니, 속제를 요달了達하려면 먼저 진제를 증득하여야만 가능하므로 후득後得이라고 말한다.

問문 若諸佛有無邊方便약제불유무변방편 能於十方능어시방 任運利益諸衆生者임운이익제중생자 何故衆生하고중생 不常見佛불상견불 或覩神變혹도신변 或聞說法혹문설법

문: 만일 제불이 끝없는 방편이 있어서 능히 시방에서 자유자재로 모든 중생에게 이익을 준다고 한다면, 무슨 까닭으로 중생들은 부처님을 항상 뵙지 못하고, 혹은 신통변화를 항상 보지 못하며, 설법을 항상 듣지 못하는가?

'자유자재로 모든 중생에게 이익을 준다'는 임운이생任運利生에 대한 질문이다. 제불보살은 항상 중생을 도우려고 발원한다는데, 왜 중생들은 그런 제불보살을 만나 보지 못하고, 도움을 받지도 못하는가?

答답 如來實有如是方便여래실유여시방편 但要待衆生단요대중생 其心淸淨기심청정 乃爲現身내위현신 如鏡有垢여경유구 色像不現색상불현 垢除則現구제즉현 衆生亦爾중생역이 心未離垢심미리구 法身不現법신불현 離垢則現이구즉현ⅰⅰ

답: 여래에게는 실제로 이와 같은 방편이 있지만, 다만 중생의 마음이 청정하기를 기다려서 몸을 나타내신다. 마치 거울에 티끌이 있으면 색상이 나타나지 않지만, 티끌이 제거되면 즉시 나타남과 같다. 중생도 그러하여 마음이 티끌을 여의지 않으면 법신法身이 나타나지 않지만, 티끌을 여의면 즉시 나타난다.

태양이 중천中天에서 환하게 천하를 비추지만 눈이 먼 중생은 햇빛을 보지 못하는 것과 같이, 심경心鏡에 티끌이 많은 중생은 제불보살이 항상 비치고 있는 줄을 모른다는 이야기다. 상황이 급박하여 관세음보살 기도를 지성으로 시행하면 잠시 티끌이 닦여서 가피加被를 입는 것도 제불보살의 상주常住가 사실이기 때문이다.

"여래에게는 실제로 이와 같은 방편이 있다"는 구절을, 진제의 구역에는 "제불여래諸佛如來의 법신法身은 평등하여 일체처一切處에 두루하되 작의作意가 없으므로 자연自然이라고 말한다"고 번역하고 있다.

제4분 수신분修信分

云何修習信分운하수습신분 此依未入正定眾生說차의미입정중생설 何者爲信心하자위신심 云何而修習운하이수습 ii

어떤 것이 신심信心을 수습修習하는 분과分科인가?
이는 정정취正定聚에 들지 못한 중생을 위하여 설명하는 것이다.
어떤 것이 신심이고, 어떻게 수습하는가?

수습修習은 수행학습修行學習의 준말이다. 이 수습은 오직 정정취正定聚에 들지 못한 사정취邪定聚나 부정취不定聚 중생을 위하여 필요한 부분이다.
　앞에서 세 가지 발심을 한 학인은 이미 대승의 보살이므로 따로 여기서 말하는 수행학습을 할 필요가 없다.
　정정취에 들려면 네 가지의 정신正信을 학습하고, 여섯 가지의 바라밀을 수행해야 한다.

제1장 신심信心

信有四種신유사종 一曰 信根本신근본 謂樂念眞如法故위낙념진여법고 二이 信佛具足無邊功德신불구족무변공덕 謂常樂위상락 頂禮정례 恭敬공경 供養공양 聽聞正法청문정법 如法修行여법수행 迴向一切智故회향일체지고 三삼 信法有大利益신법유대이익 謂常樂修行諸波羅蜜故위상락수행제바라밀고 四사 信正行僧신정행승 謂常供養諸菩薩衆위상공양제보살중 正修自利利他行故 정수자리이타행고

신信에는 네 가지가 있다. 하나는 근본根本을 믿으니 즐겁게 진여법眞如法을 생각하기 때문이다. 둘은 불구족무변공덕佛具足無邊功德을 믿으니 항상 즐겁게 정례하고 공경하고 공양하며, 정법을 듣고, 법답게 수행하여 일체지에 회향하기 때문이다. 셋은 법유대이익法有大利益을 믿으니 항상 즐겁게 모든 바라밀을 수행하기 때문이다. 넷은 정행승正行僧을 믿으니 항상 모든 보살들을 공양하는데, 그들이 자리이타행自利利他行을 바르게 수행하고 있기 때문이다.

첫째인 신근본信根本은 자기의 근본인 불성佛性과 진심眞心을 믿는 것이고, 나머지 셋은 불법승 삼보를 믿는 내용이다. 즉 '신불구족무변공덕信佛具足無邊功德'은 불佛은 무변한 공덕이 구족되어 있다고 믿음이고, '신법유대이익信法有大利益'은 불법에는 큰 이익이 있음을 믿음이며, '신정행승信正行僧'은 바르게 수행하는 승僧인 보살을 받들어 공양하고 신뢰하는 것이다.

『대승기신론』은 불법승 삼보에서, 승보僧寶에 보살만 포함시키고, 아라한을 제외하였다. 오늘날 우리들이 승보는 승단에 소속된 모든 승려들이라고 해석하는 것과는 크게 다르다. 중생을 교화할 수 있는 선지식이면 승보에 해당한다고 알고 있는 우리나라 불자들에게 시사하는 바가 크다.

제2장 수습修習

修五門行수오문행 能成此信능성차신 所謂施門소위시문 戒門계문 忍門인문 精進門정진문 止觀門지관문 ii

수습修習에는 오문五門의 행이 있어서 능히 이 신심信心을 이룬다. 이른바 시문施門·계문戒門·인문忍門·정진문精進門·지관문止觀門이다.

수습修習의 내용은 육바라밀인데, 다만 지止인 선정禪定과 관觀인 반야般若를 지관止觀이라고 한데 묶어서 오문五門으로 만든 것이 다르다. 지관을 2개의 문으로 분리하면 진여성眞如性과 합치하지 않기 때문이다.
    오문五門에서 지관은 정행正行이고 앞의 사문四門은 조행助行이다. 정조正助가 결합하여 복덕과 지혜라는 이종의 장엄을 이루어 진여를 드날린다.

제1절 시문施門

云何修施門운하수시문 謂若見衆生위약견중생 來從乞求내종걸구 以己資財이기자재 隨力施與수력시여 捨自慳著사자간착 令其歡喜영기환희 若見衆生약견중생 危難逼迫위난핍박 方便救濟방편구제 令無怖畏영무포외 若有衆生약유중생 而來求法이래구법 以己所解이기소해 隨宜爲說수의위설 修行如是三種施時수행여시삼종시시 不爲名聞불위명문 不求利養불구이양 亦不貪著世間果報역불탐착세간과보 但念自他利益安樂단념자타이익안락 迴向阿耨多羅三藐三菩提회향아뇩다라삼먁삼보리 ii

어떻게 시문施門을 수습하는가? 만일 중생이 찾아와서 구걸함을 보면 자기의 자재資財를 힘에 따라 베풀어 주고 스스로의 간탐과 집착을 버리고 그들을 기쁘게 한다. 만약 중생이 위난危難하고 핍박함을 보면 방편으로 구제하여 두려움이 없게 하고, 만일 어떤 중생이 와서 법을 구하면 자기가 아는 대로 마땅하게 설명한다. 이와 같은 삼종시三種施를 수행할 때 명문名聞을 위하지 않고, 이양利養을 구하지 않으며, 또한 세간의 과보에도 탐착하지 아니한다. 다만 자타自他의 이익과 안락과 '아뇩다라삼먁삼보리'로 회향하는 것만 생각한다.

시문施門은 보시바라밀이다. 삼종시三種施는 재시財施·무외시無畏施·

법시法施를 가리킨다. 자기의 욕심을 버리어서 파악破惡하고, 남을 기쁘게 하여 생선生善하는 것이 재시財施이고, 방편을 써서 남을 구제하는 것은 무외시無畏施이다. 자기가 이해한 것을 기틀에 맞추어서 적의適宜하게 설명하는 것이 법시法施인데, 그러나 정정취正定聚가 아닌 사람은 완전한 보시를 행하기가 어렵다고 한다. 시문施門은 세 가지 회향을 갖추는데, 즉 '명문名聞을 위하지 않고 이양利養을 구하지 않으며, 또한 세간의 과보에도 탐착하지 아니한다'는 것은 회사향리迴事向理이고, '다만 자타自他의 이익과 안락만 생각하는 것'은 회자향타迴自向他이고, '아뇩다라삼먁삼보리로 회향하는 것만 생각하는 것'은 회인향과迴因向果이다.

제2절 계문戒門

云何修戒門운하수계문 所謂在家菩薩소위재가보살 當離殺生당리살생 偸盜투도 邪婬사음 妄言망언 兩舌양설 惡口악구 綺語기어 慳貪간탐 瞋嫉진질 諂誑첨광 邪見사견 若出家者약출가자 爲欲折伏諸煩惱故위욕절복제번뇌고 應離憒鬧응리괴료 常依寂靜상의적정 修習止足頭陀等行수습지족두타등행 乃至小罪내지소죄 心生大怖심생대포 慚愧悔責참괴회책 護持如來所制禁戒호지여래소제금계 不令見者불령견자 有所譏嫌유소기혐 能使衆生捨惡修善능사중생사악수선 ii

어떻게 계문戒門을 수습하는가? 이른바 재가보살은 마땅히 살생殺生·투도偸盜·사음邪婬·망어妄語·양설兩舌·악구惡口·기어綺語·간탐慳貪·진질瞋嫉·첨광諂誑·사견邪見을 여의어야 한다. 출가자는 모든 번뇌를 절복하기 위하여 응당 시끄러움을 떠나 항상 적정寂靜을 의지하되 지족두타행止足頭陀行을 수습하고, 나아가 작은 죄에도 큰 두려움과 참괴慙愧와 회책悔責하는 마음을 내며, 여래께서 제정하신 금계禁戒를 호지護持하고, 보는 사람들이 기혐譏嫌하는 바가 없게 하여 능히 중생들로 하여금 악을 버리고 선을 닦게 한다.

계문戒門은 지계바라밀이다. 계율에는 재가보살의 오계五戒와 십선十善이 있고, 출가자는 비구이백오십계比丘二百五十戒와 대승보살계섭大乘菩薩戒攝이 있다. "지족두타행止足頭陀行"이란 마하가섭 존자가 평생 동안 임수하던 의식주衣食住에 대한 열두 가지 지족승행知足勝行을 말한다. 이 열두 가지의 승행을 수행한 가섭 존자를 부처님께서 대중들 앞에서 칭찬하시고 "정법正法이 오랫동안 세상에 머무는 것은 전적으로 이 사람에게 달렸다"고 하시면서 전심傳心하고 법안法眼을 부촉했다고 한다.[41]

---

41 십이지족승행十二知足勝行은 "일자주아란약처一者住阿蘭若處 이자상행걸식二者常行乞食 삼자차제걸식三者次第乞食 사자수일식법四者受一食法 오자절량식五者節量食 육자중후불음과장밀장등六者中後不飮果漿蜜漿等 칠자착분소의七者著糞掃衣 팔자단삼의八者但三衣 구자총간주九者塚間住 십자수하지十者樹下止 십일자로지좌十一者露地坐 십이자단좌불와十二者但坐不臥"이다.

제3절 인문忍門

云何修忍門운하수인문 所謂見惡不嫌소위견악불혐 遭苦不動조고부동 常樂觀察甚深句義상락관찰심심구의

어떻게 인문忍門을 수습하는가? 이른바 악惡을 보아도 혐오하지 않고, 고품를 만나도 동요하지 않으며, 항상 즐겁게 심히 깊은 경구經句의 뜻을 관찰한다.

인문忍門은 인욕바라밀이다. 지욱대사의 설명에 따르면 "악惡을 보아도 혐오하지 않는 것"는 생인生忍으로 내원해인耐怨害忍이고, "고품를 만나도 동요하지 않는 것"은 법인法忍으로 안수고인安受苦忍이며, "항상 즐겁게 심히 깊은 경구經句의 뜻을 관찰하는 것"은 제일의인第一義忍으로 제찰법인諦察法忍이라고 한다.

제4절 정진문精進門

云何修精進門운하수정진문 所謂修諸善行소위수제선행 心不懈退심불해퇴 當念過去無數劫來당념과거무수겁래 爲求世間貪欲境界위구세간탐욕경계 虛受一切身心大苦허수일체신심대고 畢竟無有少分滋味필경무유소분자미 爲令未來遠離此苦위령미래원리

차고 應勤精進응근정진 不生懈怠불생해태 大悲利益一切衆生대비이익일체중생

어떻게 정진문精進門을 수습하는가? 이른바 모든 선행을 닦음에 마음이 해태懈怠하지 아니함이다. 마땅히 과거 무수겁 이래로 세간의 탐욕 경계를 구하여 헛되이 일체 신심身心의 대고大苦를 받았고, 끝내 조금도 자미滋味가 없었음을 기억하고, 미래에는 이 고를 멀리 여의기 위해서 마땅히 부지런히 정진하고 해태하지 않아서, 대비大悲로써 일체 중생을 이익되게 하는 것이다.

정진문精進門은 정진바라밀이니, 항상 상구보리上求菩提하고 하화중생下化衆生하는 자리이타自利利他 정신으로 부지런히 수습하는 것이다. 재가의 학인들은 사회생활을 계속하기 때문에 정진하기 어려운 여건이 많다.

其初學菩薩기초학보살 雖修行信心수수행신심 以先世來이선세래 多有重罪惡業障故다유중죄악업장고 或爲魔邪所惱혹위마사소뇌 或爲世務所纏혹위세무소전 或爲種種病緣之所逼迫혹위종종병연지소핍박 如是等事여시등사 爲難非一위난비일 令其行人영기행인 廢修善品폐수선품 是故宜應勇猛精進시고의응용맹정진 晝

夜六時주야육시 禮拜諸佛예배제불 供養공양 讚歎찬탄 懺悔참회 勸請권청 隨喜수희 迴向無上菩提회향무상보리 發大誓願발대서원 無有休息무유휴식 令惡障消滅영악장소멸 善根增長선근증장

초학보살은 비록 신심을 수행하나, 선세先世에 많은 중죄重罪 악업의 장애가 있기 때문에 혹은 마사魔邪의 뇌란惱亂을 받거나, 혹은 세상사에 얽히거나, 혹은 온갖 병연病緣의 핍박을 받는다. 이와 같은 일들로 인한 어려움이 한둘이 아니어서 수행인들이 선품善品을 수습하는 것을 폐지하게 된다. 그러므로 마땅히 용맹정진하여 주야로 제불께 예배하고, 공양하고, 찬탄하고, 참회하고, 권청하고, 수희하고, 무상보리에 회향하고, 큰 서원을 내기를 쉬지 않고 계속하여야 악장惡障이 소멸하고 선근이 증장한다.

초학보살初學菩薩의 용맹정진勇猛精進을 설명한다. 지욱대사의 설명에 따르면 정진의 내용은 『화엄경』의 보현보살의 십대원十大願과 『점찰경占察經』의 지장보살의 참법懺法이 대표적이라고 한다.[42] 그 외에 『법화경』, 『방등경』 등의 삼매三昧에 나오는 여러 가지 십과행도법十科行道法이 있다. 경전에 따라서 개합開合이 달라서 약간의 차이가 있지만

---

[42] 보현보살의 십대원十大願은 『화엄경』에 나오는데, 그 제목을 열거하면, 일예경제불一禮敬諸佛 이칭찬여래二稱讚如來 삼광수공양三廣修供養 사참회업장四懺悔業障 오수희공덕五隨喜功德 육청전법륜六請轉法輪 칠청불주세七請佛住世 팔상수불학八常隨佛學 구항순중생九恒順衆生 십보개회향十普皆迴向이다. 『점찰선악업보경占察善惡業報經』에는 참회懺悔하는 법식이 자세하게 나온다.

공양供養·찬탄讚歎·예배禮拜는 필수이고, 다시 오회五悔가 있다. 즉 참회懺悔는 업장을 소멸하고, 권청勸請은 마장魔障을 없애고, 수희隨喜는 질투를 없애고, 회향迴向은 이변二邊에 집착하는 장애를 없애고, 발원發願은 퇴망退忘하는 장애를 없애준다.

『열망소』에 이런 문답이 있다.

문: 혹은 마사魔邪의 뇌란惱亂을 받거나, 혹은 세상사에 얽히거나, 혹은 온갖 병연病緣의 핍박逼迫을 받는 이와 같은 일들로 인한 어려움이 있을 경우에 어떻게 수행하는가?

답: "혹은 마사의 뇌란을 받아도" 법도法度에 맞춰서 정진하면 마사도 저절로 제거된다. "혹은 세상사에 얽히어도" 세무世務를 내버리고 정진하면 된다. "혹은 온갖 병연病緣의 핍박을 받으면" 신명身命을 아끼지 않고 정진하면 병도 낫고 득력得力하게 된다. "만일 몸을 움직일 수 없으면" 운상수행運想修行을 하거나 염불수행을 하여 악장惡障이 소멸하고 선근이 증장하도록 한다.

제5절 지관문止觀門

云何修止觀門운하수지관문 謂息滅一切戲論境界위식멸일체희론경계 是止義시지의 明見因果生滅之相명견인과생멸지상 是觀義시관의 初各別修초각별수 漸次增長점차증장 至於成就지어성취 任運雙行임운쌍행 ¡¡

어떻게 지관문止觀門을 수습하는가? 일체의 희론戲論경계를 식멸息滅하는 것이 지止의 뜻이고, 인과가 생멸하는 모습을 명견明見하는 것이 관觀의 뜻이라고 한다. 처음에는 각각 따로 수습하지만, 점차 증장하여 성취하기에 이르면 저절로 둘을 같이 닦게 된다.

이 『대승기신론』의 지관문止觀門은 육바라밀 중에서 선정바라밀과 반야바라밀을 묶어서 설명하고 있다. 지止는 '사마타samatha'를 의역한 것인데, 지식止息·적정寂靜·능멸能滅이라고 번역하기도 한다. 관觀은 '비파사나vipasyana'를 의역한 것인데, 관찰觀察·능견能見·정견正見이라고 번역하기도 한다. 지止와 관觀은 선후가 없다고 함께 묶어서 설명하는 것은, 일심이문一心二門이 본래 둘이 아닌 것과 같은 이치다.

지욱대사의 설명에 따르면 지止에서 말하는 "일체의 희론戲論경계"는 견사희론見思戲論과 진사희론塵沙戲論과 무명희론無明戲論을 말하는데, 견사희론이 식멸息滅하면 일체 유경계有境界가 식멸하고, 진사희론이 식멸하면 일체 공경계空境界가 식멸하고, 무명희론이 식멸하면 일체 역유역공亦有亦空 비유비공非有非空경계가 식멸하여 일심진여문一心眞如門에 수순隨順하게 된다고 설명한다.

관觀에서 말하는 "인과가 생멸하는 모습"은 무명인 인因이 생生하면 시방세계인 과果가 생하고, 무명인 인이 멸하면 시방세계인 과가 멸한다. 또 진사塵沙인 인이 생하면 이승二乘인 과가 생하고 진사인 인이 멸하면 이승인 과가 멸한다. 견사見思인 인이 생하면 육범六凡인 과가 생하고, 견사인 인이 멸하면 육범인 과가 멸한다. 이렇게 인과가 생멸하는 모습을 명견明見하면 일심생멸문一心生滅門을 수순隨順하는 것이라고 한다.

일심一心의 이문二門은 본래 불이不二이니, 일심의 지관도 당연히 선후가 없다. 그러나 근기가 약한 초학자는 오랫동안 생사에 끄달려 살았기 때문에 먼저 '사마타'로 생사와 열반에 대한 집착을 대치對治하여야 진여를 이해할 수가 있다. 들뜬 마음이 가라앉아야만 불법을 이해하고 나아가 생멸이 바로 진여인 줄 알게 된다. 그런 연후에 '비파사나'로 진여가 인연따라 생멸을 나투는 것을 관찰하여 선근을 증장하는 것이 효과적인 수행방법이다. 차차 지관에 모두 순숙純熟하게 되면 저절로 지관쌍수止觀雙修 내지 정혜쌍수定慧雙修가 되어서, 즉관지지卽觀之止인 '사마타'와 즉지지관卽止之觀인 '비파사나'가 둘이 아닌 진실한 지관이 성취된다.

1. 수지문修止門
1) 여건과 환경

其修止者기수지자 住寂靜處주적정처 結跏趺坐결가부좌 端身正意단신정의 i i

지止를 수습하는 자는 적정한 처소에 안주하고, 가부좌를 틀고 앉아 몸을 단정히 하고 뜻을 바르게 한다.

'사마타'를 닦으려면 먼저 공부할 여건이 갖춰져야 한다. 적정한 처소는 이른바 사찰을 말하고, 가부좌를 틀고 앉아 몸을 단정히 하고 뜻을 바르게 한다는 것은 좌선하는 방식이다. 재가수행자가 지止를 수습修習하려면 출가자와 달리 애로사항이 많다. 무엇보다도 시간적·경제적으로 여유가 있어야 가능하니, 환경에 따라서 최선을 다할 뿐이다.

2) 정수正修

不依氣息불의기식 不依形色불의형색 不依虛空불의허공 不依地水火風불의지수화풍 乃至내지 不依見聞覺知불의견문각지 ⅱ

호흡에 의지하지 않고, 형색에도 의지하지 않으며, 허공에도 의지하지 않고, 지수화풍에도 의지하지 않으며, 나아가 견문각지見聞覺知에도 의지하지 않는다.

지止를 바르게 수습하는 정수正修에 대한 마명존자의 설명이다. 그는 여기서 특이하게 전통적인 수행방법인 수식관數識觀을 비롯한 사념처四念處나 구상九相 십상十想을 모두 바른 수지修止 공부가 아니라고 주장한다. 『능엄경』에 나오는 25원통圓通 공부도 정수正修가 아니라고 한다. 무슨 이유인가?
 지욱대사의 설명에 따르면 기식氣息은 당체當體를 불가득하고, 형색은 분석하면 무소유無所有이고, 허공은 비유非有이고, 지수화풍地水火風도 당체를 불가득하고, 또 견문각지見聞覺知도 대상인 육진六塵이 실유實有가 아니므로, 이것들은 모두 정수正修가 아니라고 한다. 즉

실유가 아닌 것을 소관所觀으로 삼는 삼매 공부는 『대승기신론』의 입장에서 보면 제대로 된 수지修止가 아니므로 사용하지 않는다는 설명이다.

마명존자의 이러한 견해는 매우 독특한 주장으로, 『능엄경』에서 설명하는 수능엄삼매나, 금강金剛삼매, 『문수반야경文殊般若經』의 일행一行삼매와 같은 제일의제第一義諦삼매를 정수正修로 본다.

그러나 우리들이 아는 불교는 모든 근기의 중생들을 포섭하므로, 근기의 등차에 따라 여러 가지 수지 방편이 모두 필요하다는 점도 인정하고 넘어가자.

一切分別想念皆除일체분별상념개제 亦遣除想역견제상 以一切法이일체법 不生不滅불생불멸 皆無相故개무상고

일체의 분별 상념을 모두 제거하고, 또 제거하는 생각도 역시 제거한다. 일체법은 불생불멸이어서 모두가 무상無相이기 때문이다.

앞에서는 수지修止 공부의 소관所觀인 기식氣息·형색形色·허공虛空·견문각지見聞覺知가 모두 불가득不可得인 줄 알고 버렸는데, 이 구절에서는 능관能觀인 내심內心의 분별하는 상념想念을 각찰覺察하여 제거하라는 설명이다. 지욱대사의 설명에 따르면 "분별하는 상념을 제거하고, 나아가 제거하는 생각도 역시 제거한다"는 것은 무상정無想定이나 멸진

정멸진定滅盡定에도 떨어지지 말라는 뜻이다. 왜냐하면 제법은 불생불멸이어서 실유實有가 아니고, 무상無相이므로 걷어잡을 것이 없기 때문이다. 그러하니 알고 보면 의지할 것도 없고 제거할 것도 없다. 대승의 사마타 공부는 이렇게 먼저 능소能所의 정체正體를 알고 있어야 가능하다는 이야기이다.

前心依境전심의경 次捨於境차사어경 後念依心후념의심 復捨於心부사어심 以心馳外境이심치외경 攝住內心섭주내심 後復起心후부기심 不取心相불취심상 以離眞如이리진여 不可得故불가득고ⅱ

전심前心이 경계에 의지하면 다음에 그 경계를 내버린다. 후념後念이 마음에 의지하면 다시 그 마음을 내버린다. 마음이 외경外境에 쏠리면 내심內心에 거두어들인다. 뒤에 다시 마음이 일어나면 심상心相을 취하지 않는다. 진여를 떠나면 얻을 수 없기 때문이다.

앞에서 설명한 것을 부연하는 내용이다. 먼저 바깥 소관所觀을 털어버리고, 다음에 마음이라는 능관能觀을 털어버린다. 이렇게 능소能所를 털어버리라는 내용이다.

지止를 닦을 적에 소관인 경계와 능관인 마음을 모두 배제하는 그 이유를 설명하고 있다. 지욱대사의 설명에 따르면 앞에서 설명한 호흡 내지 견문각지와 분별하는 상념想念이 모두 무명을 의지하여 나타난

허상들이다. 허상이니 걷어잡을 것이 없다는 이야기이다. 요약하면, 정수正修 공부는 처음에는 섭경귀심攝境歸心이고, 다음에는 관심무상觀心無相이다. 즉 일반적인 수지修止 공부에서 집중하는 호흡 내지 견문각지는 오직 무명에서 전변轉變한 분별 상념에서 생긴 것이니 실유實有가 아니다. 또 그것을 분별하는 상념도 역시 실유가 아니므로 모두 다 제거하라는 이야기이다. 이렇게 소관所觀과 능관能觀이 둘 다 무성無性이라는 것을 요달하는 것이 『대승기신론』의 수지 공부의 핵심이다. 이렇게 사마타 수행에서는 일체가 불가득인데, 그렇다면 진여는 가득加得인가?

行住坐臥행주좌와 於一切時어일체시 如是修行여시수행 恒不斷絶항불단절 漸次得入眞如三昧점차득입진여삼매 究竟折伏一切煩惱구경절복일체번뇌 信心增長신심증장 速成不退속성불퇴 i i

행주좌와와 일체시에 이와 같이 수행하여 항상 끊어지지 않으면 점차로 진여삼매眞如三昧에 들어가고, 마침내는 일체 번뇌를 절복하고 신심이 증장하여 조속히 불퇴전을 이룬다.

마명존자는 가장 깊은 삼매를 진여삼매眞如三昧라고 하고, 이 진여삼매만이 일체 번뇌를 절복折伏한다고 강조한다.

若心懷疑惑약심회의혹 誹謗不信비방불신 業障所纏업장소전 我慢懈怠아만해태 如是等人여시등인 所不能入소불능입

만약 마음에 의혹을 품거나, 비방하거나, 불신하거나, 업장에 얽히거나, 아만이 있거나, 게으르면, 이러한 사람들은 들어가지 못한다.

수지修止 공부를 방해하는 것들을 나열하고 있다. 학인이 의혹·비방·불신·업장·아만·해태가 남아 있다면 삼매 공부가 제대로 안 된다. 불교의 교리를 요달하지 못하면 의혹이 남아 있거나 아만이 생기므로, 온갖 사견에 끄달리지 않도록 자신을 살펴볼 필요가 있다.

3) 성과成果

復次부차 依此三昧의차삼매 證法界相증법계상 知一切如來法身지일체여래법신 與一切衆生身여일체중생신 平等無二평등무이 皆是一相개시일상 是故說名一相三昧시고설명일상삼매 若修習此三昧약수습차삼매 能生無量三昧능생무량삼매 以眞如이진여 是一切三昧根本處故시일체삼매근본처고 iiii

다시 이 삼매에 의하여 법계의 실상을 증득하며, 일체 여래의 법신과 더불어 일체 중생의 몸이 평등무이平等無二하여 모두 일상一相임을

알게 되므로, 이것을 일상삼매一相三昧라고 부른다. 만일 이 삼매를 수습하면 능히 무량한 삼매를 내는데, 그것은 진여가 일체 삼매의 근본처이기 때문이다.

지욱대사의 설명에 따르면 법계상法界相은 진여체眞如體이니 무상無相인 실상實相이다. 또 심心·불佛·중생 이 셋이 차별이 없어서 일상삼매一相三昧라고 하는데, 진제의 구역은 일상삼매를 일행삼매一行三昧라고 번역한다. 소증所證을 기준하면 일상一相이 되고, 능증能證을 기준하면 일행一行이 되니까 일행이 곧 일상인 줄 알아야 한다. 사조四祖 도신道信 대사가 강조하는『문수반야경』의 일행삼매가 바로 이것이다.[43] 이것이 또『능엄경』의 대불정수릉엄왕삼매大佛頂首楞嚴王三昧이고, 또한『법화경』의 법화실상삼매法華實相三昧이기도 하다. 이 일상삼매는 삼매의 왕으로 무량한 삼매들을 능히 생산한다고 설명한다.

4) 변석마사辨析魔事

或有衆生혹유중생 善根微少선근미소 爲諸魔外道鬼神惑亂위

---

[43] 『문수반야경文殊般若經: 文殊菩薩所說般若波羅蜜經』에서 "善男子선남자 善女人선여인 欲入一行三昧욕입일행삼매 應處空閑응처공한 捨諸亂意사제난의 不取相貌불취상모 繫心一佛계심일불 專稱名字전칭명자 隨佛方所수불방소 端身正向단신정향 能於一佛능어일불 念念相續염념상속 卽是念中즉시념중 能見過去未來現在諸佛능견과거미래현재제불 何以故하이고 念一佛功德無量無邊염일불공덕무량무변 亦與無量諸佛功德無二역여무량제불공덕무이 不思議佛法부사의불법 等無分別등무분별 皆乘一如개승일여 成最正覺성최정각 悉具無量功德無量辯才실구무량공덕무량변재 如是入一行三昧者여시입일행삼매자 盡知恒沙諸佛法界진지항사제불법계 無差別相무차별상"이라고 설명한다.

제마외도귀신혹란

혹 어떤 중생은 선근이 미소微少하므로 온갖 마와 외도와 귀신이 미혹케 하여 어지럽힌다.

변석마사辨析魔事는 수지修止하는 '사마타' 수행 중에 일어나는 마사魔事와 장애들을 분석하여 설명하는 것이다. 간략한 문체로 된『대승기신론』의 다른 부분에 비하여 차지하는 분량이 상대적으로 많아서 전체의 문체에는 어울리지 않지만, 너무 중요한 부분이어서 특별히 강조하는 의도인 것 같다. 다른 경전에도 변석마사辨析魔事 법문이 간혹 있기는 하지만,『능엄경』에는 이 마사를 설명하는 오십종변마사五十種辨魔事 법문이 자세하게 나온다. '차돌 능엄'이라서『능엄경』을 보지 않는 경향이 있지만, 삼매 공부를 하려는 학인이라면 누구나 이 부분만은 한번 읽어두는 것이 절집의 오래된 전통이다. "선근이 미소微少하기 때문에 마귀가 어지럽게 하는 것이라"고 하지만, 도고마성道高魔盛이라는 말이 있으니 이런 상황이 누구에게나 생길 수 있다. 따라서 공부를 제대로 하려면 미리 마사를 이해하고 대비해야 한다.

或現惡形혹현악형 以怖其心이포기심 或示美色혹시미색 以迷其意이미기의 或現天形혹현천형 或菩薩形혹보살형 乃至佛形내지불형 相好莊嚴상호장엄

혹은 악형惡形을 나타내어 무섭게 하거나, 혹은 미색을 보여 그 의지를 어지럽히거나, 혹은 천상이나 보살의 형상 내지 부처님의 형상을 나타내어 상호를 장엄하게 한다.

학인들의 약점을 알아보고서 마구니들이 덤벼든다고 한다. 공포심이 많으면 악형惡形으로 협박하고, 남녀에 약하면 미색으로 유혹하고, 성현에게만 의존하면 상호相好로 유혹한다. 지욱대사의 『열망소』에 따로 이런 문답이 들어 있다.

　문: 삼매를 닦다가 불보살의 형상을 보면, 그 형상이 선근이 감응感應한 것인지, 아니면 마구니의 장난인지 어떻게 구별하는가?

　답: 『원각경』에서 "부처님의 설법에서 들은 바 일체 경계가 아니면 마침내 취하지 말아야 한다"고 하셨다. 수행인이 삼매 중에 본 경계가 삼매와 상응하면 그것은 선상善相이다. 경계가 삼매와 상응하지 않으면 그것은 마사魔事이다. 그런데 지금 『대승기신론』에서 설명하는 진여삼매를 닦을 때에는 염불이나 예참처럼 감응을 구하는 내용이 없으므로, 감응과 망해妄解로 선상善相과 마사魔事에 혹란이 생길 일은 없다. 즉 모든 형상이 모두 마사에 해당한다.

或説總持혹설총지 或説諸度혹설제도 或復演説혹부연설 諸解脱門제해탈문 無怨無親무원무친 無因無果무인무과 一切諸法일체제법 畢竟空寂필경공적 本性涅槃본성열반

혹은 총지總持를 말하거나, 혹은 바라밀을 말하거나, 혹은 여러 해탈문인 무원無怨 무친無親과 무인無因 무과無果와 일체 제법이 필경 공적하고 본성이 열반임을 연설한다.

마와 외도와 귀신이 학인을 홀리는 방법은 여러 가지다. 이번에는 학인들이 탐착하는 것을 미끼로 사용하는 경우들이다. 만약 학인이 총지總持에 탐착하면 총지를 가지고 학인을 유혹하고, 학인이 본성本性이 열반涅槃임을 편애偏愛하면 본성이 열반임을 가지고 연설하여 학인을 감동시킨다. 마구니가 학인에게 직접 빙의하기도 하고, 혹은 제삼자에 빙의하여 그 제삼자를 통하여 학인을 퇴망退亡시키는 경우도 있다.

或復令知혹부령지 過去未來과거미래 及他心事급타심사 辯才演說변재연설 無滯無斷무체무단 使其貪著사기탐착 名譽利養명예이양 ⅱ

혹은 다시 과거나 미래의 일과 다른 사람의 일을 알게 하거나, 변재辯才로 연설하는 것이 막힘이 없게 하여서 명예와 이익에 탐착하도록 한다.

신통으로 미래를 예언하여 적중하게 하거나, 설통說通으로 법거량法擧揚을 잘해서 명예와 이익에 빠진 학인을 타락시키는 경우는 허다하다.

或數瞋數喜혹삭진삭희 或多悲多愛혹다비다애 或恒樂昏寐혹항락혼매 或久不睡眠혹구불수면 或身嬰疢疾혹신영진질 或性不勤策혹성불근책 或卒起精進혹졸기정진 卽便休廢즉변휴폐 或情多疑惑혹정다의혹 不生信受불생신수 或捨本勝行혹사본승행 更修雜業경수잡업 愛著世事애착세사 溺情從好익정종호

혹은 자주 성내고 자주 기뻐하거나, 혹은 슬픔이 많고 사랑이 많거나, 혹은 항상 즐거워서 혼매昏寐하거나, 혹은 오랫동안 잠자지 않거나, 혹은 몸에 병이 심하거나, 혹은 성질이 게으르거나, 혹은 조급하게 정진하다가 곧 그만두거나, 혹은 의혹이 많아서 믿고 받아들이지 않거나, 혹은 본래의 수승한 행동을 버리고 잡업雜業을 닦거나, 세상사에 애착하여 욕정에 빠져 호사好事에 종사하게 한다.

마구니들이 학인을 미혹하는 방법은 다양해서 정형이 없다. 학인의 버릇과 다른 것을 보여서 호기심을 유발하기도 하고, 반대로 버릇이 된 습관 때문에 거절하지 못하는 점을 이용하기도 한다. 이런 부류는 『능엄경』제9권에 나오는 수음受陰과 상음想陰의 마장魔障에서 자세하게 열거하고 있다.

或令證得外道諸定혹령증득외도제정 一日二日일일이일 乃至七

日내지칠일 住於定中주어정중 得好飮食득호음식 身心適悅신심적열 不饑不渴불기불갈 或復勸令受女等色혹부권령수녀등색 或令其飮食乍少乍多혹령기음식사소사다 或使其形容或好或醜혹사기형용혹호혹추 若爲諸見煩惱所亂약위제견번뇌소란 卽便退失往昔善根즉변퇴실왕석선근

혹은 외도의 정定을 증득하게 하고, 하루 이틀 내지 이레 동안 정에 머물러서 좋은 음식을 얻고 몸과 마음이 쾌적하고 즐거우며, 배고프지도 않고 목마르지도 않게 한다. 혹은 다시 여자 몸 받기를 권하고, 혹은 음식을 때로는 적게 때로는 많이 먹게 하며, 혹은 그 형용을 때로는 예쁘게 때로는 추하게 한다. 만약 온갖 사견과 번뇌로 어지러움을 당하면 즉시 과거의 선근이 퇴실退失하게 된다.

학인들이 갑자기 외도삼매外道三昧를 얻어서 신기한 경험을 겪게 하거나, 희귀한 신통에 빠져서 모습에 끄달리게 하는 것은 가장 흔하게 보는 마사魔事들이다.

是故시고 宜應審諦觀察의응심체관찰 當作是念당작시념 此皆以我善根微薄차개이아선근미박 業障厚重업장후중 爲魔鬼等之所迷惑위마귀등지소미혹 如是知已여시지이 念彼一切념피일체 皆唯개유

是心개유시심 如是思惟여시사유 刹那卽滅찰나즉멸

그러므로 마땅히 잘 살피고 관찰하되, 마땅히 '이것은 모두 나의 선근善根이 미박微薄하고 업장이 두터운 탓으로 마구니에게 미혹당한다'라고 생각해야 한다. 이렇게 한 뒤에는 '저것들은 일체가 모두 오직 이 마음이다'라고 생각하여야 한다. 이와 같이 생각하면 찰나에 즉시 소멸한다.

지욱대사의 해설을 보면 마사魔事를 대치하는 법은 세 가지가 있다. 하나는 "잘 살피고 관찰하여 마사인 줄 알아차려서" 마음에 미란迷亂한 생각이 나지 않게 함이요, 둘은 "나의 선근이 미박微薄하고 업장이 두터운 탓이니" 스스로 반성하고 개과천선함이요, 셋은 "저것들은 일체가 모두 오직 내 마음이니", 이른바 심외무법心外無法인 줄 확인하고 일상삼매를 여의지 않는 것이다.

遠離諸相원리제상 入眞三昧입진삼매 心相旣離심상기리 眞相亦盡진상역진

제상諸相을 원리遠離하여 진짜 삼매(眞三昧)에 들면, 심상心相을 이미 여의었으니 진상眞相도 또한 소멸한다.

지욱대사의 해설을 보면 "제상諸相을 원리遠離한다"는 것은 세 가지 방법으로 마사魔事를 잘 대치한다는 것이고, "진삼매眞三昧에 든다"는 것은 실다운 지혜가 난다는 말이고, "심상心相을 이미 여의었다"는 것은 무분별지無分別智를 얻은 것이고, "진상眞相도 또한 소멸한다"는 것은 무소득無所得에 이른다는 것이다.

從於定起종어정기 見諸煩惱皆不現行견제번뇌개불현행 以三昧力壞其種故이삼매력괴기종고 殊勝善品수승선품 隨順相續수순상속 一切障難일체장난 悉皆遠離실개원리 起大精進기대정진 恒無斷絶항무단절

정정定에서 일어나더라도 모든 번뇌가 모두 현행하지 아니함을 보게 되니, 삼매의 힘으로 종자를 파괴시키기 때문이다. 수승한 선품善品이 수승하여 상속되면 일체의 장애와 난제가 모두 멀리 떠났기 때문에 큰 정진을 일으켜 항상 끊어짐이 없다.

지욱대사의 해설을 보면 이 구절은 진삼매眞三昧로 능히 발심주發心住에 올라가서 정심지淨心地에 들어가면, 사마타와 함께 비파사나도 원만하게 갖추어져서 번뇌가 일어나지 않는 경지에 도달한다는 말이다.

若不修此三昧行者약불수차삼매행자 無有得入如來種性무유득입여래종성 以餘三昧이여삼매 皆是有相개시유상 與外道共여외도공 不得値遇佛菩薩故불득치우불보살고 是故菩薩於此三昧시고보살어차삼매 當勤修習당근수습 令成就究竟영성취구경ⅱ

만약 이 삼매수행을 수습하지 않으면 여래종성에 들어갈 수 없다. 여타의 삼매는 모두 유상有相이므로 외도와 더불어 같아서 불보살을 뵈올 수가 없다. 그러므로 보살은 이 삼매를 마땅히 부지런히 수습하여 구경을 성취토록 하여야 한다.

"여타의 삼매"란 『대승기신론』에서 권하지 않는 모든 종류의 삼매를 총괄하여 가리킨다. 수식관數識觀을 위시하여 사선팔정四禪八定과 멸진정滅盡定이라는 불가佛家의 각종 삼매들은 모두 무루혜無漏慧를 내어서 삼승三乘의 과지果地를 증득하므로 외도의 유상삼매有相三昧와는 판연히 다르다. 그러나 진여삼매眞如三昧인 일상삼매一相三昧는 아니라고 한다.

5) 수지修止의 이익

修此三昧수차삼매 現身卽得현신즉득 十種利益십종이익 一者일자 常爲十方諸佛菩薩之所護念상위시방제불보살지소호념 二者

이자 不爲一切諸魔惡鬼之所惱亂불위일체제마악귀지소뇌란 三者삼자 不爲一切邪道所惑불위일체사도소혹 四者사자 令誹謗深法영비방심법 重罪業障중죄업장 皆悉微薄개실미박 五者오자 滅一切疑諸惡覺觀멸일체의제악각관 六者륙자 於如來境界어여래경계 信得增長신득증장 七者칠자 遠離憂悔원리우회 於生死中어생사중 勇猛不怯용맹불겁 八者팔자 遠離憍慢원리교만 柔和忍辱유화인욕 常爲一切世間所敬상위일체세간소경 九者구자 設不住定설불주정 於一切時一切境中어일체시일체경중 煩惱種薄번뇌종박 終不現起종불현기 十者십자 若住於定약주어정 不爲一切音聲等緣之所動亂불위일체음성등연지소동란

이 삼매를 수습하면 현재의 몸으로 곧 열 가지의 이익을 얻는다. 하나는 항상 시방의 제불보살께서 호념하신다. 둘은 일체 제마악귀諸魔惡鬼 때문에 뇌란하지 않는다. 셋은 일체 사도邪道에 현혹되지 않는다. 넷은 깊은 법을 비방하는 중죄업장이 모두 적어지고 엷어진다. 다섯은 일체의 의심과 모든 잘못된 각관覺觀이 소멸한다. 여섯은 여래의 경계에 대한 믿음이 더욱 자란다. 일곱은 근심과 후회를 멀리 여의고 생사 중에서 용맹하여 겁내지 않는다. 여덟은 교만을 멀리 여의고 유화柔和하고 인욕하여 항상 일체 세간의 존경을 받는다. 아홉은 설사 정정에 머물지 않아도 일체시 일체처에 번뇌의 종자가 엷어져서 마침내 현행現行하지 않는다. 열은 만약 정에 머물면 일체

음성 등의 연緣에 끄달리지 않는다.

모두 현재의 몸으로 받는 이익들이다. "다섯째, 일체의 의심과 모든 잘못된 각관覺觀이 소멸한다"는 것이 가장 중요한 이익이니, 장차 무상정등정각無上正等正覺을 성취하게 된다.

2. 수관문修觀門

復次부차 若唯修止약유수지 心則沈沒심즉침몰 或生懈怠혹생해태 不樂衆善불락중선 遠離大悲원리대비 是故宜應兼修於觀시고의응겸수어관

다시 만약 오로지 지止만 수습하면 마음이 침몰하거나, 혹은 나태해지거나, 중선衆善을 즐기지 않거나, 대비大悲를 멀리 떠나기도 한다. 따라서 마땅히 관觀을 겸하여 수습해야 한다.

지止만 수습하면 공적에 치우치게 되므로, 관觀이라는 '비파사나'를 같이 수습해야만 영지靈知가 확연하여 정각正覺을 얻을 수 있다고 한다.

云何修耶운하수야 謂當觀世間一切諸法위당관세간일체제법 生滅不停생멸부정 以無常故苦이무상고고 苦故無我고고무아 應觀

過去法如夢응관과거법여몽 現在法如電현재법여전 未來法如雲미래법여운 忽爾而起홀이이기 應觀有身悉皆不淨응관유신실개불정 諸蟲穢汚제충예오 煩惱和雜번뇌화잡ⅲⅲ

어떻게 수습하느냐? 세간의 일체 제법이 생멸하고 머물지 않으니, 무상하니까 괴롭고, 괴로우니까 무아라고 마땅히 관하라고 말한다. 과거의 법은 꿈같고, 현재의 법은 번갯불 같고, 미래의 법은 구름 같아서 홀연히 생긴다고 응당 관하여야 한다. 또 몸은 모두 부정不淨하고, 온갖 벌레와 세균에 오염되었고, 번뇌가 혼잡되어 있다고 응당 관하여야 한다.

관觀을 수습하는 방법을 설명한다. 지욱대사의 설명에 따르면 먼저 고제관苦諦觀이 나온다. 삼법인三法印인 무상無常・고苦・무아無我를 관하고, 또 삼세三世의 홀기홀멸忽起忽滅과 신체의 부정不淨을 관하는 관법이다. 이 네 가지에 일체 견애見愛가 다 포함된다.

觀諸凡愚관제범우 所見諸法소견제법 於無物中어무물중 妄計爲有망계위유

모든 범부나 우인이 보는 제법은 한 물건도 없는 중에서 망계妄計하여 있다고 생각하는 줄을 관한다.

이것은 집제관集諦觀이다. "망계妄計하여 있다고 하는 것"은 혹惑이니 집제集諦에 해당한다. 이 관으로써 범부와 외도와 이승二乘이 공통적으로 보유하는 '삼계三界가 있다'는 탐착을 대치한다.

觀察一切從緣生法관찰일체종연생법 **皆如幻等**개여환등 **畢竟無實**필경무실 **觀第一義諦**관제일의제 **非心所行**비심소행 **不可譬喻**불가비유 **不可言說**불가언설

일체 인연 따라 생긴 법은 모두 환幻 등과 같아서 끝내 무실無實하다고 관찰한다. 제일의제는 심소행心所行이 아니므로 비유할 수 없고 말할 수 없음을 관한다.

이것은 멸제관滅諦觀이다. "인연 따라 생긴 법은 모두 환幻 등과 같아서"는 사事에 즉卽한 진眞이니, 진이 사의 밖에 있는 것이 아니다. 따라서 "심소행心所行이 아니니 비유할 수 없고 말할 수 없다"고 한다. 이것은 범부 외도의 비멸계멸非滅計滅과 이승二乘의 사유멱공捨有覓空과 권교權教보살의 기변취중棄邊取中을 대치한다.

觀一切衆生관일체중생 **從無始來**종무시래 **皆因無明熏習力故**개인무명훈습력고 **受於無量身心大苦**수어무량신심대고 **現在未來**

현재미래 亦復如是역부여시 無邊無限무변무한 難出難度난출난도 常在其中상재기중 不能覺察불능각찰 甚爲可愍심위가민

일체 중생은 무시로부터 모두 무명의 훈습력으로 인하여 무량한 신심의 대고大苦를 받았으며, 현재와 미래도 역시 그와 같아서 무변무한하여 벗어나기도 어렵고 제도하기가 어려우며, 항상 그 가운데에 있어서 각찰覺察하지 못하니 심히 불쌍하다고 관한다.

이것은 도제관道諦觀이다. 만약 무명 인과를 능히 각찰覺察하면 도탈度脫하는 길이 나온다. "심히 불쌍하다"는 것은 홍원弘願을 말한다. 이것은 범부 외도에게 도탈하는 길을 가르치고, 이승二乘에게 대비를 가르치는 관법이다.

如是觀已여시관이 生決定智생결정지 起廣大悲기광대비 發大勇猛발대용맹 立大誓願입대서원 願令我心離諸顛倒원령아심이제전도 斷諸分別단제분별 親近一切諸佛菩薩친근일체제불보살 頂禮供養정례공양 恭敬讚歎공경찬탄 聽聞正法청문정법 如說修行여설수행 盡未來際진미래제 無有休息무유휴식 以無量方便이무량방편 拔濟一切苦海衆生발제일체고해중생 令住涅槃第一義樂영주열반제일의락

이렇게 관한 뒤에 결정지決定智를 내고, 광대한 자비심을 일으키고, 큰 용맹심을 발하여 큰 서원을 세운다.

"원컨대 제 마음이 모든 전도顚倒를 여의고 모든 분별을 끊되 일체 모든 불보살을 친근하며, 정례·공양·공경·찬탄하고, 정법을 듣고 말씀대로 수행하기를 미래세가 다하도록 쉼이 없으며, 무량한 방편으로 일체 고해 중생을 제도하여 열반의 제일의락第一義樂에 머물게 하여지이다."

이제 사성제四聖諦에 의지하여 정진함을 발한다. "결정지決定智를 내고"는 상구불도上求佛道요, "광대한 자비심을 일으키고"는 하화중생下化衆生이니, 이것이 바로 "큰 용맹심을 발하여 큰 서원을 세운다"는 정진이다. "모든 전도顚倒를 여의고 모든 분별을 끊는다"는 구절은 사홍서원四弘誓願 중의 번뇌무진서원단煩惱無盡誓願斷을 말한다. 자기를 도탈度脫하지 못하고서 타인을 도탈하려는 짓은 있을 수 없으므로 이 서원이 먼저 나온다. 그러나 사홍서원은 모두 일심一心 중에 있으니 실은 선후를 따질 성질은 아니다. "일체 모든 불보살을 친근하고, 정례·공양·공경·찬탄하고, 정법을 듣고 말씀대로 수행하기를 미래세가 다하도록 쉼이 없다"는 구절은 법문무량서원학法門無量誓願學에 해당하고, "무량한 방편으로 일체 고해 중생을 제도하여"는 중생무변서원도衆生無邊誓願度에 해당하고, "열반의 제일의락第一義樂에 머물게 하여지이다"는 불도무상서원성佛道無上誓願成에 해당한다.

作是願已작시원이 於一切時어일체시 隨己堪能수기감능 修行自利利他之行수행자리이타지행 行住坐臥행주좌와 常勤觀察상근관찰 應作不應作응작불응작 是名修觀시명수관 ii

이러한 서원을 세우고는 일체시에 능력에 따라 자리행과 이타행을 수행하면서, 행주좌와에서 항상 '마땅히 할 것'과 '마땅히 하지 말 것'을 부지런히 관찰하는 것이 수관修觀이다.

사홍서원의 정신으로 일체처 일체시에 자리이타自利利他를 실행하는 것은 '마땅히 할 것'이고, 자오오타自誤誤他하거나 자해해타自害害他하는 것은 '마땅히 하지 말 것'이다.

3. 지관쌍수止觀雙修

復次부차 若唯修觀약유수관 則心不止息즉심부지식 多生疑惑다생의혹 不隨順第一義諦불수순제일의제 不出生無分別智불출생무분별지 是故止觀應並修行시고지관응병수행

또 만일 관만 수습하면 곧 마음이 지식止息되지 않고, 의혹이 많이 생기고, 제일의제에 수순하지 못하고, 무분별지를 내지 못하므로 지와 관을 마땅히 병행하여 수행해야 한다.

비록 사홍서원을 냈으나 사성제가 일심一心인 줄 모르면 사성제의 경계에 마음이 흩어지고 의혹이 많이 생긴다. 그래서 지관쌍수止觀雙修를 설명하고 있다. 즉 심心이 경계를 관조觀照하므로 분별이 없지 않는데, 관觀만 계속 수습하면 마음이 지식止息되지 않아 망상을 벗어나기 힘들다. 물론 관을 제대로 수습하는 학인이라면 능소能所가 허환虛幻인 줄 아니까, 관이 바로 지이므로 지와 관이 일심인 줄 안다. 그래서 염념念念에 보리심과 상응하므로, 관이 제일의제第一義諦에 계합하고 관이 바로 무분별지無分別智이다.

謂雖念一切法위수념일체법 皆無自性개무자성 不生不滅불생불멸 本來寂滅본래적멸 自性涅槃자성열반 而亦卽見이역즉견 因緣和合인연화합 善惡業報선악업보 不失不壞불실불괴

비록 일체법이 모두 자성이 없어 불생불멸하고 본래 적멸하여 자성이 열반이라고 생각하지만, 그러나 또한 인연이 화합하면 선악 업보가 없어지지도 않고 파괴되지도 않음을 본다.

이것은 지止에 즉卽한 관觀을 설명한다. "일체법의 자성이 열반이라고 생각하면" 진여문眞如門인 지止에 해당하고, "인연이 화합하면 선악업보가 없어지지도 않고 파괴되지도 않음을 보면" 생멸문生滅門인 관觀에 해당한다. 불생불멸不生不滅하는 성성 중에서 인연으로 생멸하는 상相

이 있음을 놓치지 않으니, 지에 즉한 관이다. 세간 인과는 고집苦集이니 생멸문이고, 출세간 인과는 멸도滅道이니 진여문인데, 진여문이 생멸문에 의하여 이치를 나타내는 것을 지적하는 설명이다. 마치 명경明鏡은 허명虛明하지만, 만물이 그것에 비치므로 허명한 줄 안다.

雖念因緣善惡業報수념인연선악업보 而亦卽見이역즉견 一切諸法일체제법 無生無性무생무성 乃至涅槃내지열반 iiii

비록 인연과 선악 업보를 생각하지만, 그러나 또한 일체 제법은 생生도 없고 자성도 없어서 내지 열반임을 본다.

이것은 관觀에 즉卽한 지止이다. 진여에 의지하여서 비로소 생멸이 있으니, 생멸하는 제법은 모두 진여이다. 명경明鏡의 영상은 허명虛明한 거울의 비추는 공능功能 때문에 나타난다.

修行止者수행지자 對治凡夫대치범부 樂著生死낙착생사 亦治二乘역치이승 執著生死而生怖畏집착생사이생포외 修行觀者수행관자 對治凡夫대치범부 不修善根불수선근 亦治二乘역치이승 不起大悲狹小心過불기대비협소심과 是故止觀互相助成시고지관호상조성 不相捨離불상사리 若止觀不具약지관불구 必不能得無上菩

提필불능득무상보리 ii

지止를 수행하면 범부가 생사를 즐겨 집착함을 대치하고, 또한 이승이 생사에 집착하여 공포와 두려움을 내는 것을 대치한다. 관觀을 수행하면 범부가 선근을 닦지 않음을 대치하고, 또한 이승이 대비를 일으키지 않고 협소한 마음을 가지는 허물을 대치한다. 이러므로 지와 관이 서로 도와서 성취하니 서로 떨어지지 않는다. 만약 지관이 갖춰지지 않으면 반드시 무상보리를 얻을 수 없다.

생멸이 몽환夢幻인 줄 알아보는 것이 지止이다. 생사가 본래 환幻이라면 좋아할 것이 무엇이며, 사생死生이 원래 꿈이라면 겁낼 것이 없다는 것을 가르쳐야 할 것이다. 또 몽환이 생멸하는 줄 알아보는 것이 관이다. 인과응보가 완연한데 어찌 수선修善을 게을리 하겠으며, 동체同體인 중생들이 괴로워하니 어찌 제도하지 않겠는가.
알고 보면 일심一心의 이문二門이 서로 별개가 아니고 지관이 일심의 양면이니, 지관 수행에서 하나만 수습해서는 결정코 무상보리를 성취할 수 없다는 설명이다.

4. 염불왕생念佛往生

復次부차 初學菩薩초학보살 住此娑婆世界주차사바세계 或値寒熱風雨혹치한열풍우 不時饑饉等苦불시기근등고 或見不善可畏衆生혹견불선가외중생 三毒所纏삼독소전 邪見顚倒사견전도 棄背

善道기배선도 習行惡法습행악법 菩薩在中보살재중 心生怯弱심생겁약 恐不可値遇諸佛菩薩공불가치우제불보살 恐不能成就清淨信心공불능성취청정신심 生疑欲退者생의욕퇴자 應作是念응작시념 十方所有諸佛菩薩시방소유제불보살 皆得大神通無有障礙개득대신통무유장애 能以種種善巧方便능이종종선교방편 救拔一切險厄眾生구발일체험액중생 作是念已작시념이 發大誓願발대서원 一心專念佛及菩薩일심전념불급보살 以生如是決定心故이생여시결정심고 於此命終어차명종 必得往生餘佛刹中필득왕생여불찰중 見佛菩薩견불보살 信心成就신심성취 永離惡趣영리악취

또 초학보살初學菩薩이 이 사바세계에 머물면서, 혹은 춥고 덥고 바람 불고 비오고, 또 때 아닌 기근 등의 고통을 만난다. 혹은 불선不善하고 불쌍한 중생들이 삼독三毒에 얽히고 사견邪見으로 전도되어 선도善道를 버리고 등지면서 악법을 익히고 행하는 것을 본다. 보살이 여기에 있으면 마음에 겁이 나고, 제불보살을 만나지 못할까 두렵고, 청정한 신심을 이루지 못할까 두려워서 의구심을 내고 물러나려고 하면서 응당 이런 생각을 할 것이다. '시방에 계시는 제불보살은 모두 큰 신통을 얻어 장애가 없으시니, 온갖 선교방편으로 일체 험액險阨한 중생을 구원하실 것이다.' 이런 생각을 한 뒤에 '일심으로 불보살만을 오로지 생각하면서, 이렇게 결정심決定心을 내었으므로 목숨이 끝나면 반드시 다른 불찰佛刹 중에 왕생往生하여 불보살을

뵙고 신심을 이루어 영원히 악취惡趣를 여의겠다'는 큰 서원을 내게 된다.

사바세계는 괴로움이 많아서 참고 견디는 길밖에 없다고 감인堪忍세계라고 번역한다. 우리들이 사바세계의 말법末法시대에 사람으로 태어나서 다행히 일심一心과 이문二門을 알고 나름대로 수행하고는 있지만, 지관止觀의 힘이 미약하거나 여건이 열악하여 아직 정정취正定聚에 들어가지 못한 범부가 많다. 이들이 장차 선지식을 만나서 성불하기가 어렵다는 생각이 들거나, 지관으로 득력得力하기가 어렵다는 생각을 하게 되면 불안하여 다른 특별한 방편을 찾게 된다. 그래서 지금 마명존자가 이 『대승기신론』 법문 중에서 특이하게 염불왕생念佛往生 수행을 이야기하려 한다. 이 왕생 법문은 『화엄경』과 정토삼부경(『무량수경』·『관무량수경』·『아미타경』)을 비롯하여 제경諸經에 자세하게 실려 있다.

지욱대사는 염불공부는 자심自心 중의 타불他佛에 의지하여 불심佛心 중의 자신을 제도하는 방법이라고 설명한다. 즉 지관문止觀門이 자불自佛을 염念하는 공부라면, 염불문念佛門은 타불他佛을 염하는 공부이다. 불보살을 염하여 망상분별이 생기지 않으면 지止가 되고, 불보살이 신통방편으로 능히 중생들을 구제하는 줄 아는 것은 관행觀行이 된다. 따라서 지관을 수습할 적에 불보살의 형상을 보면 이것은 마사魔事이니 취착하지 말아야 한다. 그러나 염불문에서 불보살을 염하다가 불보살의 형상을 보면 반드시 제 마음이 만든 유심소현唯心所現인 줄을 알되, 기뻐하거나 취착하거나 자랑하지 말아야 한다. 그러나 임종臨終에서 불보살을 보면 그것은 감응感應한 것이므로 마사魔事가 아니라고 한다. 원래 불보살은 대신통大神通이 있어서 인연 있는 염불중생을 호념護念하여 절대로 임종시를 어기지 않는다. 그러면 어떤 것이 인연 있는 염불 중생인가? 중생을 제도하기 위하여 정토淨土에 왕생하기를 구하는 대심중생大心衆生은 인연이 있고, 만약 자신만의 성불을 구하는 경우에는 인연이 없다. 이런 대서원大誓願을 가져야 왕생하는 정인正因이 되니, 만약 그런 대원大願이 없으면 염불을 하더라도 불보살의 기분氣分과 계합契合하지 않으니 정토에 왕생할 수가 없다고 설명한다.

그렇다면 염불하여 극락極樂에 왕생하는 것과 주신主神을 열심히 불러서 천당天堂에 가는 유신교有神敎와는 무엇이 다른가? 일신교는 천당을 가더라도 여전히 그 주인은 주신主神이고 신도는 종이라는 신세를 면하지 못한다. 그러나 극락은 신분이 다르다. 거기에서 아미타 부처님의 지도를 받아 공부하면 학인도 결국에는 부처가 되고, 나아가 유연有緣 중생들을 구제하게 된다. 저쪽은 끝끝내 주종관계가 계속되지만, 불교는 중생이 모두 부처이고 각자가 삼계의 주인이니 차원이 다르다. 학인이라면 한번쯤 살펴보아야 할 부분이다.

如經中說여경중설 若善男子약선남자 善女人선녀인 專念西方極樂世界阿彌陀佛전념서방극락세계아미타불 以諸善根이제선근 迴向願生회향원생 決定得生결정득생 常見彼佛상견피불 信心增長신심증장 永不退轉영불퇴전 於彼聞法어피문법 觀佛法身관불법신

漸次修行점차수행 得入正位득입정위 ⅱ

경에서 말씀하신 바와 같다. "만약 선남자 선여인이 서방극락세계 아미타부처님을 전일專一하게 생각하고, 모든 선근을 회향하고 왕생往生하기를 원하면 반드시 거기에 왕생하여 항상 저 부처님을 뵙고, 신심信心이 증장하여 영원히 불퇴전不退轉하고, 부처님으로부터 법을 듣고 불법신佛法身을 보고 점차로 수행하여 정위正位에 든다."

일념一念으로 염불하는 공부 방법은 정토삼부경인 『아미타경阿彌陀經』・『무량수경無量壽經』・『관무량수경觀無量壽經』에 잘 설명되어 있다. 즉 일심으로 다른 불찰佛刹의 다른 불보살만을 오로지 생각하면서 그 정토에 왕생하려는 서원을 세우고 염불하는 것이다. "경에서 말씀하신 바와 같다. 시방극락세계 아미타부처님을 전일專一하게 생각하고, 모든 선근을 회향하고 왕생하기를 원하면 반드시 거기에 왕생하여서" 라고 하는데, 여기서 "모든 선근을 회향하고 왕생하기를 원하면"이 무슨 말인가? 선근을 누구에게 회향하는가? 아미타부처님에게인가, 중생에게인가? 중생을 다 건지려면 먼저 성불해야 하는데, 성불하려면 극락세계가 공부하기 제일 좋은 곳이라서 왕생하려고 하는 것이니, 선근을 중생과 부처님께 함께 회향하는 것이다. 또 왕생하려면 이 사바세계에 대한 조그마한 애착도 없어야만 하는가? 중생을 다 건지려는 원顯을 가진 학인이라면 이 세상에 대한 애착 정도는 포기할 줄 알아야 한다는 말이다. 이렇게 하화중생下化衆生을 위하여 상구보리上

求菩提하는 대심大心이 아니면 부처님과 기분氣分이 계합할 수가 없고, 따라서 임종시에 아미타불을 만날 가능성도 없는 것이다.

또 시방 제불의 정토는 무량하고 무변하다. 그런데 아미타불의 극락왕생極樂往生만 권장하는 이유는 무엇인가? 지욱대사는 "경전에서 특별히 극락세계를 추천하는 이유는 네 가지가 있다"고 한다. 하나는 아미타불이 우리 세상과 인연이 깊어서 누구든지 그 이름을 들어서 알고 있고, 둘은 아미타불의 전신前身인 법장法藏비구의 48원 내용이 가장 수승하고, 셋은 극락만 계속 추천하여 염불하는 학인들의 목표가 정립되도록 하려는 뜻이 있고, 넷은 아미타불이 법계장신法界藏身이고 극락세계가 연화장해蓮華藏海이기 때문이라고 설명한다.

제5분 이익분利益分

云何利益分운하이익분 如是大乘秘密句義여시대승비밀구의 今已略説금이약설 若有衆生약유중생 欲於如來욕어여래 甚深境界심심경계 廣大法中광대법중 生淨信覺解心생정신각해심 入大乘道입대승도 無有障礙무유장애 於此略論어차약론 當勤聽受당근청수 思惟修習사유수습 當知是人당지시인 決定速成一切種智결정속성일체종지 ⅱ

어떤 것이 이익분利益分인가? 이와 같은 대승의 비밀한 글의 뜻을 지금 이미 간략하게 설명하였다. 만약 어떤 중생이 있어서 여래의 심히 깊은 경계와 광대한 불법 중에서 정신淨信과 각해심覺解心을 내어 대승의 도에 들어가는 데 장애가 없고자 한다면 이 약론略論을 마땅히 부지런히 청수聽受하고 사유하며 수습하여야 할 것이다. 마땅히 알아라. 이 사람은 반드시 일체종지一切種智를 속성한다.

끝으로 "대승의 도道에 들어가는 데 장애가 없고자 한다면" 반드시 이 『대승기신론』의 내용을 분명히 알아야 한다고 강조하고 있다. 매우 깊고 광대한 불법을 바르게 통달하려면 정확한 조감도가 필요하다는 말씀이다.

若聞此法약문차법 不生驚怖불생경포 當知此人당지차인 定紹佛種정소불종 速得授記속득수기 ii

만일 이 법을 듣고도 두려움이 생기지 않으면, 마땅히 알아라. 이 사람은 반드시 불종佛種을 잇고 수기授記를 조속히 받게 된다.

문사수聞思修의 공덕을 설명하는데, 먼저 문혜聞慧의 공덕을 설명한 구절이다. 상근의 대심범부大心凡夫는 이 『대승기신론』을 읽어보고 신심信心을 내겠지만, 한편으로 중근 이하는 어려워서 이해하지 못하거나, 아니면 믿지 않을 것이라는 말이기도 하다.

假使有人가사유인 化三千大千世界衆生화삼천대천세계중생 令住十善道영주십선도 不如於須臾頃불여어수유경 正思此法정사차법 過前功德과전공덕 無量無邊무량무변

가령 어떤 사람이 삼천대천세계의 중생을 교화하여 십선도十善道에 머물게 하더라도 잠깐 동안 이 법을 바르게 생각함만 같지 못하니, 앞의 공덕을 초과하여 무량무변하기 때문이다.

사혜思慧의 공덕을 설명한다.

若一日一夜약일일일야 如說修行여설수행 所生功德소생공덕 無量無邊무량무변 不可稱說불가칭설 假令十方一切諸佛가령시방일체제불 各於無量阿僧祇劫각어무량아승지겁 說不能盡설불능진 以眞如功德無邊際故이진여공덕무변제고 修行功德수행공덕 亦復無邊역부무변

만약 일일일야一日一夜 동안이라도 설명대로 수행한다면 그 생기는 공덕이 무량무변하여 말로 설명할 수가 없으니, 가령 시방의 일체 제불이 각각 무량 아승지겁 동안 설명하여도 다 말할 수 없다. 진여의 공덕은 끝이 없으므로 수행의 공덕도 역시 끝이 없는 것이다.

수혜修慧의 공덕을 설명한다.

若於此法약어차법 生誹謗者생비방자 獲無量罪획무량죄 依阿僧祇劫의아승지겁 受大苦惱수대고뇌 是故於此시고어차 應決定信응결정신 勿生誹謗물생비방 自害害他자해해타 斷三寶種단삼보종 ⅱ

만약 이 법을 비방하는 자는 무량한 죄를 지어 아승지겁 동안 큰 고뇌를 받는다. 그러므로 여기에서 응당 결정적인 믿음을 낼 것이요,

비방하지 말아야 한다. 그렇지 않으면 자신도 해치고 남도 해롭게 하여 삼보의 종자를 끊게 되기 때문이다.

자해해타自害害他하는 행동을 경계하고 있다.

一切諸佛일체제불 依此修行의차수행 成無上智성무상지 一切菩薩일체보살 由此證得如來法身유차증득여래법신 過去菩薩과거보살 依此得成大乘淨信의차득성대승정신 現在今成현재금성 未來當成미래당성 是故欲成시고욕성 自利利他殊勝行者자리이타수승행자 當於此論당어차론 勤加修學근가수학 ii

일체 모든 부처님은 이렇게 수행하여 무상지無上智를 이루었고, 일체 보살은 이렇게 하여서 여래법신如來法身을 증득하셨다. 과거의 보살은 이렇게 하여서 대승의 정신淨信을 성취했고, 현재의 보살은 지금 성취하고, 미래의 보살은 장차 성취할 것이다. 그러므로 자리自利와 이타利他의 수승한 수행을 성취하고자 하는 자는 마땅히 이 논에 따라서 더욱 부지런히 수행하고 학습하여야 한다.

끝으로 모든 대승의 불보살이 공부하는 내용들을 이 『대승기신론』에서 설명했으니, 이것은 열반문에 이르는 대도大道를 가르친 귀중한 법문임을 다시 한 번 강조하고 있다.

따라서 여기에서 말한 내용이 아니면 그것은 바로 소승小乘의 기신起信이라는 말이다.

제3편 결시회향結施迴向

我今已解釋아금이해석 甚深廣大義심심광대의
功德施群生공덕시군생 令見眞如法영견진여법

내가 지금 매우 깊고 광대한 뜻을 해석하여 마쳤다. 이 공덕을 모든 중생에게 베풀어서 진여법眞如法을 보도록 하고 싶구나.

논을 종결하고, 회향하여 베풀고, 발원하는 게송을 읊는다.
　처음 두 구절은 『대승기신론』의 설명을 종결하는 것이고, 셋째 구절은 그 공덕을 중생에게 보시하여 회향하는 내용이고, 넷째 구절은 모든 중생들이 진여를 함께 보고 같이 성불하기를 발원하는 내용이다.

신역新譯 『대승기신론』 끝

부록

구역舊譯·
신역新譯
대비문對比文

[舊譯] 大乘起信論

馬鳴菩薩造
西印度三藏法師 眞諦 譯

歸命盡十方　最勝業遍知
色無礙自在　救世大悲者
及彼身體相　法性眞如海
無量功德藏　如實修行等
爲欲令衆生　除疑捨耶執
起大乘正信　佛種不斷故

論曰. 有法能起摩訶衍信根. 是故應說.

說有五分. 云何爲五. 一者因緣分. 二者立義分. 三者解釋分. 四者修行信心分. 五者勸修利益分.

初說 因緣分
問曰. 有何因緣而造此論.
答曰. 是因緣有八種. 云何爲八.

[新譯] 大乘起信論 卷上

馬鳴菩薩造
大周于闐三藏 實叉難陀 譯

歸命盡十方　普作大饒益
智無限自在　救護世間尊
及彼體相海　無我句義法
無邊德藏僧　勤求正覺者
爲欲令衆生　除疑去邪執
起信紹佛種　故我造此論

論曰. 爲欲發起大乘淨信. 斷諸衆生疑暗邪執. 令佛種性相續不斷故造此論. 有法能生大乘信根. 是故應說.

說有五分一作因. 二立義. 三解釋. 四修信. 五利益.

此中 作因有八

一者. 因緣總相. 所謂爲令衆生離一切苦得究竟樂. 非求世間名利恭敬故.

二者. 爲欲解釋如來根本之義. 令諸衆生正解不謬故.

三者. 爲令善根成熟衆生於摩訶衍法堪任不退信故.

四者. 爲令善根微少衆生. 修習信心故.

五者. 爲示方便消惡業障善護其心. 遠離癡慢出邪網故.

六者. 爲示修習止觀. 對治凡夫二乘心過故.

七者. 爲示專念方便. 生於佛前必定不退信心故.

八者. 爲示利益勸修行故. 有如是等因緣. 所以造論

問曰. 修多羅中具有此法何須重說
答曰. 修多羅中雖有此法. 以衆生根行不等受解緣別. 所謂如來在世衆生利根. 能說之人色心業勝. 圓音一演異類等解. 則不須論.

一. 總相. 爲令衆生離苦得樂. 不爲貪求利養等故.

二. 爲顯如來根本實義. 令諸衆生生正解故.

三. 爲令善根成熟衆生不退信心. 於大乘法有堪任故.

四. 爲令善根微少衆生. 發起信心至不退故.

五. 爲令衆生消除業障. 調伏自心離三毒故.

六. 爲令衆生修正止觀. 對治凡小過失心故.

七. 爲令衆生於大乘法如理思惟. 得生佛前究竟不退大乘信故.

八. 爲顯信樂大乘利益. 勸諸含識令歸向故.

此諸句義大乘經中雖已具有. 然由所化根欲不同待悟緣別. 是故造論. 此復云何.
謂如來在世所化利根. 佛色心勝. 一音開演無邊義味故不須論.

若如來滅後. 或有衆生能以自力廣聞而取解者. 或有衆生亦以自力少聞而多解者. 或有衆生無自心力因於廣論而得解者. 自有衆生復以廣論文多爲煩. 心樂總持少文而攝多義能取解者. 如是此論. 爲欲總攝如來廣大深法無邊義故. 應說此論已說因緣分

次說 立義分
摩訶衍者. 總說有二種. 云何爲二. 一者法. 二者義.
所言法者. 謂衆生心. 是心則攝一切世間法出世間法. 依於此心顯示摩訶衍義. 何以故. 是心眞如相. 卽示摩訶衍體故. 是心生滅因緣相. 能示摩訶衍自體相用故. 所言義者. 則有三種. 云何爲三. 一者體大. 謂一切法眞如平等不增減故. 二者相大. 謂如來藏具足無量性功德故. 三者用大. 能生一切世間出世間善因果故. 一切諸佛本所乘故. 一切菩薩皆乘

佛涅槃後. 或有能以自力少見於經而解多義. 復有能以自力廣見諸經乃生正解. 或有自無智力因他廣論而得解義. 亦有自無智力怖於廣說樂聞略論攝廣大義而正修行. 我今爲彼最後人故. 略攝如來最勝甚深無邊之義. 而造此論.

云何 立義分.
謂摩訶衍略有二種. 有法及法.

言有法者. 謂一切衆生心. 是心則攝一切世間出世間法. 依此顯示摩訶衍義以此心眞如相. 卽示大乘體故. 此心生滅因緣相. 能顯示大乘體相用故.
所言法者. 略有三種. 一體大. 謂一切法眞如在染在淨性恒平等. 無增無減無別異故. 二者相大. 謂如來藏本求具足無量無邊性功德故. 三者用大. 能生一切世出世間善因果故一切諸佛本所乘

此法到如來地故. 已說立義分

次說 解釋分
解釋分有三種. 云何爲三. 一者顯示正義. 二者對治邪執. 三者分別發趣道相.
顯示正義者. 依一心法. 有二種門. 云何爲二. 一者心眞如門. 二者心生滅門.
是二種門皆各總攝一切法. 此義云何. 以是二門不相離故.
心眞如者. 卽是一法界大總相法門體. 所謂心性不生不滅. 一切諸法唯依妄念而有差別. 若離妄念則無一切境界之相.
是故一切法從本已來. 離言說相. 離名字相. 離心緣相. 畢竟平等. 無有變異. 不可破壞. 唯是一心. 故名眞如.

以一切言說假名無實. 但隨妄念不可得故. 言眞如者. 亦無有相.

故. 一切菩薩皆乘於此入佛地故.

云何 解釋分.
此有三種. 所謂顯示實義故. 對治邪執故. 分別修行正道相故.
此中顯示實義者. 依於一心有二種門. 所謂心眞如門. 心生滅門.
此二種門各攝一切法. 以此展轉不相離故.
心眞如者. 卽是一法界大總相法門體. 以心本性不生不滅相. 一切諸法皆由妄念而有差別. 若離妄念則無境界差別之相.
是故諸法從本已來. 性離語言. 一切文字 不能顯說. 離心攀緣. 無有諸相. 究竟平等. 永無變異. 不可破壞. 唯是一心. 說名眞如. 以眞如故. 從本已來. 不可言說. 不可分別.
一切言說唯假非實. 但隨妄念無所有故. 言眞如者. 此亦無相. 但

謂言說之極因言遣言. 此眞如體無有可遣. 以一切法悉皆眞故. 亦無可立. 以一切法皆同如故. 當知一切法不可說不可念故. 名爲眞如

問曰. 若如是義者. 諸衆生等云何隨順而能得入. 答曰. 若知一切法雖說無有能說可說. 雖念亦無能念可念. 是名隨順. 若離於念名爲得入

復次眞如者. 依言說分別有二種義. 云何爲二. 一者如實空. 以能究竟顯實故. 二者如實不空. 以有自體具足無漏性功德故.

所言空者. 從本已來一切染法不相應故. 謂離一切法差別之相. 以無虛妄心念故. 當知眞如自性. 非有相非無相. 非非有相非非無相. 非有無俱相. 非一相非異相. 非非一相非非異相. 非一異俱相. 乃至總說. 依一切衆生以有妄心念分別. 皆不相應故. 說爲空. 若離妄心實無可空故.

所言不空者. 已顯法體. 空無妄

是一切言說中極以言遣言. 非其體性有少可遣有少可立

問曰. 若如是者. 衆生云何隨順悟入. 答曰. 若知雖說一切法而無能說所說. 雖念一切法而無能念所念. 爾時隨順妄念都盡名爲悟入.

復次眞如者. 依言說建立有二種別. 一眞實空. 究竟遠離不實之相顯實體故. 二眞實不空. 本性具足無邊功德有自體故.

復次眞實空者. 從本已來一切染法不相應故. 離一切法差別相故. 無有虛妄分別心故. 應知眞如非有相非無相. 非有無相非非有無相非一相非異相. 非一異相非非一異相. 略說以一切衆生妄分別心所不能觸故立爲空. 據實道理. 妄念非有. 空性亦空. 以所遮是無. 能遮亦無故.

言眞實不空者. 由妄念空無故.

故. 卽是眞心. 常恒不變. 淨法滿足. 故名不空. 亦無有相可取. 以離念境界. 唯證相應故.
心生滅者. 依如來藏故. 有生滅心. 所謂不生不滅與生滅和合非一非異. 名爲阿梨耶識. 此識有二種義. 能攝一切法. 生一切法. 云何爲二. 一者覺義. 二者不覺義. 所言覺義者. 謂心體離念. 離念相者. 等虛空界. 無所不徧. 法界一相. 卽是如來平等法身. 依此法身說名本覺. 何以故.
本覺義者. 對始覺義說. 以始覺者卽同本覺.

始覺義者. 依本覺故而有不覺. 依不覺故說有始覺.
又以覺心源故名究竟覺. 不覺心源故非究竟覺. 此義云何. 如凡夫人覺知前念起惡故. 能止後念令其不起. 雖復名覺卽是不覺故. 如二乘觀智初發意菩薩等. 覺於念異念無異相. 以捨麁分別執著

卽顯眞心常恒不變淨法圓滿故名不空. 亦無不空相. 以非妄念心所行故. 唯離念智之所證故.
心生滅門者. 謂依如來藏有生滅心轉. 不生滅與生滅和合非一非異. 名阿賴耶識. 此識有二種義. 謂能攝一切法. 能生一切法. 復有二種義. 一者覺義. 二者不覺義. 言覺義者. 謂心第一義性離一切妄念相. 離一切妄念相故. 等虛空界. 無所不遍. 法界一相. 卽是一切如來平等法身. 依此法身. 說一切如來爲本覺. 以待始覺立爲本覺. 然始覺時卽是本覺. 無別覺起.

立始覺者. 謂依本覺有不覺. 依不覺說有始覺.
又以覺心源故名究竟覺. 不覺心源故非究竟覺. 如凡夫人. 前念不覺起於煩惱. 後念制伏令不更生. 此雖名覺卽是不覺. 如二乘人及初業菩薩. 覺有念無念體相別異. 以捨麁分別故. 名相似覺.

相故. 名相似覺. 如法身菩薩等. 覺於念住念無住相. 以離分別麤念相故. 名隨分覺. 如菩薩地盡. 滿足方便一念相應. 覺心初起心無初相. 以遠離微細念故. 得見心性. 心卽常住名究竟覺.
是故修多羅說. 若有衆生能觀無念者. 則爲向佛智故. 又心起者. 無有初相可知. 而言知初相者. 卽謂無念. 是故一切衆生不名爲覺. 以從本來念念相續未曾離念故. 說無始無明. 若得無念者. 則知心相生住異滅. 以無念等故. 而實無有始覺之異. 以四相俱時而有皆無自立. 本來平等同一覺故.

復次本覺. 隨染分別. 生二種相. 與彼本覺不相捨離. 云何爲二. 一者智淨相. 二者不思議業相. 智淨相者. 謂依法力熏習. 如實修行. 滿足方便故. 破和合識相. 滅相續心相. 顯現法身. 智淳淨故. 此義云何以一切心識之相皆

如法身菩薩. 覺念無念皆無有相. 捨中品分別故. 名隨分覺. 若超過菩薩地究竟道滿足. 一念相應覺心初起. 始名爲覺. 遠離覺相微細分別究竟永盡. 心根本性常住現前. 是爲如來. 名究竟覺.
是故經說. 若有衆生. 能觀一切妄念無相. 則爲證得如來智慧. 又言心初起者. 但隨俗說. 求其初相終不可得. 心尙無有何況有初. 是故一切衆生不名爲覺. 以無始來恒有無明妄念相續未曾離故. 若妄念息. 卽知心相生住異滅皆悉無相. 以於一心前後同時皆不相應無自性故. 如是知已則知始覺不可得. 以不異本覺故.

復次本覺. 隨染分別. 生二種差別相. 一淨智相. 二不思議用相.

淨智相者. 謂依法熏習. 如實修行功行滿足. 破和合識滅轉識相. 顯現法身淸淨智故. 一切心識相卽是無明相. 與本覺非一非異. 非

是無明. 無明之相不離覺性. 非可壞非不可壞. 如大海水因風波動. 水相風相不相捨離. 而水非動性. 若風止滅動相則滅. 濕性不壞故. 如是衆生自性淸淨心. 因無明風動. 心與無明俱無形相不相捨離. 而心非動性. 若無明滅相續則滅. 智性不壞故.

不思議業相者. 以依智淨. 能作一切勝妙境界. 所謂無量功德之相常無斷絶. 隨衆生根. 自然相應. 種種而見得利益故.

復次覺體相者. 有四種大義. 與虛空等猶如淨鏡. 云何爲四.
一者如實空鏡. 遠離一切心境界相. 無法可現非覺照義故.
二者因熏習鏡. 謂如實不空. 一切世間境界悉於中現. 不出不入不失不壞常住一心. 以一切法卽眞實性故. 又一切染法所不能染. 智體不動. 具足無漏熏衆生故.

是可壞非不可壞. 如海水與波非一非異. 波因風動非水性動. 若風止時波動卽滅非水性滅. 衆生亦爾. 自性淸淨心因無明風動起識波浪. 如是三事皆無形相非一非異. 然性淨心是動識本. 無明滅時動識隨滅. 智性不壞.

不思議用相者. 依於淨智. 能起一切勝妙境界常無斷絶. 謂如來身具足無量增上功德. 隨衆生根. 示現成就無量利益.

復次覺相. 有四種大義. 淸淨如虛空明鏡.
一眞實空大義如虛空明鏡. 謂一切心境界相及覺相皆不可得故.
二眞實不空大義如虛空明鏡. 謂一切法圓滿成就無能壞性. 一切世間境界之相皆於中現. 不出不入不滅不壞常住一心. 一切染法所不能染. 智體具足無邊無漏功德爲因. 熏習一切衆生

三者法出離鏡. 謂不空法. 出煩惱礙智礙. 離和合相淳淨明故.

四者緣熏習鏡. 謂依法出離故. 遍照衆生之心. 令修善根. 隨念示現故.

所言不覺義者. 謂不如實知眞如法一故. 不覺心起而有其念. 念無自相不離本覺. 猶如迷人依方故迷. 若離於方則無有迷. 衆生亦爾. 依覺故迷. 若離覺性則無不覺. 以有不覺妄想心故. 能知名義爲說眞覺. 若離不覺之心. 則無眞覺自相可說

復次依不覺故生三種相. 與彼不覺相應不離. 云何爲三. 一者無明業相. 以依不覺故心動說名爲業. 覺則不動. 動則有苦. 果不離因故. 二者能見相. 以依動故能見. 不動則無見. 三者境界相. 以依能見故境界妄現. 離見則無境界. 以有境界緣故復生六種相. 云何

心故.

三眞實不空離障大義如虛空明鏡. 謂煩惱所知二障永斷和合識滅. 本性清淨常安住故.

四眞實不空示現大義如虛空明鏡. 謂依離障法隨所應化. 現如來等種種色聲. 令彼修行諸善根故. 不覺義者. 謂從無始來不如實知眞法一故. 不覺心起而有妄念. 然彼妄念自無實相. 不離本覺. 猶如迷人依方故迷. 迷無自相不離於方. 衆生亦爾. 依於覺故而有不覺妄念迷生. 然彼不覺自無實相. 不離本覺. 復待不覺以說眞覺. 不覺旣無眞覺亦遣.

復次依放逸故而有不覺. 生三種相不相捨離. 一無明業相. 以依不覺心動爲業. 覺則不動. 動則有苦. 果不離因故. 二能見相. 以依心動能見境界. 不動則無見. 三境界相. 以依能見妄境相現. 離見則無境.

以有虛妄境界緣故. 復生六種相.

爲六.

一者. 智相. 依於境界. 心起分別愛與不愛故.

二者. 相續相. 依於智故生其苦樂覺. 心起念相應不斷故.

三者. 執取相. 依於相續緣念境界. 住持苦樂心起著故.

四者. 計名字相. 依於妄執分別假名言相故.

五者. 起業相. 依於名字. 尋名取著. 造種種業故.

六者業繫苦相. 以依業受果不自在故. 當知無明能生一切染法. 以一切染法皆是不覺相故

復次覺與不覺. 有二種相. 云何爲二. 一者同相. 二者異相. 同相者. 譬如種種瓦器皆同微塵性相. 如是無漏無明種種業幻. 皆同眞如性相. 是故修多羅中依於此眞如義故說一切衆生本來常住入於涅槃. 菩提之法非可修相非可作相. 畢竟無得. 亦無色相可見.

一. 智相. 謂緣境界. 生愛非愛心.

二. 相續相. 謂依於智苦樂覺念相應不斷.

三. 執著相. 謂依苦樂覺念相續而生執著.

四. 執名等相. 謂依執著分別名等諸安立相.

五. 起業相. 謂依執名等. 起於種種諸差別業.

六. 業繫苦相. 謂依業受苦不得自在.

是故當知. 一切染法悉無有相. 皆因無明而生起故. 故.

復次覺與不覺. 有二種相. 一同相. 二異相. 言同相者. 如種種瓦器皆同土相. 如是無漏無明種種幻用. 皆同眞相. 是故佛說. 一切衆生無始已來常入涅槃. 菩提非可修相. 非可生相. 畢竟無得. 無有色相而可得見. 見色相者當知皆是隨染幻用. 非是智色不空之

而有見色相者. 唯是隨染業幻所作. 非是智色不空之性. 以智相無可見故.
異相者. 如種種瓦器各各不同. 如是無漏無明. 隨染幻差別. 性染幻差別故

復次生滅因緣者. 所謂衆生依心意意識轉故. 此義云何. 以依阿梨耶識說有無明.
不覺而起. 能見能現. 能取境界. 起念相續. 故說爲意. 此意復有五種名. 云何爲五. 一者名爲業識謂無明力不覺心動故. 二者名爲轉識. 依於動心能見相故. 三者名爲現識. 所謂能現一切境界. 猶如明鏡現於色像. 現識亦爾. 隨其五塵對至卽現無有前後. 以一切時任運而起常在前故. 四者名爲智識謂分別染淨法故. 五者名爲相續識. 以念相應不斷故. 住持過去無量世等善惡之業令不失故. 復能成熟現在未來苦樂等

相. 以智相不可得故. 廣如彼說.
言異相者. 如種種瓦器各各不同. 此亦如是. 無漏無明種種幻用相差別故.

復次生滅因緣者. 謂諸衆生依心意識轉. 此義云何. 以依阿賴耶識有無明.
不覺起. 能見能現. 能取境界. 分別相續. 說名爲意. 此意復有五種異名. 一名業識. 謂無明力不覺心動. 二名轉識. 謂依動心能見境相. 三名現識. 謂現一切諸境界相. 猶如明鏡現衆色像. 現識亦爾. 如其五境對至卽現. 無有前後不由功力. 四名智識. 謂分別染淨諸差別法. 五名相續識. 謂恒作意相應不斷. 任持過去善惡等業令無失壞. 成熟現未苦樂等報使無違越. 已曾經事忽然憶念. 未曾經事妄生分別.

報無差違故. 能令現在已經之事忽然而念. 未來之事不覺妄慮. 是故三界虛僞唯心所作. 離心則無六塵境界. 此義云何. 以一切法皆從心起妄念而生. 一切分別卽分別自心. 心不見心. 無相可得. 當知世間一切境界. 皆依衆生無明妄心而得住持. 是故一切法. 如鏡中像無體可得. 唯心虛妄. 以心生則種種法生. 心滅則種種法滅故.

復次言意識者. 卽此相續識. 依諸凡夫取著轉深計我我所. 種種妄執隨事攀緣. 分別六塵名爲意識. 亦名分離識. 又復說名分別事識. 此識依見愛煩惱增長義故.

依無明熏習所起識者. 非凡夫能知. 亦非二乘智慧所覺. 謂依菩薩. 從初正信發心觀察. 若證法身得少分知. 乃至菩薩究竟地不能知盡. 唯佛窮了. 何以故. 是心

是故三界一切皆以心爲自性. 離心則無六塵境界. 何以故. 一切諸法以心爲主. 從妄念起. 凡所分別皆分別自心. 心不見心. 無相可得. 是故當知. 一切世間境界之相. 皆依衆生無明妄念而得建立. 如鏡中像無體可得. 唯從虛妄分別心轉. 心生則種種法生. 心滅則種種法滅故.

言意識者. 謂一切凡夫依相續識執我我所. 種種妄取六種境界. 亦名分離識. 亦名分別事識. 以依見愛等熏而增長故.

無始無明熏所起識. 非諸凡夫二乘智慧之所能知. 解行地菩薩始學觀察. 法身菩薩能少分知. 至究竟地猶未知盡. 唯有如來能總明了. 此義云何. 以其心性本來

從本已來自性淸淨. 而有無明. 爲無明所染. 有其染心. 雖有染心而常恒不變. 是故此義唯佛能知. 所謂心性常無念. 故名爲不變. 以不達一法界故. 心不相應. 忽然念起名爲無明.

染心者有六種. 云何爲六. 一者執相應染. 依二乘解脫及信相應地遠離故. 二者不斷相應染. 依信相應地修學方便漸漸能捨. 得淨心地究竟離故. 三者分別智相應染. 依具戒地漸離. 乃至無相方便地究竟離故. 四者現色不相應染依色自在地能離故. 五者能見心不相應染. 依心自在地能離故. 六者根本業不相應染. 依菩薩盡地得入如來地能離故.

不了一法界義者. 從信相應地觀察學斷. 入淨心地隨分得離. 乃至如來地能究竟離故.

言相應義者. 謂心念法異. 依染淨差別. 而知相緣相同故.

淸淨. 無明力故. 染心相現. 雖有染心而常明潔無有改變.

復以本性無分別故. 雖復遍生一切境界而無變易. 以不覺一法界故. 不相應無明分別起. 生諸染心. 如是之義. 甚深難測. 唯佛能知. 非餘所了.

此所生染心有六種別. 一執相應染. 聲聞緣覺及信相應地諸菩薩能遠離. 二不斷相應染. 信地菩薩勤修力能少分離. 至淨心地永盡無餘. 三分別智相應染. 從具戒地乃至具慧地能少分離. 至無相行地方得永盡. 四現色不相應染. 此色自在地之所除滅. 五見心不相應染. 此心自在地之所除滅. 六根本業不相應染. 此從菩薩究竟地入如來地之所除滅.

不覺一法界者. 始從信地觀察起行. 至淨心地能少分離. 入如來地方得永盡.

相應義者. 心分別異. 染淨分別異. 知相緣相同.

不相應義者. 謂卽心不覺常無別異. 不同知相緣相故.

又染心義者. 名爲煩惱礙. 能障眞如根本智故. 無明義者. 名爲智礙. 能障世間自然業智故. 此義云何. 以依染心能見能現. 妄取境界違平等性故. 以一切法常靜無有起相. 無明不覺妄與法違故. 不能得隨順世間一切境界種種知故

復次分別生滅相者. 有二種. 云何爲二. 一者麤. 與心相應故. 二者細. 與心不相應故. 又麤中之麤凡夫境界. 麤中之細及細中之麤菩薩境界. 細中之細是佛境界. 此二種生滅. 依於無明熏習而有. 所謂依因依緣. 依因者. 不覺義故. 依緣者. 妄作境界義故. 若因滅則緣滅. 因滅故不相應心滅. 緣滅故相應心滅

問曰. 若心滅者云何相續. 若相

不相應義者. 卽心不覺常無別異. 知相緣相不同.

染心者. 是煩惱障. 能障眞如根本智故無明者. 是所知障. 能障世間業自在智故. 此義云何. 以依染心. 執著無量能取所取虛妄境界. 違一切法平等之性. 一切法性平等寂滅無有生相. 無明不覺妄與覺違. 是故於一切世間種種境界差別業用. 皆悉不能如實而知.

復次分別心生滅相者. 有二種別. 一麤謂相應心. 二細謂不相應心. 麤中之麤凡夫智境. 麤中之細及細中之麤菩薩智境.

此二種相. 皆由無明熏習力起. 然依因依緣. 因是不覺緣是妄境. 因滅則緣滅. 緣滅故相應心滅. 因滅故不相應心滅.

問. 若心滅者云何相續. 若相續

續者云何說究竟滅

答曰. 所言滅者. 唯心相滅非心體滅. 如風依水而有動相. 若水滅者. 則風相斷絶無所依止. 以水不滅風相相續. 唯風滅故動相隨滅非是水滅. 無明亦爾. 依心體而動. 若心體滅. 則衆生斷絶無所依止. 以體不滅心得相續. 唯癡滅故心相隨滅非心智滅

復次有四種法熏習義故. 染法淨法起不斷絶. 云何爲四. 一者淨法. 名爲眞如. 二者一切染因. 名爲無明. 三者妄心. 名爲業識. 四者妄境界. 所謂六塵.

熏習義者. 如世間衣服實無於香. 若人以香而熏習故則有香氣. 此亦如是. 眞如淨法實無於染. 但以無明而熏習故則有染相. 無明染法實無淨業. 但以眞如而熏習故則有淨用.

云何熏習起染法不斷. 所謂以依眞如法故. 有於無明. 以有無明

者云何言滅.

答. 實然. 今言滅者. 但心相滅非心體滅. 如水因風而有動相. 以風滅故動相卽滅. 非水體滅. 若水滅者動相應斷. 以無所依無能依故. 以水體不滅動相相續. 衆生亦爾. 以無明力令其心動. 無明滅故動相卽滅. 非心體滅. 若心滅者則衆生斷. 以無所依無能依故. 以心體不滅心動相續.

復次以四種法熏習義故. 染淨法起無有斷絶. 一淨法. 謂眞如二染因. 謂無明. 三妄心. 謂業識. 四妄境謂六塵.

熏習義者. 如世衣服非臭非香. 隨以物熏則有彼氣. 眞如淨法性非是染. 無明熏故則有染相. 無明染法實無淨業. 眞如熏故說有淨用.

云何熏習染法不斷. 所謂依眞如故. 而起無明爲諸染因. 然此無

染法因故. 卽熏習眞如. 以熏習
故則有妄心. 以有妄心.
卽熏習無明. 不了眞如法故不覺
念起現妄境界. 以有妄境界染法
緣故卽熏習妄心. 令其念著造種
種業. 受於一切身心等苦.
此妄境界熏習義則有二種. 云何
爲二. 一者增長念熏習. 二者增長
取熏習.

妄心熏習義則有二種. 云何爲二.
一者業識根本熏習. 能受阿羅漢
辟支佛一切菩薩生滅苦故. 二者
增長分別事識熏習. 能受凡夫業
繫苦故.

無明熏習義有二種. 云何爲二. 一
者根本熏習. 以能成就業識義故.
二者所起見愛熏習. 以能成就分
別事識義故.

云何熏習起淨法不斷. 所謂以有
眞如法故能熏習無明. 以熏習因
緣力故. 則令妄心厭生死苦樂求
涅槃. 以此妄心有厭求因緣故卽

明卽熏眞如. 旣熏習已. 生妄念
心. 此妄念心復熏無明.
以熏習故. 不覺眞法. 以不覺故.
妄境相現. 以妄念心熏習力故. 生
於種種差別執著. 造種種業. 受
身心等衆苦果報.
妄境熏義有二種別. 一增長分別
熏. 二增長執取熏.

妄心熏義亦二種別. 一增長根本
業識熏. 令阿羅漢辟支佛一切菩
薩受生滅苦. 二增長分別事識熏.
令諸凡夫受業繫苦.

無明熏義亦二種別. 一根本熏. 成
就業識義. 二見愛熏. 成就分別
事識義.

云何熏習淨法不斷. 謂以眞如熏
於無明. 以熏習因緣力故. 令妄
念心厭生死苦求涅槃樂. 以此妄
心厭求因緣復熏眞如. 以熏習故

熏習眞如. 自信己性. 知心妄動無前境界. 修遠離法.
以如實知無前境界故. 種種方便起隨順 行不取不念. 乃至久遠熏習力故無明則 減. 以無明滅故心無有起. 以無起故境界隨滅. 以因緣俱滅故心相皆盡. 名得涅槃 成自然業.

妄心熏習義有二種. 云何爲二. 一者分別事識熏習. 依諸凡夫二乘人等. 厭生死苦隨力所能. 以漸趣向無上道故. 二者意熏習. 謂諸菩薩發心勇猛速趣涅槃故.
眞如熏習義有二種. 云何爲二. 一者自體相熏習. 二者用熏習. 自體相熏習者. 從無始世來具無漏法. 備有不思議業. 作境界之性. 依此二義恒常熏習. 以有力故能令衆生厭生死苦樂求涅槃. 自信己身有眞如法發心修行
問曰. 若如是義者. 一切衆生悉有眞如等皆熏習. 云何有信無信.

則自信己身有眞如法本性清淨. 知一切境界唯心妄動畢竟無有. 以能如是如實知故. 修遠離法. 起於種種諸隨順行. 無所分別無所取著. 經於無量阿僧祇劫. 慣習力故無明則滅. 無明滅故心相不起. 心不起故境界相滅. 如是一切染因染緣及以染果. 心相都滅 名得涅槃. 成就種種自在業用.
妄心熏義有二種別. 一分別事識熏. 令一切凡夫二乘厭生死苦. 隨已堪能趣無上道. 二意熏. 令諸菩薩發心勇猛. 速疾趣入無住涅槃.
眞如熏義亦二種別. 一體熏. 二用熏. 體熏者. 所謂眞如從無始來具足一切無量無漏. 亦具難思勝境界用. 常無間斷熏衆生心. 以此力故令諸衆生厭生死苦求涅槃樂自信己身有眞實法發心修行.

問. 若一切衆生同有眞如等皆熏習. 云何而有信不信者. 從初發

無量前後差別. 皆應一時自知有
眞如法. 勤修方便等入涅槃
答曰. 眞如本一. 而有無量無邊
無明. 從本已來自性差別厚薄不
同故. 過恒沙等上煩惱依無明起
差別. 我見愛染煩惱依無明起差
別. 如是一切煩惱. 依於無明所起.
前後無量差別. 唯如來能知故.
又諸佛法有因有緣. 因緣具足乃
得成辦. 如木中火性是火正因. 若
無人知不假方便能自燒木. 無有
是處.
衆生亦爾. 雖有正因熏習之力. 若
不值遇諸佛菩薩善知識等以之
爲緣. 能自斷煩惱入涅槃者. 則
無是處. 若雖 有外緣之力. 而內
淨法未有熏習力者. 亦 不能究
竟厭生死苦樂求涅槃. 若因緣具
足者. 所謂自有熏習之力. 又爲
諸佛菩薩等慈悲願護故. 能起厭
苦之心. 信有涅槃 修習善根. 以
修善根成熟故. 則值諸佛菩薩示
教利喜. 乃能進趣向涅槃道

意乃至涅槃. 前後不同無量差別.
如是一切悉應齊等.
答. 雖一切衆生等有眞如. 然無
始來無明厚薄無量差別過恒沙
數. 我見愛等纒縛煩惱亦復如是.
唯如來智之所能知. 故令信等前
後差別.

又諸佛法有因有緣. 因緣具足事
乃成辦. 如木中火性. 是火正因
若無人知或有雖知而不施功. 欲
令出火焚燒木者無有是處.
衆生亦爾. 雖有眞如體熏因力. 若
不遇佛諸菩薩等善知識緣. 或雖
不修勝行不生智慧不斷煩惱. 能
得涅槃無有是處. 又復雖有善知
識緣. 儻內無眞如熏習因力. 必
亦不能厭生死苦求涅槃樂. 要因
緣具足乃能如是. 云何具足. 謂
自相續中有熏習力. 諸佛菩薩慈
悲攝護. 乃能厭生死苦信有涅槃.
種諸善根修習成熟. 以是復值諸
佛菩薩示教利喜. 令修勝行乃至

用熏習者. 卽是衆生外緣之力. 如是外緣有 無量義. 略說二種. 云何爲二. 一者差別緣. 二者平等緣. 差別緣者. 此人依於諸佛菩薩 等. 從初發意始求道時乃至得佛. 於中若見若念. 或爲眷屬父母諸親. 或爲給使. 或爲知友. 或爲怨家. 或起四攝乃至一切所作無量行緣. 以起大悲熏習之力. 能令衆生增長善根. 若見若聞得利益故.

此緣有二種. 云何爲二. 一者近緣. 速得度故. 二者遠緣. 久遠得度故. 是近遠二緣. 分別復有二種. 云何爲二. 一者增長行緣. 二者受道緣.

平等緣者. 一切諸佛菩薩. 皆願度脫一切衆生. 自然熏習恒常不捨. 以同體智力故. 隨應見聞而現作業. 所謂衆生依於三昧. 乃

成佛入于涅槃.

用熏者. 卽是衆生外緣之力有無量義. 略說二種. 一差別緣. 二平等緣. 差別緣者. 謂諸衆生從初發心乃至成佛. 蒙佛菩薩等諸善知識. 隨所應化而爲現身. 或爲父母或爲妻子. 或爲眷屬或爲僕使. 或爲知友或作怨家. 或復示現天王等形. 或以四攝或以六度. 乃至一切菩提行緣. 以大悲柔軟心廣大福智藏. 熏所應化一切衆生. 令其見聞及以憶念如來等形增長善根.

此緣有二. 一近緣. 速得菩提故. 二遠緣. 久遠方得故. 此二差別復各二種. 一增行緣. 二入道緣.

平等緣者. 謂一切諸佛及諸菩薩. 以平等智慧平等志願. 普欲拔濟一切衆生. 任運相續常無斷絶. 以此智願熏衆生故. 令其憶念諸佛

得平等見諸佛故.

此體用熏習. 分別復有二種. 云何爲二. 一者未相應. 謂凡夫二乘初發意菩薩等. 以意意識熏習. 依信力故而能修行. 未得無分別心與體相應故. 未得自在業修行與用相應故. 二者已相應. 謂法身菩薩得無分別心. 與諸佛智用相應. 唯依法力自然修行. 熏習眞如滅無明故

復次染法. 從無始已來熏習不斷. 乃至得佛後則有斷. 淨法熏習. 則無有斷盡於未來. 此義云何. 以眞如法常熏習故. 妄心則滅法身顯現. 起用熏習故無有斷

復次眞如自體相者. 一切凡夫聲聞緣覺菩薩諸佛無有增減. 非前

菩薩. 或見或聞而作利益. 入淨三昧隨所斷障得無礙眼. 於念念中. 一切世界平等現. 見無量諸佛及諸菩薩.

此體用熏. 復有二別. 一未相應. 二已相應. 未相應者. 謂凡夫二乘初行菩薩. 以意意識熏. 唯依信力修行. 未得無分別心修行. 未與眞如體相應故. 未得自在業修行. 未與眞如用相應故. 已相應者. 謂法身菩薩得無分別心. 與一切如來自體相應故. 得自在業與一切如來智用相應故. 唯依法力任運修行. 熏習眞如滅無明故.

復次染熏習. 從無始來不斷成佛乃斷. 淨熏習. 盡於未來畢竟無斷. 以眞如法熏習故. 妄心則滅法身顯現. 用熏習起故無有斷.

復次眞如自體相者. 一切凡夫聲聞緣覺菩薩諸佛無有增減. 非前

| 際生非後際滅 畢竟常恒. 從本已來性自滿足一切功德. 所謂自體有大智慧光明義故. 遍照法界義故. 眞實識知義故. 自性淸淨心義故. 常樂我淨義故. 淸涼不變自在義故. 具足如是過於恒沙不離不斷不異不思議佛法. 乃至滿足無有所少義故. 名爲如來藏. 亦名如來法身

問曰. 上說眞如其體平等離一切相. 云何復說體有如是種種功德 答曰. 雖實有此諸功德義. 而無差別之相. 等同一味唯一眞如. 此義云何. 以無分別離分別相. 是故無二. 復以何義得說差別. 以依業識生滅相示. 此云何示. 以一切法本來唯心實無於念. 而有妄心不覺起念見諸境界故說無明. 心性不起卽是大智慧光明義故. 若心起見則有不見之相.

心性離見卽是遍照法界義故. 若心有動非眞識知無有自性. 非常非樂非我非淨. 熱惱衰變則不自 | 際生非後際滅常恒究竟. 從無始來本性具足一切功德. 謂大智慧光明義. 遍照法界義. 如實了知義. 本性淸淨心義. 常樂我淨義. 寂靜不變自在義. 如是等過恒沙數非同非異不思議佛法無有斷絶. 依此義故名如來藏. 亦名法身.

問. 上說眞如離一切相. 云何今說具足一切諸功德相. 答. 雖實具有一切功德. 然無差別相. 彼一切法皆同一味一眞. 離分別相無二性故. 以依業識等生滅相. 而立彼一切差別之相. 此云何立. 以一切法本來唯心實無分別. 以不覺故分別心起見有境界. 名爲無明. 心性本淨無明不起. 卽於眞如立大智慧光明義. 若心性見境則有不見之相. 心性無見則無不見. 卽於眞如立遍照法界義. 若心有動則非眞了知. 非本性淸淨. 非常樂我淨. 非寂靜. 是變異不自 |

在. 乃至具有過恒沙等妄染之義.
對此義故. 心性無動則有過恒沙
等諸淨功德相義示現. 若心有起.
更見前法可念者則有所少. 如是
淨法無量功德. 即是一心更無所
念. 是故滿足名爲法身如來之藏

復次眞如用者. 所謂諸佛如來. 本
在因地發大慈悲. 修諸波羅蜜攝
化衆生. 立大誓願盡欲度脫等衆
生界. 亦不限劫數盡於未來. 以取
一切衆生如己身故. 而亦不取衆
生相. 此以何義. 謂如實知一切衆
生及與己身眞如平等無別異故.
以有如是大方便智. 除滅無明見
本法身. 自然而有不思議業種種
之用. 即與眞如等遍一切處. 又
亦無有用相可得. 何以故. 謂諸
佛如來唯是法身智相之身. 第一
義諦無有世諦境界. 離於施作. 但
隨衆生見聞得益故說爲用.

在. 由是具起過於恒沙虛妄雜染.
以心性無動故即立眞實了知義.
乃至過於恒沙淸淨功德相義若
心有起見有餘境可分別求. 則於
內法有所不足. 以無邊功德即一
心自性. 不見有餘法而可更求. 是
故滿足過於恒沙非異非一不可
思議諸佛之法無有斷絶. 故說眞
如名如來藏. 亦復名爲如來法身.

復次眞如用者. 謂一切諸佛在因
地時發大慈悲. 修行諸度四攝等
行. 觀物同已普皆救脫. 盡未來
際不限劫數. 如實了知自他平等.
而亦不取衆生之相.

以如是大方便智. 滅無始無明證
本法身. 任運起於不思議業. 種
種自在差別作用. 周遍法界與眞
如等. 而亦無有用相可得. 何以
故. 一切如來唯是法身. 第一義
諦無有世諦境界作用. 但隨衆生
見聞等故. 而有種種作用不同.

此用有二種. 云何爲二. 一者依分別事識. 凡夫二乘心所見者. 名爲應身. 以不知轉識現故見從外來. 取色分齊不能盡知故. 二者依於業識. 謂諸菩薩從初發意. 乃至菩薩究竟地心所見者. 名爲報身. 身有無量色. 色有無量相. 相有無量好. 所住依果亦有無量種種莊嚴隨所示現卽無有邊不可窮盡離分齊相. 隨其所應常能住持不毀不失. 如是功德皆因諸波羅蜜等無漏行熏. 及不思議熏之所成就. 具足無量樂相故. 說爲報身.

又爲凡夫所見者是其麤色. 隨於六道各見不同. 種種異類非受樂相故. 說爲應身復次初發意菩薩等所見者. 以深信眞如法故少分而見. 知彼色相莊嚴等事. 無來無去離於分齊. 唯依心現不離眞如. 然此菩薩猶自分別. 以未入法身位故. 若得淨心所見微妙其用轉勝. 乃至菩薩地盡見之究竟.

此用有二. 一依分別事識. 謂凡夫二乘心所見者是名化身. 此人不知轉識影現. 見從外來取色分限. 然佛化身無有限量. 二依業識. 謂諸菩薩從初發心乃至菩薩究竟地心所見者名受用身. 身有無量色. 色有無量相. 相有無量好. 所住依果亦具無量功德莊嚴. 隨所應見無量無邊無際無斷. 非於心外如是而見. 此諸功德皆因波羅蜜等無漏行熏及不思議熏之所成就. 具無邊喜樂功德相故亦名報身.

又凡夫等所見是其麤用. 隨六趣異種種差別. 無有無邊功德樂相名爲化身. 初行菩薩見中品用. 以深信眞如故得少分見. 知如來身無去無來無有斷絶. 唯心影現不離眞如. 然此菩薩猶未能離微細分別. 以未入法身位故. 淨心菩薩見微細用. 如是轉勝乃至菩薩究竟地中見之方盡. 此微細用

若離業識則無見相. 以諸佛法身無有彼此色相迭相見故

問曰. 若諸佛法身離於色相者. 云何能現色相

答曰. 卽此法身是色體故能現於色. 所謂從本已來色心不二. 以色性卽智故色體無形. 說名智身. 以智性卽色故. 說名法身遍一切處. 所現之色無有分齊. 隨心能示十方世界. 無量菩薩無量報身. 無量莊嚴各各差別. 皆無分齊而不相妨. 此非心識分別能知. 以眞如自在用義故

復次顯示. 從生滅門. 卽入眞如門. 所謂推求五陰色之與心. 六塵境界畢竟無念. 以心無形相十方求之終不可得. 如人迷故謂東爲西方實不轉. 衆生亦爾. 無明迷

是受用身. 以有業識見受用身. 若離業識則無可見. 一切如來皆是法身. 無有彼此差別色相. 互相見故.

問. 若佛法身無有種種差別色相. 云何能現種種諸色.

答. 以法身是色實體故. 能現種種色. 謂從本已來色心無二. 以色本性卽心自性. 說名智身. 以心本性卽色自性. 說名法身. 依於法身. 一切如來所現色身. 遍一切處無有間斷. 十方菩薩隨所堪任隨所願樂. 見無量受用身無量莊嚴土各各差別. 不相障礙無有斷絕. 此所現色身一切衆生心意識不能思量. 以是眞如自在甚深用故.

復次爲令衆生. 從心生滅門. 入眞如門故. 令觀色等相皆不成就. 云何不成就. 謂分析麤色漸至微塵. 復以方分析此微塵. 是故若麤若細一切諸色. 唯是妄心分別

故謂心爲念心實不動. 若能觀察
知心無念. 卽得隨順入眞如門故

影像實無所有. 推求餘蘊漸至刹
那. 求此刹那相. 別非一無爲之
法. 亦復如是. 離於法界終不可
得. 如是十方一切諸法應知悉然.
猶如迷人謂東爲西方實不轉.
衆生亦爾. 無明迷故謂心爲動而
實不動. 若知動心卽不生滅. 卽
得入於眞如之門.

大乘起信論 卷上　終

[舊譯]

對治邪執者. 一切邪執皆依我見. 若離於我則無邪執. 是我見有二種. 云何爲二. 一者人我見. 二者法我見.

人我見者. 依諸凡夫說有五種. 云何爲五.

一者. 聞修多羅說. 如來法身畢竟寂寞猶如虛空. 以不知爲破著故. 卽謂虛空是如來性. 云何對治. 明虛空相是其妄法體無不實. 以對色故有. 是可見相令心生滅. 以一切色法本來是心實無外色. 若無色者則無虛空之相. 所謂一切境界唯心妄起故有. 若心離於妄動. 則一切境界滅. 唯一眞心無所不遍. 此謂如來廣大性智究竟之義. 非如虛空相故.

二者. 聞修多羅說. 世間諸法畢竟體空. 乃至涅槃眞如之法亦畢竟空. 從本已來自空離一切相. 以不知爲破著故. 卽謂眞如涅槃之

[新譯] 大乘起信論 卷下

對治邪執者. 一切邪執莫不皆依我見而起. 若離我見則無邪執. 我見有二種. 一人我見. 二法我見.

人我見者. 依諸凡夫說有五種.

一者. 如經中說. 如來法身究竟寂滅猶如虛空. 凡愚聞之不解其義. 則執如來性同於虛空常恆遍有. 爲除彼執. 明虛空相唯是分別實不可得. 有見有對待於諸色. 以心分別說名虛空. 色旣唯是妄心分別. 當知虛空亦無有體. 一切境相唯是妄心之所分別. 若離妄心卽境界相滅. 唯眞如心無所不遍. 此是如來自性如虛空義. 非謂如空是常是有.

二者. 如經中說. 一切世法皆畢竟空. 乃至涅槃眞如法亦畢竟空. 本性如是離一切相. 凡愚聞之不解其義. 卽執涅槃眞如法唯空無

性唯是其空. 云何對治. 明眞如法身自體不空. 具足無量性功德故.

三者. 聞修多羅說. 如來之藏無有增減. 體備一切功德之法. 以不解故卽謂如來之藏有色心法自相差別云何對治. 以唯依眞如義說故. 因生滅染義示現說差別故.

四者. 聞修多羅說. 一切世間生死染法皆依如來藏而有. 一切諸法不離眞如. 以不解故謂如來藏自體具有一切世間生死等法. 云何對治. 以如來藏從本已來唯有過恒沙等諸淨功德. 不離不斷不異眞如義故. 以過恒沙等煩惱染法. 唯是妄有性自本無. 從無始世來未曾與如來藏相應故. 若如來藏體有妄法. 而使證會永息妄者. 則無是處故.

五者. 聞修多羅說. 依如來藏故有生死. 依如來藏故得涅槃. 以不解故謂衆生有始. 以見始故復謂如來所得涅槃. 有其終盡還作

物. 爲除彼執明眞如法身自體不空. 具足無量性功德故.

三者. 如經中說. 如來藏具足一切諸性功德不增不減. 凡愚聞已不解其義. 則執如來藏有色心法自相差別. 爲除此執. 明以眞如本無染法差別. 立有無邊功德相. 非是染相.

四者. 如經中說. 一切世間諸雜染法. 皆依如來藏起. 一切法不異眞如. 凡愚聞之不解其義. 則謂如來藏具有一切世間染法. 爲除此執. 明如來藏從本具有過恒沙數清淨功德不異眞如. 過恒沙數煩惱染法. 唯是妄有本無自性. 從無始來未曾暫與如來藏相應. 若如來藏染法相應. 而令證會息妄染者. 無有是處.

五者. 如經中說. 依如來藏有生死得涅槃. 凡愚聞之不知其義. 則謂依如來藏生死有始. 以見始故復謂涅槃有其終盡.

衆生. 云何對治. 以如來藏無前際故. 無明之相亦無有始. 若說三界外更有衆生始起者. 即是外道經說. 又如來藏無有後際. 諸佛所得涅槃與之相應則無後際故.

法我見者. 依二乘鈍根故. 如來但爲說人無我. 以說不究竟. 見有五陰生滅之法. 怖畏生死妄取涅槃. 云何對治. 以五陰法自性不生則無有滅. 本來涅槃故
復次究竟離妄執者. 當知染法淨法皆悉相待. 無有自相可說. 是故一切法從本已來. 非色非心. 非智非識. 非有非無. 畢竟不可說相. 而有言說者. 當知如來善巧方便. 假以言說引導衆生. 其旨趣者皆爲離念歸於眞如. 以念一切法令心生滅不入實智故

分別發趣道相者. 謂一切諸佛所

爲除此執. 明如來藏無有初際. 無明依之生死無始. 若言三界外更有衆生始起者. 是外道經中說. 非是佛教. 以如來藏無有後際. 證此永斷生死種子. 得於涅槃亦無後際.

依人我見四種見生. 是故於此安立彼四.

法我見者. 以二乘鈍根. 世尊. 但爲說人無我. 彼人便於五蘊生滅畢竟執著. 怖畏生死妄取涅槃. 爲除此執. 明五蘊法本性不生. 不生故亦無有滅. 不滅故本來涅槃. 若究竟離分別執著. 則知一切染法淨法皆相待立. 是故當知. 一切諸法從本已來. 非色非心非智非識非無非有. 畢竟皆是不可說相. 而有言說示教之者. 皆是如來善巧方便. 假以言語引導衆生. 令捨文字入於眞實. 若隨言執義增妄分別. 不生實智不得涅槃.

分別修行正道相者. 謂一切如來

證之道. 一切菩薩發心修行趣向義故. 略說發心有三種. 云何爲三. 一者信成就發心. 二者解行發心. 三者證發心. 信成就發心者. 依何等人修何等行. 得信成就堪能發心. 所謂依不定聚衆生. 有熏習善根力故. 信業果報能起十善. 厭生死苦欲求無上菩提. 得值諸佛親承供養修行信心. 經一萬劫信心成就故. 諸佛菩薩教令發心. 或以大悲故能自發心. 或因正法欲滅. 以護法因緣能自發心. 如是信心成就得發心者. 入正定聚畢竟不退. 名住如來種中正因相應. 若有衆生善根微少. 久遠已來煩惱深厚. 雖值於佛亦得供養. 然起人天種子. 或起二乘種子. 設有求大乘者. 根則不定若進若退或有供養諸佛. 未經一萬劫. 於中遇緣亦有發心. 所謂見佛色相而發其心. 或因供養衆僧而發其心. 或因二乘之人教令發心. 或學他發心. 如是等發心.

得道正因. 一切菩薩發心修習. 令現前故. 略說發心有三種相. 一信成就發心. 二解行發心. 三證發心. 信成就發心者. 依何位修何行. 得信成就堪能發心. 當知是人依不定聚. 以法熏習善根力故. 深信業果行十善道. 厭生死苦求無上覺. 值遇諸佛及諸菩薩. 承事供養修行諸行. 經十千劫信乃成就. 從是已後. 或以諸佛菩薩教力. 或以大悲. 或因正法將欲壞滅. 以護法故而能發心. 旣發心已入正定聚畢竟不退. 住佛種性勝因相應. 或有衆生. 久遠已來善根微少. 煩惱深厚覆其心故. 雖值諸佛及諸菩薩承事供養. 唯種人天受生種子. 或種二乘菩提種子. 或有雖求大菩提道. 然根不定或進或退. 或有值佛及諸菩薩供養承事修行諸行. 未得滿足十千大劫. 中間遇緣而發於心. 遇何等緣. 所謂或見佛形相. 或供養衆僧. 或二乘所教. 或見他

悉皆不定. 遇惡因緣或便退失墮二乘地 復次信成就發心者. 發何等心. 略說有三種. 云何爲三. 一者直心. 正念眞如法故. 二者深心. 樂集一切諸善行故. 三者大悲心. 欲拔一切衆生苦故

問曰. 上說法界一相佛體無二. 何故不唯念眞如. 復假求學諸善之行
答曰. 譬如大摩尼寶體性明淨. 而有鑛穢之垢. 若人雖念寶性. 不以方便種種磨治終無得淨. 如是衆生眞如之法體性空淨. 而有無量煩惱染垢. 若人雖念眞如. 不以方便種種熏修亦無得淨. 以垢無量遍一切法故. 修一切善行以爲對治. 若人修行一切善法. 自然歸順眞如法故.

略說方便有四種. 云何爲四.
一者行根本方便. 謂觀一切法自性無生. 離於妄見不住生死. 觀

發心. 此等發心皆悉未定. 若遇惡緣或時退墮二乘地故. 復次信成就發心. 略說有三. 一發正直心. 如理正念眞如法故. 二發深重心. 樂集一切諸善行故. 三發大悲心. 願拔一切衆生苦故.

問. 一切衆生一切諸法皆同一法界. 無有二相. 據理但應正念眞如. 何假復修一切善行救一切衆生.
答. 不然. 如摩尼寶本性明潔在鑛穢中. 假使有人勤加憶念. 而不作方便不施功力. 欲求清淨終不可得. 眞如之法亦復如是. 體雖明潔具足功德. 而被無邊客塵所染. 假使有人勤加憶念. 而不作方便不修諸行. 欲求清淨終無得理. 是故要當集一切善行救一切衆生. 離彼無邊客塵垢染顯現眞法.

彼方便行. 略有四種.
一行根本方便. 謂觀一切法本性無生. 離於妄見不住生死. 又觀

一切法因緣和合業果不失. 起於
大悲修諸福德. 攝化衆生不住涅
槃. 以隨順法性無住故.

二者能止方便. 謂慚愧悔過. 能
止一切惡法不令增長. 以隨順法
性離諸過故.

三者發起善根增長方便謂勤供
養禮拜三寶. 讚歎隨喜勸請諸佛.
以愛敬三寶淳厚心故. 信得增長.
乃能志求無上之道. 又因佛法僧
力所護故. 能消業障善根不退. 以
隨順法性離癡障故.

四者大願平等方便. 所謂發願盡
於未來. 化度一切衆生使無有餘.
皆令究竟無餘涅槃. 以隨順法性
無斷絶故.
法性廣大遍一切衆生平等無二.
不念彼此 究竟寂滅故.
菩薩發是心故. 則得少分見於法

一切法因緣和合業果不失. 起於
大悲修諸善行. 攝化衆生不住涅
槃. 以眞如離於生死涅槃相故.
此行隨順以爲根本. 是名行根本
方便.

二能止息方便所謂慚愧及以悔
過. 此能止息一切惡法令不增長.
以眞如離一切過失相故. 隨順眞
如止息諸惡. 是名能止息方便.

三生長善根方便. 謂於三寶所起
愛敬心. 尊重供養頂禮稱讚. 隨
喜勸請正信增長. 乃至志求無上
菩提. 爲佛法僧威力所護. 業障
淸淨善根不退. 以眞如離一切障
具一切功德故. 隨順眞如修行善
業. 是名生長善根方便.

四大願平等方便. 謂發誓願盡未
來際. 平等救拔一切衆生. 令其
安住無餘涅槃. 以知一切法本性
無二故. 彼此平等故. 究竟寂滅
故. 隨順眞如此三種相發大誓願.
是名大願平等方便.
菩薩如是發心之時. 則得少分見

身. 以見法身故 隨其願力. 能現八種利益衆生. 所謂從兜率天退入胎. 住胎出胎. 出家成道. 轉法輪入於涅槃. 然是菩薩未名法身. 以其過去無量世來有漏之業未能決斷. 隨其所生與微苦相應. 亦非業繫. 以有大願自在力故. 如修多羅中或說有退墮惡趣者. 非其實退. 但爲初學菩薩未入正位而懈怠者恐怖令使勇猛故. 又是菩薩一發心後. 遠離怯弱. 畢竟不畏墮二乘地. 若聞無量無邊阿僧祇劫勤苦難行乃得涅槃. 亦不怯弱. 以信知一切法從本已來自涅槃故.

佛法身. 能隨願力現八種事. 謂從兜率天宮來下入胎住胎出胎出家成佛轉法輪般涅槃. 然猶未得名爲法身. 以其過去無量世來有漏之業未除斷故. 或由惡業受於微苦. 願力所持非久被繫. 有經中說. 信成就發心菩薩. 或有退墮惡趣中者. 此爲初學心多懈怠不入正位. 以此語之令增勇猛非如實說. 又此菩薩一發心後. 自利利他修諸苦行. 心無怯弱尚不畏墮二乘之地. 況於惡道. 若聞無量阿僧祇劫勤修種種難行苦行方始得佛. 不驚不怖. 何況有起二乘之心及墮惡趣. 以決定信一切諸法從本已來性涅槃故.

解行發心者. 當知轉勝. 以是菩薩從初正信已來. 於第一阿僧祇劫將欲滿故. 於眞如法中深解現前所修離相. 以知法性體無慳貪故. 隨順修行檀波羅蜜. 以知法性無染離五欲過故. 隨順修行尸

解行發心者當知轉勝. 初無數劫將欲滿故. 於眞如中得深解故. 修一切行皆無著故. 此菩薩知法性離慳貪相是淸淨施度. 隨順修行檀那波羅蜜. 知法性離五欲境無破戒相是淸淨戒度. 隨順修行

波羅蜜. 以知法性無苦離瞋惱故.
隨順修行羼提波羅蜜. 以知法性
無身心相離懈怠故. 隨順修行毘
梨耶波羅蜜. 以知法性常定體無
亂故. 隨順修行禪波羅蜜. 以知
法性體明離無明故. 隨順修行般
若波羅蜜.

證發心者. 從淨心地乃至菩薩究
竟地證何境界. 所謂眞如. 以依
轉識說爲境界. 而此證者無有境
界. 唯眞如智名爲法身.
是菩薩於一念頃能至十方無餘
世界. 供養諸佛請轉法輪. 唯爲
開導利益衆生. 不依文字. 或示
超地速成正覺. 以爲怯弱衆生故.
或說我於無量阿僧祇劫當成佛
道. 以爲懈慢衆生故. 能示如是
無數方便不可思議. 而實菩薩種
性根等. 發心則等. 所證亦等. 無
有超過之法. 以一切菩薩皆經三
阿僧祇劫故. 但隨衆生世界不同.

尸羅波羅蜜. 知法性無有苦惱離
瞋害相是清淨忍度. 隨順修行羼
提波羅蜜. 知法性離身心相無有
懈怠是清淨進度. 隨順修行毘梨
耶波羅蜜. 知法性無動無亂是清
淨禪度. 隨順修行禪那波羅蜜.
知法性離諸癡闇是清淨慧度. 隨
順修行般若波羅蜜.

證發心者. 從淨心地乃至菩薩究
竟地證何境界. 所謂眞如. 以依
轉識說爲境界. 而實證中無境界
相. 此菩薩以無分別智. 證離言
說眞如法身故. 能於一念遍往十
方一切世界. 供養諸佛請轉法輪.
唯爲衆生而作利益不求聽受美
妙音詞. 或爲怯弱衆生故示大精
進. 超無量劫速成正覺. 或爲懈
怠衆生故. 經於無量阿僧祇劫.
久修苦行方始成佛. 如是示現無
數方便. 皆爲饒益一切衆生. 而
實菩薩種性諸根發心作證. 皆悉
同等無超過法. 決定皆經三無數

所見所聞根欲性異. 故示所行亦有差別.
又是菩薩發心相者. 有三種心微細之相. 云何爲三. 一者眞心. 無分別故. 二者方便心. 自然遍行利益衆生故. 三者業識心. 微細起滅故.

又是菩薩功德成滿. 於色究竟處. 示一切世間最高大身. 謂以一念相應慧. 無明頓盡. 名一切種智. 自然而有不思議業. 能現十方利益衆生

問曰. 虛空無邊故世界無邊. 世界無邊故衆生無邊. 衆生無邊故心行差別亦復無邊. 如是境界不可分齊難知難解. 若無明斷無有心想. 云何能了名一切種智
答曰. 一切境界本來一心離於想念. 以衆生妄見境界故心有分齊. 以妄起想念不稱法性故不能決了. 諸佛如來離於見想無所不遍.

劫成正覺故. 但隨衆生世界不同. 所見所聞根欲性異. 示所修行種種差別.
此證發心中有三種心. 一眞心. 無有分別故. 二方便心. 任運利他故. 三業識心. 微細起滅故.

又此菩薩福德智慧二種莊嚴悉圓滿已. 於色究竟得一切世間最尊勝身. 以一念相應慧. 頓拔無明根. 具一切種智. 任運而有不思議業. 於十方無量世界普化衆生.

問. 虛空無邊故世界無邊. 世界無邊故衆生無邊. 衆生無邊故心行差別亦復無邊. 如是境界無有齊限難知難解. 若無明斷永無心相. 云何能了一切種. 成一切種智.
答. 一切妄境從本已來理實唯一心爲性. 一切衆生執著妄境. 不能得知一切諸法第一義性. 諸佛如來無有執著. 則能現見諸法實

心眞實故. 卽是諸法之性. 自體顯照一切妄法. 有大智用無量方便. 隨諸衆生所應得解. 皆能開示種種法義. 是故得名一切種智.	性. 而有大智顯照一切染淨差別. 以無量無邊善巧方便. 隨其所應利樂衆生. 是故妄念心滅. 了一切種成一切種智.
又問曰. 若諸佛有自然業. 能現一切處利益衆生者. 一切衆生. 若見其身若覩神變. 若聞其說無不得利. 云何世間多不能見	問. 若諸佛有無邊方便. 能於十方任運利益諸衆生者. 何故衆生不常見佛. 或覩神變. 或聞說法.
答曰. 諸佛如來法身平等遍一切處. 無有作意故. 而說自然. 但依衆生心. 現衆生心者猶如於鏡. 鏡若有垢色像不現. 如是衆生心若有垢. 法身不現故.	答. 如來實有如是方便. 但要待衆生其心淸淨. 乃爲現身. 如鏡有垢色像不現. 垢除則現. 衆生亦爾. 心未離垢. 法身不現. 離垢則現.
已說解釋分. 次說修行信心分. 是中依未入正定聚. 衆生故. 說修行信心. 何等信心云何修行.	云何修習信分. 此依未入正定衆生說. 何者爲信心. 云何而修習.
略說信心有四種. 云何爲四. 一者信根本. 所謂樂念眞如法故. 二者信佛有無量功德. 常念親近供養恭敬. 發起善根. 願求一切智故. 三者信法有大利益常念修行	信有四種. 一信根本. 謂樂念眞如法故. 二信佛具足無邊功德. 謂常樂頂禮恭敬供養. 聽聞正法如法修行. 迴向一切智故. 三信法有大利益. 謂常樂修行諸波羅

諸波羅蜜故. 四者信僧能正修行自利利他. 常樂親近諸菩薩衆. 求學如實行故.

修行有五門. 能成此信. 云何爲五. 一者施門. 二者戒門. 三者忍門. 四者進門. 五者止觀門
云何修行施門. 若見一切來求索者. 所有財物隨力施與. 以自捨慳貪令彼歡喜. 若見厄難恐怖危逼. 隨己堪任施與無畏. 若有衆生來求法者. 隨己能解方便爲說. 不應貪求名利恭敬. 唯念自利利他迴向菩提故.

云何修行戒門. 所謂不殺不盜不婬不兩舌不惡口不妄言不綺語. 遠離貪嫉欺詐諂曲瞋恚邪見. 若出家者爲折伏煩惱故. 亦應遠離憒鬧常處寂靜修習少欲知足頭陀等行. 乃至小罪心生怖畏. 慚愧改悔不得輕於如來所制禁戒.

蜜故. 四信正行僧. 謂常供養諸菩薩衆正修自利利他行故.

修五門行. 能成此信. 所謂施門. 戒門. 忍門. 精進門. 止觀門.

云何修施門. 謂若見衆生來從乞求. 以己資財隨力施與. 捨自慳著令其歡喜. 若見衆生危難逼迫. 方便救濟令無怖畏. 若有衆生而來求法. 以己所解隨宜爲說. 修行如是三種施時. 不爲名聞不求利養. 亦不貪著世間果報. 但念自他利益安樂. 迴向阿耨多羅三藐三菩提.

云何修戒門. 所謂在家菩薩當離殺生偸盜邪婬妄言兩舌惡口綺語慳貪瞋嫉諂誑邪見. 若出家者爲欲折伏諸煩惱故. 應離憒鬧常依寂靜. 修習止足頭陀等行. 乃至小罪心生大怖慚愧悔責. 護持如來所制禁戒. 不令見者有所譏

當護譏嫌不令衆生妄起過罪故.

云何修行忍門. 所謂應忍他人之惱心不懷報. 亦當忍於利衰毀譽稱譏苦樂等法故.

云何修行進門. 所謂於諸善事心不懈退. 立志堅强遠離怯弱. 當念過去久遠已來. 虛受一切身心大苦無有利益. 是故應勤修諸功德. 自利利他速離衆苦

復次若人雖修行信心. 以從先世來多有重罪惡業障故. 爲魔邪諸鬼之所惱亂. 或爲世間事務種種牽纏. 或爲病苦所惱. 有如是等衆多障礙. 是故應當勇猛精勤. 晝夜六時禮拜諸佛. 誠心懺悔勸請隨喜迴向菩提. 常不休廢. 得免諸障善根增長故.

云何修行止觀門.

嫌. 能使衆生捨惡修善

云何修忍門. 所謂見惡不嫌遭苦不動. 常樂觀察甚深句義.

云何修精進門. 所謂修諸善行心不懈退. 當念過去無數劫來. 爲求世間貪欲境界. 虛受一切身心大苦. 畢竟無有少分滋味. 爲令未來遠離此苦. 應勤精進不生懈怠. 大悲利益一切衆生.

其初學菩薩雖修行信心. 以先世來多有重罪惡業障故. 或爲魔邪所惱. 或爲世務所纏. 或爲種種病緣之所逼迫. 如是等事爲難非一. 令其行人廢修善品. 是故宜應勇猛精進. 晝夜六時禮拜諸佛. 供養讚歎懺悔勸請. 隨喜迴向無上菩提. 發大誓願無有休息. 令惡障銷滅善根增長.

云何修止觀門.

所言止者. 謂止一切境界相. 隨順奢摩他觀義故. 所言觀者. 謂分別因緣生滅相. 隨順毘鉢舍那觀義故. 云何隨順. 以此二義漸漸修習不相捨離雙現前故.

若修止者. 住於靜處端坐正意. 不依氣息不依形色. 不依於空不依地水火風. 乃至不依見聞覺知. 一切諸想隨念皆除. 亦遺除想. 以一切法本來無相. 念念不生念念不滅. 亦不得隨心外念境界後以心除心. 心若馳散. 卽當攝來住於正念. 是正念者. 當知唯心無外境界. 既復此心亦無自相. 念念不可得. 若從坐起去來進止有所施作. 於一切時常念方便隨順觀察. 久習淳熟其心得住. 以心住故漸漸猛利. 隨順得入眞如三昧. 深伏煩惱信心增長速成不退. 唯除疑惑不信誹謗重罪業障我慢懈怠. 如是等人所不能入

復次依如是三昧故. 則知法界一相. 謂一切諸佛法身與衆生身平

謂息滅一切戲論境界是止義. 明見因果生滅之相是觀義. 初各別修漸次增長. 至于成就任運雙行.

其修止者. 住寂靜處結加趺坐端身正意. 不依氣息. 不依形色. 不依虛空. 不依地水火風. 乃至不依見聞覺知. 一切分別想念皆除. 亦遺除想以一切法不生不滅皆無相故. 前心依境次捨於境. 後念依心復捨於心. 以心馳外境攝住內心. 後復起心不取心相. 以離眞如不可得故. 行住坐臥於一切時如是修行恒不斷絶. 漸次得入眞如三昧. 究竟折伏一切煩惱. 信心增長速成不退. 若心懷疑惑誹謗不信. 業障所纏我慢懈怠. 如是等人所不能入.

復次依此三昧證法界相. 知一切如來法身與一切衆生身平等無

等無二. 卽名一行三昧. 當知眞如是三昧根本. 若人修行. 漸漸能生無量三昧.

或有衆生無善根力. 則爲諸魔外道鬼神之所惑亂. 若於坐中現形恐怖. 或現端正男女等相. 當念唯心境界則滅終不爲惱. 或現天像菩薩像. 亦作如來像相好具足. 若說陀羅尼. 若說布施持戒忍辱精進禪定智慧. 或說平等空無相無願無怨無親無因無果畢竟空寂是眞涅槃. 或令人知宿命 過去之事. 亦知未來之事. 得他心智辯才無礙. 能令衆生貪著世間名利之事. 又令使人數瞋數喜性無常准. 或多慈愛多睡多病其心懈怠. 或卒起精進後便休廢. 生於不信多疑多慮. 或捨本勝行更修雜業. 若著世事種種牽纏. 亦能使人得諸三昧少分相似. 皆是外道所得. 非眞三昧. 或復令人若一日若二日若三日乃至七日住於

二皆是一相. 是故說名一相三昧. 若修習此三昧. 能生無量三昧. 以眞如是一切三昧根本處故.

或有衆生善根微少. 爲諸魔外道鬼神惑亂. 或現惡形以怖其心. 或示美色以迷其意. 或現天形或菩薩形. 乃至佛形相好莊嚴. 或說總持或說諸度. 或復演說諸解脫門. 無怨無親無因無果. 一切諸法畢竟空寂本性涅槃. 或復令知過去未來及他心事. 辯才演說無滯無斷. 使其貪著名譽利養. 或數瞋數喜. 或多悲多愛. 或恒樂昏寐. 或久不睡眠. 或身嬰疹疾. 或性不勤策. 或卒起精進卽便休廢. 或情多疑惑不生信受. 或捨本勝行更修雜業. 愛著世事溺情從好. 或令證得外道諸定. 一日二日乃至七日. 住於定中得好飲食. 身心適悅不饑不渴. 或復勸令受女等色. 或令其飲食乍少乍多. 或使其形容或好或醜. 若爲

定中. 得自然香美飮食. 身心適悅不飢不渴. 使人愛著. 或亦令人食無分齊乍多乍少顔色變異. 以是義故. 行者常應智慧觀察. 勿令此心墮於邪網. 當勤正念不取不著. 則能遠離是諸業障. 應知外道所有三昧. 皆不離見愛我慢之心. 貪著世間名利恭敬故. 眞如三昧者. 不住見相不住得相. 乃至出定亦無懈慢. 所有煩惱漸漸微薄. 若諸凡夫不習此三昧法. 得入如來種性. 無有是處. 以修世間諸禪三昧多起味著. 依於我見繫屬三界. 與外道共. 若離善知識所護. 則起外道見故

諸見煩惱所亂. 卽便退失往昔善根. 是故宜應審諦觀察. 當作是念. 此皆以我善根微薄業障厚重. 爲魔鬼等之所迷惑. 如是知已. 念彼一切皆唯是心. 如是思惟刹那卽滅. 遠離諸相入眞三昧. 心相旣離眞相亦盡. 從於定起諸見煩惱皆不現行. 以三昧力壞其種故. 殊勝善品隨順相續. 一切障難悉皆遠離. 起大精進恒無斷絶. 若不修行此三昧者. 無有得入如來種性. 以餘三昧皆是有相. 與外道共. 不得値遇佛菩薩故. 是故菩薩於此三昧當勤修習. 令成就究竟.

復次精勤專心修學此三昧者. 現世當得十種利益. 云何爲十. 一者常爲十方諸佛菩薩之所護念. 二者不爲諸魔惡鬼所能恐怖. 三者不爲九十五種外道鬼神之所惑亂. 四者遠離誹謗甚深之法重罪業障漸漸微薄. 五者滅一切疑

修此三昧. 現身卽得十種利益. 一者常爲十方諸佛菩薩之所護念. 二者不爲一切諸魔惡鬼之所惱亂. 三者不爲一切邪道所惑. 四者令誹謗深法重罪業障皆悉微薄. 五者滅一切疑諸惡覺觀. 六者於如來境界信得增長. 七者遠

諸惡覺觀. 六者於如來境界信得
增長. 七者遠離憂悔於生死中勇
猛不怯. 八者其心柔和捨於憍慢
不爲他人所惱. 九者雖未得定於
一切時一切境界處則能減損煩
惱不樂世間. 十者若得三昧不爲
外緣一切音聲之所驚動

復次若人唯修於止. 則心沈沒或
起懈怠. 不樂衆善遠離大悲. 是
故修觀.
修習觀者. 當觀一切世間有爲之
法. 無得久停須臾變壞. 一切心
行念念生滅. 以是故苦. 應觀過
去所念諸法恍惚如夢. 應觀現在
所念諸法猶如電光. 應觀未來所
念諸法猶如於雲忽爾而起. 應觀
世間一切有身悉皆不淨. 種種穢
汚無一可樂. 如是當念. 一切衆
生從無始世來. 皆因無明所熏習
故令心生滅. 已受一切身心大苦.
現在即有無量逼迫. 未來所苦亦
無分齊. 難捨難離而不覺知. 衆

離憂悔於生死中勇猛不怯. 八者
遠離憍慢柔和忍辱常爲一切世
間所敬. 九者設不住定於一切時
一切境中煩惱種薄終不現起.
十者若住於定不爲一切音聲等
緣之所動亂.

復次若唯修止. 心則沈沒或生懈
怠. 不樂衆善遠離大悲. 是故宜
應兼修於觀.
云何修耶. 謂當觀世間一切諸法
生滅不停. 以無常故苦. 苦故無
我. 應觀過去法如夢. 現在法如
電. 未來法如雲. 忽爾而起. 應觀
有身悉皆不淨. 諸蟲穢汚煩惱和
雜. 觀諸凡愚所見諸法. 於無物
中妄計爲有. 觀察一切從緣生法.
皆如幻等畢竟無實. 觀第一義諦
非心所行. 不可譬喻不可言說. 觀
一切衆生. 從無始來皆因無明熏
習力故. 受於無量身心大苦. 現
在未來亦復如是無邊無限難出

生如是甚爲可愍.
作此思惟. 卽應勇猛立大誓願. 願令我心離分別故. 遍於十方修行一切諸善功德盡其未來. 以無量方便救拔一切苦惱衆生. 令得涅槃第一義樂. 以起如是願故. 於一切時一切處. 所有衆善隨已堪能. 不捨修學心無懈怠. 唯除坐時專念於止. 若餘一切悉當觀察應作不應作.

若行若住若臥若起. 皆應止觀俱行. 所謂雖念諸法自性不生. 而復卽念因緣和合善惡之業苦樂等報不失不壞. 雖念因緣善惡業報. 而亦卽念性不可得若修止者. 對治凡夫住著世間. 能捨二乘怯弱之見. 若修觀者對治二乘不起大悲狹劣心過遠離凡夫不修善根. 以此義故. 是止觀二門. 共相助成不相捨離. 若止觀不具. 則無能入菩提之道

難度. 常在其中不能覺察. 甚爲可愍. 如是觀已生決定智起廣大悲. 發大勇猛立大誓願. 願令我心離諸顚倒斷諸分別. 親近一切諸佛菩薩. 頂禮供養恭敬讚歎. 聽聞正法如說修行. 盡未來際無有休息. 以無量方便拔濟一切苦海衆生. 令住涅槃第一義樂. 作是願已於一切時. 隨已堪能修行自利利他之行. 行住坐臥常勤觀察應作不應作. 是名修觀.

復次若唯修觀則心不止息. 多生疑惑不隨順第一義諦. 不出生無分別智. 是故止觀應並修行. 謂雖念一切法皆無自性不生不滅本來寂滅自性涅槃. 而亦卽見因緣和合善惡業報不失不壞. 雖念因緣善惡業報. 而亦卽見一切諸法無生無性乃至涅槃. 然修行止者. 對治凡夫樂著生死. 亦治二乘執著生死而生怖畏. 修行觀者. 對治凡夫不修善根. 亦治二乘不起大悲狹劣心過. 是故止觀互相

復次眾生初學是法. 欲求正信. 其心怯弱. 以住於此娑婆世界. 自畏不能常值諸佛. 親承供養. 懼謂信心難可成就. 意欲退者. 當知如來有勝方便攝護信心. 謂以專意念佛因緣. 隨願得生他方佛土. 常見於佛永離惡道. 如修多羅說. 若人專念西方極樂世界阿彌陀佛. 所修善根迴向. 願求生彼世界. 卽得往生. 常見佛故. 終無有退. 若觀彼佛眞如法身. 常勤修習. 畢竟得生住止定故.
已說修行信心分.

次說 勸修利益分
如是摩訶衍諸佛祕藏我已總說.

助成不相捨離. 若止觀不具. 必不能得無上菩提.

復次初學菩薩住此娑婆世界. 或值寒熱風雨不時飢饉等苦. 或見不善可畏眾生. 三毒所纏邪見顚倒. 棄背善道習行惡法. 菩薩在中心生怯弱. 恐不可値遇諸佛菩薩. 恐不能成就清淨信心. 生疑欲退者應作是念. 十方所有諸佛菩薩. 皆得大神通無有障礙. 能以種種善巧方便. 救拔一切險厄眾生. 作是念已發大誓願. 一心專念佛及菩薩. 以生如是決定心故. 於此命終必得往生餘佛刹中. 見佛菩薩信心成就永離惡趣. 如經中說. 若善男子善女人. 專念西方極樂世界阿彌陀佛. 以諸善根迴向願生決定得生. 常見彼佛信心增長永不退轉. 於彼聞法觀佛法身. 漸次修行得入正位.

云何 利益分.
如是大乘祕密句義今已略說.

若有衆生. 欲於如來甚深境界得生正信遠離誹謗入大乘道. 當持此論思量修習究竟能至無上之道. 若人聞是法已不生怯弱. 當知此人定紹佛種. 必爲諸佛之所授記. 假使有人能化三千大千世界滿中衆生令行十善. 不如有人於一食頃正思此法. 過前功德不可爲喩. 復次若人受持此論觀察修行. 若一日一夜所有功德無量無邊不可得說. 假令十方一切諸佛. 各於無量無邊阿僧祇劫. 歎其功德亦不能盡. 何以故. 謂法性功德無有盡故. 此人功德亦復如是無有邊際.

其有衆生於此論中毁謗不信. 所獲罪報經無量劫受大苦惱. 是故衆生但應仰信不應誹謗. 以深自害亦害他人. 斷絕一切三寶之種. 以一切如來皆依此法得涅槃故. 一切菩薩因之修行入佛智故. 當知過去菩薩. 已依此法得成淨信. 現在菩薩. 今依此法得成淨

若有衆生. 欲於如來甚深境界廣大法中生淨信覺解心. 入大乘道無有障礙. 於此略論當勤聽受思惟修習. 當知是人決定速成一切種智. 若聞此法不生驚怖. 當知此人定紹佛種速得授記. 假使有人. 化三千大千世界衆生. 令住十善道. 不如於須臾頃正思此法過前功德無量無邊. 若一日一夜如說修行. 所生功德無量無邊不可稱說. 假令十方一切諸佛. 各於無量阿僧祇劫. 說不能盡. 以眞如功德無邊際故. 修行功德亦復無邊.

若於此法生誹謗者. 獲無量罪. 於阿僧祇劫受大苦惱. 是故於此應決定信. 勿生誹謗自害害他斷三寶種. 一切諸佛依此修行成無上智. 一切菩薩由此證得如來法身.

過去菩薩. 依此得成大乘淨信. 現在今成. 未來當成. 是故欲成自

信. 未來菩薩. 當依此法得成淨
信. 是故衆生應勤修學.

　　諸佛甚深廣大義
　　我今隨分總持說
　　迴此功德如法性
　　普利一切衆生界

　　　　大乘起信論 一卷　終

利利他殊勝行者. 當於此論. 勤
加修學.

　　我今已解釋
　　甚深廣大義
　　功德施群生
　　令見眞如法

　　　　大乘起信論 卷下　終

● 야청也青 황정원黃鉦源

1945년에 태어나, 부산중고등학교와 서울대학교 법과대학을 졸업하였다. 한국해양대학교 법학부 교수로 봉직했으며 현재 동 대학 명예교수이다.

10대에 교회에 나가다가, 1964년에 청담青潭스님의 설법을 처음 들었다. 60년대 후반에 탄허呑虛스님께 배우고, 73년~85년에는 백봉白峯 거사의 보림선원에서 배웠으며, 80년대에는 각성覺性스님께 배웠다. 80년대 말에 보림회寶林會 회장을 지냈으며, 『우리말 능엄경』, 『원각경 이가해』, 『불교와 마음』, 『주역 삼가해』 등을 출판하였다.

신역 대승기신론

초판 1쇄 인쇄 2016년 7월 15일 | 초판 1쇄 발행 2016년 7월 22일
마명존자 저 | 실차난타 한역 | 황정원 번역 | 펴낸이 김시열
펴낸곳 도서출판 운주사

(02832) 서울시 성북구 동소문로 67-1 성심빌딩 3층
전화 (02) 926-8361 | 팩스 0505-115-8361
ISBN 978-89-5746-462-5 03220   값 15,000원
http://cafe.daum.net/unjubooks 〈다음카페: 도서출판 운주사〉